औरत की दुनिया

औरत की दुनिया

नासिरा शर्मा

लोकभारती प्रकाशन

लोकभारती प्रकाशन
पहली मंजिल, दरबारी बिल्डिंग, महात्मा गांधी मार्ग
प्रयागराज-211 001

वेबसाइट : www.lokbhartiprakashan.com
ईमेल : info@lokbhartiprakashan.com

शाखाएँ : 1-बी, नेताजी सुभाष मार्ग, दरियागंज
नई दिल्ली-110 002
अशोक राजपथ, साइंस कॉलेज के सामने
पटना-800 006
1, अनमोल सोराबजी संतुक लेन, धोबी तलाव,
मरीन लाइंस, मुम्बई-400 002

पहला संस्करण : 2023

मूल्य : ₹595

विकास कंप्यूटर एंड प्रिंटर्स
ट्रॉनिका सिटी-201 102
द्वारा मुद्रित

AURAT KI DUNIYA
by Nasera Sharma

ISBN : 978-81-19133-51-2

उन महिलाओं के नाम
जो सारा जीवन
ज़िन्दगी और मौत के झूले में झूलती हैं।

क्रम

पर्यावरण

परिवेश

रिलेशनशिप

ज़िन्दगी

औरतनामा : आईना

अपनी बात

जो पुस्तक आपके हाथ में है। वह मेरे द्वारा लिखे गए स्तम्भों का संकलन है। जो समय-समय पर विभिन्न पत्र-पत्रिकाओं में छपते रहे हैं। यह सारे स्तम्भ उन समस्याओं पर लिखे गए हैं जो गुबार बनकर मेरे दिल में उठते हैं। जिनके हल न मिलने पर मैं उन्हें काग़ज़ पर उतार देती हूँ ताकि वह पीड़ा मेरे दिल व दिमाग़ से निकलकर पाठकों को सोचने पर मजबूर करे और वह भी इन गुत्थियों को सुलझाने की कोशिश करे। क्योंकि एक आवाज़ जब कई आवाज़ों के संग उठती है तो वह अवाम की पुकार में बदल जाती है।

इस पुस्तक का नाम 'औरत की दुनिया' इसलिए रखा कि वह भी अपने अन्दाज़ और नज़रिए से दुनिया को देखती है जहाँ वह पैदा हुई और पली-बढ़ी है। उसके अनुभव और अनुभूतियाँ, उसके विचार और नकार उसके निजी होते हैं जिस पर केवल उसका कॉपीराइट होता है। उसके दुख-सुख का पैमाना और कसौटी उसकी अपनी होती है। इस विश्वास के चलते मैंने जैसा परिवेश और समाज देखा उस पर क़लम उठाई। क्योंकि मैं भी इनसान हूँ और औरत के रूप में हूँ।

बहुत चाहने के बावजूद बहुत कुछ ऐसा काग़ज़ पर नहीं आ पाता है जो आपको अन्दर ही अन्दर मथता रहता है, जैसे अर्चना मिश्रा का अचानक हमसे अलविदा कहना। अर्चना जबलपुर के शासकीय मानकुँवरबाई कला एवं वाणिज्य महिला महाविद्यालय में हिन्दी भाषा साहित्य की अध्यापिका थीं। वह दो बार मुझसे मिलने दिल्ली आई थीं। वह मीठी आवाज़ की बेहद संवेदनशील और शालीन महिला थीं। उन्होंने मुझ पर दो पुस्तकें लिखी थीं—'युग चिन्तन के परिप्रेक्ष्य में नासिरा शर्मा का कथा साहित्य' और 'अक्षयवट उपन्यास का

सामाजिक, धार्मिक, आर्थिक और अंक वैज्ञानिक अध्ययन'। अचानक एक दिन उनकी छात्रा ने जो उनके अंडर मुझ पर पी-एच.डी. कर रही थी उसका फ़ोन आया कि अर्चना जी ने बीच सड़क पर ख़ुद को आग लगाकर आत्मदाह की कोशिश की। ट्रैफ़िक रुका ज़रूर मगर कोई उन्हें बचा न सका। यह सूचना बिजली की तरह गिरी। एक-दो लोगों से पूछा तो वह भी कुछ बता न सके सिवाय दुख व्यक्त करने के। जब कभी मुझे अर्चना का ख़याल आता है तो दिल शर्मिन्दगी से भर जाता है कि मैं उनके लिए कुछ न कर सकी। हमारे बीच कोई ऐसा सेतु भी न था जो पूरी बात बता सकता लेकिन मैं कुछ न कर सकने के लिए अपनी शर्मिन्दगी का इज़हार तो कर सकती हूँ। शायद यही मेरी सच्ची श्रद्धांजलि है उनके प्रति।

—नासिरा शर्मा

पर्यावरण

हमसे दूर होते जंगल

पिछले दिनों राजस्थान के सरिस्का अभयारण्य में बाघों की गुमशुदगी वहाँ के वन अधिकारियों के लिए सरदर्द बन गई। यह ख़बर पढ़ने को मिली जिसमें आगे कहा गया था कि पिछले वर्ष लगभग तीस बाघों की मौजूदगी का दावा वन विभाग के अधिकारियों ने किया था। लेकिन आज स्थिति यह है कि जंगल में ढूँढ़ने से बाघ नहीं मिल रहे हैं। सीबीआई जाँच के आदेश दिये गए हैं।

ख़बर छोटी है दिमाग़ में नहीं अटकनी चाहिए मगर हुआ यह कि इस ख़बर ने उन प्रश्नों को फिर से ताज़ा कर दिया जो चन्द साल पहले भी सरिस्का के जंगल में कई घंटे फिरने के बाद उभरे थे और पिछले सप्ताह कार्बेट पार्क जाकर भी उन्हीं सवालों से टकराई थी।

शिलांग में हरे-भरे जंगलों के बीच महीनों गुज़रने का मौक़ा मिला, मगर जंगल के बीचोबीच रहने का यह पहला इत्तफ़ाक़ था जब रामनगर रोड पर नया गाँव रेजाल्ट में रहने का मौक़ा मिला जिसके सामने कार्बेट फाल, कार्बेट म्यूज़ियम और ख़ुद जिम कार्बेट साहेब का पुराना घर था। घुमक्कड़ जातियों से मिलने दो वर्ष पहले हम रामनगर के जंगलों में गए थे। जहाँ कहीं-कहीं रास्ता इतना तंग था कि जीप का निकलना भी कठिन और ऊपर से बटन फूल की झाड़ियों के फैलाव जो बदन पर खरोंच डालने में जरा भी मुरव्वत नहीं बरत रही थीं। पुराने दृश्य नये दृश्यों से टकरा रहे थे। नैनीताल के रास्ते की ढाल पर उगे घने जंगल इस बार इतने घने नहीं लगे।

अप्रैल का महीना फ़सल की कटाई का होता है। जंगल में पतझड़ और कटे खेतों से उड़े भूसे की खसखसाहट गले को बेचैन कर रही थी। जंगलों को साफ़ करने के लिए सूखे पत्तों में आग लगा दी जाती जो पेड़ों की जड़ों के बीच लहराते अँधेरे में कभी जगमगाते हार जैसी लगती तो कभी पत्तों पर रखे बहते दीयों की पंक्ति का भ्रम देती। जिस दिन हम बिजलानी गेट से कार्बेट पार्क में दाख़िल हुए, जिकाला व गार्जिया तक घूमे उस दिन सभी को यक़ीन था कि शेर का दीदार हो

जाएगा मगर पूरे जंगल में हमें चीतलें, बारहसिंगा, बारिंकग डियर, मोर, जंगली मुर्ग़े और और नील गायों के अलावा कुछ नज़र नहीं आया। जीपें दौड़ रही थीं। लोग शेर, चीते को देखने की उम्मीद में पत्तियों के बिना नंगे दरख़्तों के जंगल में भटक रहे थे। कोसी नदी की शाखा में पत्थर ज़्यादा और पानी कम था। जब हमारी कार कार्बेट पार्क के अन्तिम छोर पर पहुँची तो वहाँ रेस्ट हाउस था और उधर जाना मना था। सुरक्षा गार्ड ने हमें बताया कि इधर आना अव्वल तो मना है दूसरे ख़तरनाक भी, क्योंकि शेर-शेरनी अपने दो नवजात शिशुओं के साथ इधर ही रहते हैं और बच्चों की सुरक्षा को लेकर वैसे भी वे बड़े खूँखार हो रहे हैं। मैं सोच रही थी कि शेर को देखने का प्रचार कर जो इतनी भीड़ जुटाई जाती है, टिकट के साथ सुरक्षा के सारे नियम समझाए-बताए जाते हैं, उसके बाद हमें कुछ भी ऐसा देखने को नहीं मिलता है जिसमें हम कह सकें कि चलो जानवर न सही जंगल तो देखने को मिला जिसकी देखभाल भली-भाँति हो रही है?

हर बीस वर्ष बाद कुछ पेड़ों के कटान का नियम है। जंगल की ज़मीन को सरकार खेती के लिए भी देती है। पेड़ों के बीच की ज़मीन साफ़ कर अच्छी फ़सलें उगाई जाती हैं। जड़ी-बूटी की नर्सरी भी है और इस सबके बीच में कन्द-मूल के वृक्षों को ढूँढ़ती रही कि साल, सागौन, खैर के वृक्षों के बीच जंगल विभाग ने फूलों के पेड़ कितने लगाए हैं?

मेरे प्रश्न अभी भी दिमाग़ में हैं कि आम इनसानों से जंगल को दूर कर स्वयं सरकार ने जंगलों को कितना बचाया है या फिर अन्दर चलने वाली कारगुजारियों का पता देश के नागरिक न लगा पाएँ इसलिए जंगल उनकी पहुँच से निरन्तर दूर होते जा रहे हैं और टिकट ख़रीदकर जीप या कार की सवारी में हम अपने जंगलों का किसी चलचित्र या फिर कैलेंडर की तरह केवल दीदार कर सकते हैं आख़िर क्यों? जानवरों को बचाने के इस प्रचार के पीछे क्या वास्तव में हमारी गहरी निष्ठा है कि हमें अपने जानवरों से बेहद प्यार है? कुछ जानवरों को हम घरों में पाल नहीं सकते हैं। उनका घर में रखना जुर्म है मगर जो सेहत चीतलों की नज़र आ रही थी, उससे साफ़ लग रहा था कि जो भी जंगल में अपने आप उग आया और जो उन तक पहुँच पाया उसे उन्होंने खाकर पेट भर लिया मगर उनके लिए कोई विशेष आयोजन किया गया हो जिससे जंगल केवल जंगल न लगकर उनके लिए एक उपवन भी हो। ऐसा कार्बेट पार्क घूमते हुए नहीं लगा।

रामनगर से काशीपुर और हल्द्वानी या फिर किसी भी जंगल से भरे रास्ते के

बीच से हम गुज़रते तो रात के अँधेरे में जहाँ जानवरों की आँखें झाड़ियों के बीच से चमकती वहीं पर जूही-चमेली से तर हवा हमारे नथुनों में घुस दिमाग़ को तरावट पहुँचाती। यक़ीनन यह जंगली फूलों की महक थी। वनस्पति की गन्ध थी जिसे किसी सरकारी माली ने क्यारियों में नहीं लगाया था बल्कि प्रकृति ने ख़ुद उगाया था। अन्त में एक सवाल : जब कार्बेट पार्क में मुक्त जानवरों को विचरते देखने के लिए देसी और विदेशी पर्यटकों की भीड़ उमड़ती है तो फिर वाहन के रास्तों से गुज़रते हुए हमें जानवर भी दिखने चाहिए उन्हें छुपाकर रखने का क्या औचित्य है समझ में नहीं आता।

['प्रथम प्रवक्ता' : जून, 2005]

हुसैनी ब्राह्मण सुनील दत्त

सुनील दत्त से मेरी पहली मुलाक़ात या कहिये उन्हें पहली बार पर्दे से हटकर इंदिरा गांधी एयरपोर्ट पर 1976 में देखा था। मैं ईरान से लौटी थी। वह कहाँ से लौटे थे मैं नहीं जानती, मगर लाबी में कई लोगों के संग हम खड़े थे। मुझे अपने खुले बालों में कुछ फँसा महसूस हुआ तो मैंने कटे बाल झटके, जिसमें से एक बड़ा-सा बरसाती कीड़ा चिकने फ़र्श पर गिरा और मैंने सुनील दत्त को कहते सुना, "फॉरेन से जाने लोग क्या-क्या लेकर चले आते हैं।" उनसे दूसरी मुलाक़ात 'नशे' के बढ़ते असर पर हुई थी। हमने साथ लंच लिया और बातों-बातों में उनका यह वाक्य जहन में चुभ गया जो आज भी चुभा है कि आज राइटर अच्छा लिख नहीं रहे हैं। कोई भी कहानी मुझे इस विषय पर नज़र नहीं आई जिस पर फ़िल्म बनाई जा सकती हो। यह बात होगी 1980 दशक के मध्य की। इसके बाद उनकी सरगर्मियों की इत्तला मिलती रही। उनकी नई-पुरानी फ़िल्में देखती रही। उसी तरह जैसे आप अपने समय में जीने वालों को अपने-अपने कार्यक्षेत्र में तैरते-बढ़ते देखते हैं।

सुनील दत्त उस समय जापान में पैदल यात्रा पर निकले हुए थे जब मैं 1987 में जापान में मौजूद थी। मुलाक़ात का सवाल नहीं था मगर यह अहसास ज़रूर था कि नर्गिस जी के देहान्त से लेकर यह इनसान व्यक्तिगत एवं देश के स्तर पर कभी चैन से नहीं बैठा। इसी बीच नया उपन्यास लखनऊ के परिवेश पर मैंने लिखना शुरू किया जिसमें हुसैनी ब्राह्मणों पर भी कुछ मैटर देना चाह रही थी। जिसके लिए कई जगह भटकना पड़ा और लखनऊ में मोहन मेकिन्स वालों का पता एक गाइड ने छोटे इमामबाड़े के सामने देते हुए कहा कि यह वास्तव में हुसैनी ब्राह्मण हैं और अक्सर यहाँ ज़्यारत के लिए आते हैं। उन्हीं साहब ने एक किताब दी और पता चला कि सुनील दत्त हुसैनी ब्राह्मण हैं यानी वे लोग जिनके पूर्वजों ने कर्बला की लड़ाई में इमाम हुसैन का साथ दिया था। तिजारत करने वाले दत्त परिवार ने जब हुसैन को मानवीय अधिकारों के लिए खड़े देखा तो वह अपने को रोक नहीं

पाए और जंग में शामिल हो गए। आज भी उनकी यह कुर्बानी शिया हज़ात अपनी दुआओं में दोहराते हैं। यह सच जाने बिना कि इस नाम के पीछे का इतिहास क्या था? समय अक्सर पुरानी बातों पर धूल डाल देता है।

सुनील दत्त क्या थे? इसको दोहराना नहीं चाहती। हाँ, इतना ज़रूर कहना चाहूँगी कि उनकी शख़्सियत की अन्दरूनी ख़ूबी भी उतनी ही आकर्षक थी जैसा सुन्दर उनको ख़ुदा ने बनाया था। इस बात का अहसास उनके मरने के बाद और शिद्दत से हुआ जब उनसे तीसरी मुलाक़ात हुई। यह सच है कि लखनऊ से लौटकर मैंने सुनील दत्त का फ़ोन हासिल कर कई बार उन्हें फ़ोन लगाया ताकि उनके अपने रस्म व रिवाज को भी जान लूँ कि वह या उनका ख़ानदान किस हद तक अपने को पूर्वजों की उस हिस्सेदारी से जुड़ा पाता है मगर सुनील दत्त जी विदेश के दौरे पर रहे फिर बात न हो सकी और उपन्यास भी अधूरा पड़ा रहा? मैं दूसरी ज़िम्मेदारियों में उलझा अधूरी पांडुलिपि को भूल गई।

अब उनकी वसीयत कितनी गहरी और व्यापक है। उस इनसान के अन्दर जीवन-मूल्यों की जो दुनिया आबाद थी उसमें दूसरों के अहसास की इज़्ज़त करना किस हद तक शामिल था तभी तो वे अपनी आँखें नर्गिस की क़ब्र में दफ़न करने की बात के साथ-साथ यह कहना नहीं भूले कि वे मुसलमान जिनका दिल इस बात से दुखा कि मैंने नर्गिस से शादी की, उनसे मैं माफ़ी चाहता हूँ। यदि उन सारे मुसलमानों की जो इनसानियत पर यक़ीन रखते हैं इजाज़त हो तो मैं उनकी ओर से भी, हुसैनी ब्राह्मणों का तहेदिल से शुक्रिया अदा करूँ कि उन्होंने जिस सामाजिक चेतना के चलते आज से चौदह सौ साल पहले अपने लाभ व हानि की परवाह किये बग़ैर हक़ की लड़ाई में अपना योगदान देकर इस सच को ज़िन्दा रखा कि मानवीय मूल्यों से बढ़कर जात-पाँत, देश-विदेश, नस्ल-धर्म नहीं होता है तभी जज़्बे शताब्दियों के बाद भी ज़िन्दा रहने का हौसला रखते हैं।

मौत के बाद सुनील दत्त के चेहरे पर जो सुकून और इत्मीनान था वह इस बात का गवाह था कि उन्होंने अपनी ज़िन्दगी अपने बनाए उसूलों पर गुज़ारी जिसका उन्हें कोई मलाल नहीं था। तकलीफ़ों और जद्दोजहद के बीच उन्होंने कभी हार नहीं मानी। कोई ग़लत समझौता नहीं किया। इसलिए उनके चेहरे पर आज़ादी का वही अक्स था जो उनकी ज़िन्दा मुस्कान में सदा महसूस होता था।

['प्रथम प्रवक्ता' : जुलाई, 2005]

पेड़ों के घटते साये

पिछले दिनों हिमाचल जाने का मौक़ा मिला। रास्ते वही थे जो पन्द्रह साल पहले के थे मगर जंगल वह नहीं था जिसकी सघनता में घुसने के लिए आँखें बेचैन थीं। छितरे पेड़ों की बीमार क़तारें जो आसानी से गिनी जा सकती थीं। टूटे-गिरे पेड़, कटे पेड़ों की ख़ाली ढाल और कहीं-कहीं चीड़ के नये पेड़ों की लगी पंक्तियाँ। सब कुछ अजनबी-सा लग रहा था। कोई बता रहा था कि जब शिमला में आस-पास की ज़मीन बेची गई तो खुलेआम लोगों ने जंगल काट गिराया और इमारत खड़ी कर ली। जब तक होश आया और क़ानून बना कि पेड़ काटना मना है तब तक बहुत देर हो चुकी थी। देवदार के वे हसीन उमरदार पेड़ यह अहसास दिलाते हैं कि कल जब यह भी खड़े-खड़े धराशायी हो जाएँगे तो इनकी ख़ाली जगह कौन भरेगा? मॉल की दुकानें, होटल, इमारतें? जिसकी चर्चा करते न स्थानीय लोग थकते हैं न पर्यटक, मगर कोई नहीं ढूँढ़ता, पेड़ों, झाड़ियों, लतरों से उलझा ऐसा कुंज जहाँ बैठकर वनस्पति की गन्ध को सूँघते हुए गर्म चाय का प्याला घूँट-घूँट पिया जाए।

सबसे विचित्र बात जो लगी वह पक्षियों का ग़ायब होना। उत्तरांचल, हिमाचल और मिजोरम में इस कमी को शिद्दत से महसूस किया कि वह कलरव जो पेड़ों की शाखों में बैठकर परिंदे करते हैं, वह सुनाई नहीं पड़ता। मिजोरम की स्थिति तो साफ़ है कि वहाँ के स्थानीय लोगों ने उनका शिकार कर पेट की आग बुझाई मगर इन जगहों को क्या हुआ? दिल्ली जैसी धुएँ-धूल से भरी यातायात के साधनों से उबली नगरी में जब हम लोदी गार्डेन या जेएनयू जाते हैं तो हमें चिड़ियाएँ नज़र आती हैं। घर के घने पेड़ में बसेरा लेते हुए चिड़ियों का शोर इतना बढ़ जाता है कि आप आपस में बात नहीं कर पाते हैं। दोपहर में मैना, खंजन, तोते, गौरैया और जाने कितनी नई तरह की चिड़ियाँ घर के आँगन में उतरती हैं, कभी पानी की तलाश में तो कभी चुगने के लिए मगर ऐसी संगीत भरी चोंचें जंगल में सुनाई नहीं पड़तीं आख़िर क्यों?

जुगनू और तितलियाँ भी धीरे-धीरे कर हमें नज़र नहीं आती हैं। नार्थ ईस्टर्न हिल के इलाक़े में इन तितलियों का निर्यात इतने बड़े पैमाने पर होता है कि कुछ सुन्दर तितलियों की नस्ल ही समाप्त हो गई है। यदि हम जंगल से हटकर नये बने पार्कों की ओर नज़र डालें तो हमें एक-दो मील के फैलाव में बड़े-बड़े घास के मैदान क्यारियों के साथ नज़र आएँगे। जिनके किनारों पर कहीं-कहीं मँझोले क़द के वृक्ष भी जो न अपनी क़द-काठी में क़द्दावर लगते हैं न छाया देने में सक्षम। फल और दवाइयों का भी इन से कोई वास्ता न होगा मगर हाँ, फूल ज़रूर खिलते होंगे। जिस मुल्क में आठ माह गर्मी पड़ती हो उस मुल्क में ऐसे पार्क नागरिकों को क्या सुख दे पाएँगे।

नई बनी डीडीए की कॉलोनी में भी लगाए गए पेड़ों में यही प्रश्न उलझा नज़र आता है कि नीम, गुलहड़, जामुन, जंगल जलेबी, बरगद, महुआ, आम का कोई पेड़ नज़र नहीं आता है। शायद इसलिए कि वह अपनी जड़ों के फैलाव से इमारतों को नुक़सान पहुँचा सकते हैं। इसलिए स्टोनिया की क़तारें नज़र आती हैं जो नवम्बर में फूलकर कॉलोनी की गलियों को महका देती हैं। मगर फूल और महक की चाहत में हमें ऊँचे क़द्दावर फलदार दरख़्तों को नहीं भूलना है जो साया भी देते हैं और मौसम का उपहार भी। जिसकी शाखों पर परिंदों के बसेरे के साथ बच्चों और बन्दरों की उछल-कूद भी जारी रहती है। ज़िन्दगी की यही चहल-पहल, सुख और प्रसन्नता का संचार कर, केवल प्रकृति को नहीं बल्कि इनसान को भी मस्त बनाती है।

शिकार के चलते जंगल से बहुत से जानवरों की नस्लें ख़तरे में पड़ गई हैं, उसी तरह वृक्षों के कटने से कुछ पेड़ों को भी ख़तरा हो गया है। उनमें देवदार का नाम लिया जा सकता है। पेड़ों की कमी से देवदार ने अपना माहौल खो दिया जिसमें उसकी बीज गिरकर नये पौधों की क़तारों को रोप देते थे और पुराने देवदार के गिरने पर उसकी शोक सभा में सम्मिलित होने वाले अनेक अधेड़, जवान और बच्चे वृक्ष शामिल होते थे मगर होता अब यह है कि देवदार से गिरा बीड़ा सूखी हवा व ज़मीन के साथ कल्ले नहीं फोड़ पाता है और व्यर्थ ही इधर-उधर लुढ़कता कहीं दम तोड़ देता है। उसी तरह जैसे सुन्दर वृक्ष के कारण जंगल का नाम सुन्दर वन पड़ा मगर अब स्थिति यह है कि सुन्दर वन से यह वृक्ष ही धीरे-धीरे ग़ायब हो गया है।

अभी पिछले दिनों जेएनयू के पुराने फ़ाइनेंस आफ़िसर श्री मंडल से मुलाक़ात हुई। बातों में पता चला कि वह रिटायरमेंट के बाद बाग़बानी का शौक़ पूरा कर रहे

हैं और बसन्त कुंज के उस पार्क पर न केवल अपना समय बल्कि पेंशन से कुछ धन भी ख़र्च कर उसे सुन्दर हरे-भरे फूलों व पेड़ों से लदे पार्क में बदल चुके हैं। इस बार उन्होंने तय किया है कि वह बारिश आते ही ख़ाली सड़कों पर थोड़ा-सा गड्ढा खोद उसमें नीम का बीज डाल देंगे। बीज अंकुर फोड़े या न फोड़े यह बीज की ज़िम्मेदारी है मगर उनका लक्ष्य अब जीवन में यही है कि वह पेड़ों को हर उस जगह रोपेंगे जहाँ धरती ख़ाली और सड़कें बिना साये की हैं।

['प्रथम प्रवक्ता' : अगस्त, 2005]

आर्थिक ताना और रिश्तों का बाना

दो ख़बरें एक ही दिन सुबह और शाम के फ़र्क़ से सुनने को मिलीं, जिनके बीच चन्द घंटों का फ़र्क़ नहीं था बल्कि क़ानून का फ़ासला ख़ासा लम्बा था। सुबह समाचार-पत्र में पढ़ने को मिला कि प्रवासी भारतीय एक साथ दो देशों की नागरिकता रख सकते हैं क्योंकि वे विदेश रोज़ी-रोटी कमाने गए थे। वहाँ बसना उनकी मजबूरी थी मगर यह क़ानून उनको दो पासपोर्ट रखने की इजाज़त नहीं देता जो पाकिस्तान और बाँग्लादेश में अपनी मर्ज़ी से 1950 से पहले जा बसे थे। उन भारतीयों के लिए जो अपने को अपनी जड़ों से उखड़ा महसूस करते हैं एक राहत बख़्श ख़बर है कि वह आज भी भारतीय हैं और जब चाहें देश लौट सकते हैं और अपनी पूँजी किसी भी व्यापार में लगा सकते हैं। भारतीय अर्थव्यवस्था के लिए भी यह एक लाभदायक क़दम है।

शाम को किसी जानने वाले ने बताया कि गाँव से आए उनके बहनोई को सऊदी के लिए उड़ान भरना है। वह उन्हें छोड़ने जा रहे हैं। पाँच बजे हवाई अड्डे से लौटे ही थे कि उन्हें इत्तला मिली कि कस्टम से कुछ चीज़ें गुज़रीं तो उन पर सुरक्षा के कारण रोक लगा दी गई है। मेहरबानी करके आप आ जाएँ ताकि मैं अचार, चूड़ा व भूजा के थैले आपके हवाले कर सकूँ। देर शाम जब उन चीज़ों का थोड़ा-थोड़ा हिस्सा मुझ तक पहुँचा तो मैं सोच में डूब गई। दुख महसूस हुआ ख़ासकर उस आदमी के लिए जो तीन माह की छुट्टी बिहार के किसी गाँव में गुज़ारकर दो वर्ष से भी ज़्यादा समय के लिए विदेश कमाने गया है। वह घर वालों की याद तो अपने साथ ले गया मगर उनके हाथों के बने स्वादिष्ट पकवानों को यहीं छोड़ गया जिसके सहारे उसके अकेलेपन का अवसाद कम होता था।

यह कहानी बिहार के हर घर की तो नहीं मगर असंख्य गाँवों के परिवारों की है जहाँ लड़के बड़े होते ही अरब देशों की तरफ़ जाने के लिए हाथ-पैर मारने लगते हैं। पढ़ाई तो जैसे-तैसे पूरी कर लेते हैं मगर नौकरी पाना तो उनके बस में

होता नहीं। दीनार और रुपये का फ़र्क़ वह जानते हैं साथ ही वह यह भी जानते हैं कि किसी और प्रान्त में जाकर भी उन्हें नौकरी नहीं मिलने वाली है और यदि मिली भी तो वह कुछ बचाकर घर भेजने की हैसियत में नहीं होंगे। इसी परिवार के किसी और सदस्य से मैंने पूछा था कि बड़ी सख़्त ज़िन्दगी गुज़ारनी पड़ती है वहाँ या आरामदेह? उसका जवाब था कि अगर एक सदस्य के तकलीफ़ उठाने से पूरा परिवार सुख से रह सकता है तो फिर हमको भी कष्ट उठाने में सुख का ही अहसास होता है। इसके बावजूद चिन्ताएँ पीछा नहीं छोड़तीं। हमारे गाँव से दूसरे गाँव तक जाने का कोई साधन नहीं। यही हाल क़स्बे व छोटे शहर तक पहुँचने का है। यदि हम अपने आराम के लिए मोटरसाइकिल ख़रीदते हैं तो यह भय हमें हरदम लगा रहता है कि कहीं रास्ते में बन्दूक़ दिखाकर कोई उसे हमसे छीन न ले। ऐसे केस होते रहते हैं। ऊपर से जो थोड़ी-बहुत बचत है, उसे लेकर दिल घबराया रहता है। गाँव में सुरक्षा है नहीं, बाहर रहकर हम ठीक-ठाक रह लेते हैं मगर चिन्तामुक्त नहीं हो पाते हैं। हाँ, यह सोचकर ख़ुश हो लेते हैं कि क़र्ज़ा उतर गया। रेहन पड़े खेत छूट गए। इस पीड़ा पर बहुत कुछ भोजपुरी में गीतों व लोकगीतों के रूप में लिखा और कहा गया है।

देश में फैली बेकारी से न चाहने के बावजूद नई नस्ल विदेश की ओर देखती है। कुछ गाँव तो ऐसे भी हैं कि जहाँ बूढ़े, बच्चे और औरतें ही बच गए हैं। मर्द और जवान बाहर काम के लिए निकले हुए हैं। कुछ गाँव ऐसे हैं जहाँ का हर लड़का बाहर गया है और उनके घर में आए कम्बल, थरमस, स्टीरियो और चमकीले कपड़ों में इतनी समानता दिखती है कि महसूस होता है कि आप किसी नये घर में नहीं दाख़िल हुए हैं बल्कि वही घर है जो बार-बार आपको बुलावा देता है। इस तरह की ज़िन्दगी से भी कुछ भारतीय दुकानदारों ने लाखों कमाना शुरू कर अपनी कोठियाँ खड़ी कर लीं। उदाहरण के लिए सरदार (सिख) दुकानदार कपड़ों की बिक्री के समय ग्राहकों को ज़रूरत के अनुसार सहूलियतें भी देते हैं जैसे रमज़ान के माह में औरतों के लिए 'अफतार' का इन्तज़ाम दुकान पर रखा है ताकि दूर से आई औरतें ख़रीदारी बीच में छोड़कर घर न भागें। वही हाल गाँव के इकलौते पीसीओ का रहता है जो पत्नियों को अरब देश में रहने वाले पतियों से बात कराने में दक्ष है। कॉन्फ्रेंस का भी इन्तज़ाम है और भाईचारे के चलते आपा, बाजी, भाभी से पैसे भी पतियों के आने पर लेते हैं। ज़रूरत के अनुसार नये रिश्ते, नई परम्पराएँ अपनी खूँटी गाड़ती नज़र आती हैं।

पढ़े-लिखे लड़के-लड़कियाँ जो जिजीविषा से भरपूर हैं, जिनमें आगे बढ़ने और मुख्य धारा में मिलने की ललक बलवती है, उनका मौजूदा हिसाब-किताब ज़िन्दगी का कुछ इस तरह का है। लड़के कमाने बाहर निकल जाते हैं। जब शादी के लायक़ हुए तो किसी छुट्टी में उनका विवाह वहीं आस-पास के किसी ख़ानदान में रुपये लेकर कर दिया। दहेज माँगने में कोई शर्म नहीं। विवाह के बाद नई-नवेली दुल्हन को माँ-बाप की सेवा करने के लिए या फिर इस मजबूरी के चलते कि विदेश में लगी नौकरी के चलते पत्नी को साथ नहीं रख सकते, वहीं गाँव में छोड़ दो-तीन वर्ष के लिए निकल जाते हैं। पीछे पैदा हुआ बच्चा बाप को अजनबी समझता है या मेहमान। समझ जाने पर उसे समाज का आर्थिक ताना और रिश्तों का बना समझ में आता है। इस सबके बावजूद कि सब कुछ ठीक-ठाक चल रहा है मगर यह सवाल अपनी जगह कि कस्टम वालों ने अचार, भूजा, और चूड़ा पर रोक क्यों लगा दी?

['प्रथम प्रवक्ता' : सितम्बर, 2005]

ज़मीन का स्वाद

बचपन के रिश्ते दरअसल इनसान के साथ ही बड़े होते हैं तभी उनकी उम्र भी आपके हमसिन होती है। बतौर मिसाल अपनी खाला अम्मा के घर का वह नीम का पेड़ आज भी आँखों में बसा है। किसी कारणवश वह काट दिया गया था मगर उसकी ऊँचाई, फैलाव और झूमती शाखाओं की हरियाली आज भी मेरे अन्दर ज़िन्दा है। तभी वह मेरे अन्दर से निकल अक्सर पन्नों पर फैल जाता है बतौर मिसाल मेरी कहानी 'ताबूत' की शुरुआत ही उस नीम के पेड़ से होती है। 'आज सुबह से नीम के पेड़ को जैसे ज़िद सी सवार हो गई थी। बेतहाशा पीली पत्तियाँ कच्चे आँगन में गिरा रहा था। (पृ. 87-पत्थर 2 गली संग्रह)

वह नीम का पेड़ मेरी कई कहानियों और उपन्यासों में आ चुका है मगर आँखें फिर भी उसकी तलाश में भटकती रहती हैं। जहाँ भी नीम का दरख़्त नज़र आया आँखें उसमें अटककर रह जातीं। बचपन में खिन्नी के धोखे में निमकौली भी मुँह में रखी है। अब नीम के तनावर वृक्ष देखने को नहीं मिलते हैं। उनकी जगह नये-नये दरख़्त ले रहे हैं। नीम वातावरण में कितनी ताज़गी भरता है इसका अन्दाज़ा लगाना कोई मुश्किल नहीं है। इत्तफ़ाक़ से छतरपुर के इस घर में और मुस्तफ़ाबाद मेरे गाँव वाले घर के आस-पास नीम के वृक्ष हैं जो जे. एन. यू. में नहीं थे। वहाँ गुलमोहर, शिरीष, अमलतास, सेमल, कीकर के पेड़ थे जो एक अलग तरह का हुस्न देते थे मगर वह ताज़गी जो हवा में घुल आपकी साँसों के साथ आपके मस्तिष्क में पहुँचती है, वैसी महक आपको नसीब नहीं होती है। नीम की हर चीज़ मूल्यवान है। फोड़े-फुंसी हों तो उसकी चैली घिसकर उसका लेप लगा लें या फिर उसकी पत्तियाँ सुखा अलमारी के कोनों में रख कीड़ों व दीमक से फ़ुरसत पा लें या फिर उसकी मुंडी व फूल रात को भिगो, उसका कड़वा पानी नहारमुँह पीकर मुहाँसे से छुट्टी पा चिकनी त्वचा हासिल कर लें। इस ख़ूबसूरत गुणी पेड़ को हमने जीवन से कितनी आसानी के साथ ख़ारिज कर दिया है, तभी हम उसकी कोंपलों को

चबाकर ख़ून साफ़ नहीं कर पाते हैं और भागते हैं डाक्टरों के पास और ढेरों रुपये पानी की तरह बहा देते हैं।

बचपन से पेड़ों के साथ मेरा सम्बन्ध खाला अम्मा के उसी घर से बना था। जहाँ अंजीर की एक बेल भी थी जिसमें छोटी-छोटी फूल की तरह हरी अंजीरें लगतीं जिसके अन्दर बेशुमार दाने व गुलाबी रेशे रहते। उसका स्वाद लाजवाब होता मगर आज लोगों के घरों से अंजीर की लतर ग़ायब नज़र आती है और सूखे मेवे के साथ वह भी सूखी अंजीर ख़रीदते हैं। दरअसल, इन पेड़ों से मेरा रिश्ता इसलिए भी गहरा था कि मेरे खालू हकीम मुर्तज़ा हुसैन अपने समय के बहुत अच्छे हकीमों में हुआ करते थे। जिसका असर खाला अम्मा पर भी पड़ना ज़रूरी था जिसका ज़िक्र करती हुई वह हमको अंजीर के फ़ायदे बताती हुई उसे खाने पर मजबूर करतीं। आज ज़बान उस ताज़ा अंजीर को ढूँढ़ती है मगर ताज़ा अंजीर उसी तरह नज़र आती जैसे 'कसेरू' जो ऊपर से काला होता है और अन्दर से झक सफ़ेद। खाने में स्वादिष्ट यह छोटा फल हमको इक्कीस मार्च यानी 'नौरोज़' के दिन नज़र आता था। जब मौसम के सारे फलों पर 'नज़र' होती और हम उस ऋतु के फल पहली बार चख़ते। सन्दल से माँग, कोख और माथे पर टीका लगता। जौ का दान दिया जाता और गुलाब जल से आँखें धोई जातीं। रंग खेला जाता। हाथ और बिजली का पंखा चलाते और झलने की शुरुआत होती। होली से मिलता-जुलता यह त्योहार दरअसल फ़सल के कटने और मौसम के बदलने से ताल्लुक रखता है जब फल पकते हैं।

आधुनिकता से जीना और सोचना अच्छी और ज़रूरी बात है मगर अपनी ज़मीन को भूल जाना ठीक नहीं है। विदेशी चीज़ों के प्रयोग पर मनाही नहीं होनी चाहिए क्योंकि अनुभव इनसानी जीवन को सदा विकास की तरफ़ ले जाता है मगर इसकी चाह इतनी न बढ़ जाए कि अपने पेड़, फल और त्योहार आपको अर्थहीन लगने लगें। इनसान का गहरा रिश्ता उसी धरती से बनता है जहाँ वह पैदा होता है। उन नदियों, कुओं, पोखर के पानी का मज़ा वह ताज़िन्दगी नहीं भूल पाता है और बार-बार उसका दिल व दिमाग़ उन गलियों की तरफ़ भागता है जहाँ उसके नन्हे पैरों ने दौड़ना सीखा और घुटनों के बल चलते हुए चटवे और झुनझुने को चूसने के साथ उसने अपने आँगन की मिट्टी भी चाटी थी जिसकी कोख से फूटी बालों से बाद में गेहूँ, चावल, दाल और सब्ज़ियों का स्वाद लिया। अपने जन्मस्थल की चीज़ों की याद उनके दिलों से पूछें जो हमेशा के लिए रोज़ी-रोटी की तलाश में या फिर किसी मजबूरी के चलते विदेशों में बस गए हैं जहाँ उनके पास शानदार घर,

कार और भारी बैंक बैलेंस है मगर जब वे सारे दिन की दौड़ भाग के बाद सोते हैं तो अकसर उन्हें सपने में वह घर नज़र आता है जिसके आँगन में नीम का क़द्दावर दरख़्त था जिसकी मोटी डाल पर सावन में झूला पड़ता था और सारे भाई-बहन चुसनी आम से पुते चेहरे के साथ भीगी हवाओं के बीच लम्बी पेंगे लेते थे। ऐसे सुहावने ख़्वाब वह भी देखते हैं जो रहते अपने देश में हैं मगर यादों का घर उनसे जाने कैसे दूर चला जाता है और रह जाता है ज़बान पर उस मिट्टी का मीठा स्वाद।

['प्रथम प्रवक्ता' : सितम्बर, 2005]

वनस्पति, जानवर और इनसान

इधर कुछ अजीब इत्तफ़ाक़ रहा कि कहीं-न-कहीं के जंगल मुझे आवाज़ देते रहे और मैं उनके बुलावे पर कभी उत्तरांचल तो कभी हिमाचल की सैर करती रही। इस बार मुझे असम जाने का मौक़ा मिला। गोहाटी से नगाँव तक का रास्ता सड़क से था। वैसे तो रेलगाड़ी ने भी असम में दाख़िल हो बारिश की झड़ी के साथ खेत और पेड़ों का सौन्दर्य दिखाया था, खेतों के बीच इक्का-दुक्का पेड़ों के दृश्य तो एक सामान्य बात थी जो उत्तर प्रदेश के इलाक़े में भी देखने को मिल जाता है मगर जो बात ख़ास थी वह असंख्य पेड़ों के झुंड जो आपस में इतने जुड़े सिमटे थे कि उनके बीच से झिर्री को तलाश करती नज़रें वापस लौट आतीं और अहसास जगातीं कि इनके बीच हवा का भी गुज़र है या नहीं?

काले मेघों से आच्छादित आसमान सुबह-सवेरे ही बारिश कर सारे दिन उमस बनाए रखता। सूरज भी जल्दी निकलता सो जीवन भी भोर में ही प्रारम्भ हो जाता। नारियल के पेड़ों के संग सुपाड़ी के पतले तने वाले पेड़ कभी-कभी ऐसी अनुभूति देते जैसे मोटी सुतलियाँ आसमान से लटका दी गई हों। धान लगाने का समय था इसलिए कहीं तो धान की खेती की हरियाली नज़र आ रही थी तो कहीं पौधे रोपे जा रहे थे। कमल की खेती के चलते खेतों के पास पोखर थे जिसमें सफ़ेद लाल कलियाँ अपना मुँह खोलने को तैयार थीं। हरे रंग के गहरे और हल्के शेड लगातार नज़र आ रहे थे। कुछ छोटे-मोटे गाँव भी अपने मझोले क़द के चौपायों के बीच उग आते।

नगाँव जाना था। इसलिए गर्मी को झेलने की हमने तैयार कर ली थी मगर अन्दाज़ा नहीं था कि बारिश के दिनों में वनस्पति से लदे-फँदे इस इलाक़े की उमस का क्या मतलब है। पसीना कुछ इस तरह निकलता जैसे बारिश की बूँदें सर पर टपक चेहरे को भिगो रही हों। चाय के बागान का न समाप्त होने वाला सिलसिला और उसमें चाय की पत्तियों को तोड़ती औरतें। मन किया चाय की हरी पत्ती को तोड़ नीबू की पत्तियों की तरह मसल उनसे सुगन्ध ली जाए ताकि दिमाग़ पर छाया

गर्मी का आलस्य दूर हो मगर अफ़सोस उन पत्तियों से अजीब गन्ध निकली जिसे हम न चाहने पर भी दुर्गन्ध ही कहेंगे। यह अनुभव अपने में अजीब था।

ग्लेशियर के पिघलते ही गोहाटी और नगाँव के बीच बाढ़ का पानी भर जाएगा। इस सूचना से भी हम चिन्तित थे कि काम जल्द ख़त्म हो और हम ब्रह्मपुत्र का सौन्दर्य उस स्थिति में देख लें जो सहज है और जब हम गोहाटी पहुँचे तो सूरज डूब रहा था। नदी का पाट किसी समन्दर की तरह विस्तृत था। रोशनी में हम ब्रह्मपुत्र को पहाड़ की चोटी से देखना चाहते थे जहाँ कामाख्या देवी का मन्दिर भी था। उसके दर्शन के लिए आए लोगों की भीड़ थी। पेड़ों से ढके मोड़दार रास्तों से नदी का जो भी कोना नज़र आता, ठहरकर उसको देखना हम नहीं भूलते। शहर के किनारे नदी का पाट और पहाड़ से घुमावदार नदी की बलखाई काया उस पर से वनस्पति की सघनता अद्‌भुत थी। पुल के नीचे ब्रह्मपुत्र नदी जैसे कभी न समाप्त होने वाली चौड़ाई का अहसास देती है। उस पर से केले, सुपारी, नारियल के झुरमुट और पान की बेलों को चढ़ाने का सरकंडों से बना ढाँचा सब कुछ मनोरम मगर हरियाली से उठती वनस्पति की साँसें, वातावरण को उमस से इस तरह भर देती जैसे भाप से भरे किसी देश में आप खड़े हों।

नगाँव से चाय बागान की ओर निकलते हुए आवाज़ की मलिका परवीन सुल्ताना का घर मुझे नाज़नीन फारूख़ ने दिखाया जो एक सियासी व्यक्तित्व और पुरानी कांग्रेस के कार्यकर्ता हैं। परवीन सुल्ताना रिश्ते में उनकी बहन लगती हैं। नगाँव में नाज़नीन फारूख़ लोकप्रिय भी हैं और उनका ख़ानदानी दबदबा भी है क्योंकि उनके ख़ानदान की हर पीढ़ी का कोई न कोई व्यक्ति किसी न किसी क्षेत्र में राष्ट्रीय स्तर पर नाम कमा चुका है। चाहे वह खेल का मैदान हो या फिर कला-साहित्य, सियासत हो या फिर तकनीकी क्षेत्र उनसे बात करने का अपना लुत्फ था। उर्दू और आसामी के बीच उनकी अपनी एक हिन्दुस्तानी भाषा वजूद में आ गई है।

सड़क के किनारे कच्चे नारियल की सजी दुकानें, जंगली फूलों की झाड़ियाँ, दूर तक फैले खेत जिनमें हाथी, और गैंडे दिखने चाहिए मगर हमें दिख रहे थे ख़ूबसूरत परिंदे और चौपाए। जब हम कौंडोली चाय बागान के रेस्ट हाउस में पहुँचे तो पता चला कि कुछ देर पहले ही हाथी के बच्चे ने एक औरत को सूँड़ से पकड़कर इस तरह पटखा है कि वह कई फुट गहरी ज़मीन में धँस गई। जबकि वह हाथी और उस तरह के अनेक हाथी उधर आकर टहलते और कुछ खा-चबा कर चले जाते जिसमें उस औरत की खेती के साथ तरकारी की क्यारियाँ भी थीं जिन्हें उसने रौंद

दिया था। उसको डराने के लिए उस दिन औरत ने क्रोध दिखा रोज़ आने वाले पालतू जैसे हाथी के बच्चे को झिड़का था जिसका अंजाम सबके सामने था।

इन घने जंगलों के बीच इनसान और जानवर दोनों रहते हैं और वहाँ की वनस्पति पर दोनों का अधिकार बराबर से है। जब तक हाथी पेड़ों व झाड़ियों को चबाता रहा सिलसिला शान्तिपूर्वक चलता रहा मगर वह छोटी-सी तरकारी की टुकड़ी जो औरत ने अपने परिवार के लालन-पालन के लिए लगाई थी, उसकी सीमा को जानवर नहीं समझ पाया और एक दुर्घटना घट गई। अधिकार के अतिक्रमण की एक अनजान दुष्टता और अपनी सीमा की रक्षा का प्रतिरोध जिसने उस इलाक़े में रहने वालों को आतंकित कर रखा था और मैं परेशान थी वहाँ नल से गिरने वाले लाल पानी को देखकर, मेरी परेशानी का समाधान चायबागान के मैनेजर ने यह कहकर किया कि यहाँ से कुछ दूर पर स्वच्छ पानी का एक सोता है। पीने का पानी वहीं से आता है।

['प्रथम प्रवक्ता' : अक्टूबर, 2005]

ज़बान और बेज़बान का रिश्ता

जानवरों से खेलना और उनसे प्यार करना कोई नई बात नहीं है। घरों में कुत्ते, बिल्ली के बच्चों से तो ख़ास तरह की दिलचस्पी नज़र आती है। कौवे, चिड़िया भी ध्यान आकर्षित करते हैं। यदि घर में गाय, बैल, बकरी पले हों तो उनसे लड़के बालों का गहरा लगाव हो जाता है। प्यार की इसी ललक के चलते हम उन्हें कभी रस्सी और ज़ंजीर में बाँधते तो कभी पिंजड़े में क़ैद करते हैं कि कहीं यह पालतू जानवर हमें छोड़कर अपने झुंड में न जाकर मिल जाए। पालतू जानवर की ज़बान भी समझना आसान हो जाता है तभी उनकी जुदाई सही नहीं जाती क्योंकि ख़ामोश संवाद जो संकेत द्वारा होता है उसके लिए हम ज़्यादा उनके क़रीब अपने को महसूस करते हैं।

अभी कुछ दिनों पहले रवीन्द्र कालिया की कहानी 'सुन्दरी' पढ़ने का मौक़ा मिला। उस कहानी में इनसान और जानवर के बीच का रिश्ता दिखाया जाता है जिसमें प्रेम और सम्मान भी है और साथ-साथ मेहनत कर पेट पालने का संघर्ष भी है। कहानी तो उस धोबी की भी हो सकती है जिसका रिश्ता गधे से उतना ही पुराना है जितना ईंट और मिट्टी ढोने वालों का, मगर उसमें गधे की पीठ पर सोंटा भी पड़ता है और उसकी हालत का बयान इस मुहावरे में उनकी दशा ख़ुद-ब-ख़ुद कह जाता है कि धोबी का गधा न घर का न घाट, मगर जहीर मियाँ ताँगे वाले का रिश्ता अपनी घोड़ी सुन्दरी से बिलकुल अलग है। वह उनकी दुलारी बिटिया है जिसको वह बड़े चाव से खिलाते, नहलाते और उसकी त्वचा की मालिश कर उसे सजाते हैं। एक बार पीठ पर मार दिया तो बरसों पछताए। किसी का ग़ुस्सा किसी और पर उतरा। इस कहानी में ताँगे वालों की स्थिति का सीधा वर्णन नहीं है जो उनकी आर्थिक स्थिति का लेखा-जोखा हमें देती है बल्कि यह सम्बन्धों की कहानी है। पेट भरना है तो रोज़ी कमानी होगी। इस ज़रूरत को सभी समझ रहे हैं। सुन्दरी भी समझती है मगर बरसों उसने पीठ पर सजे-धजे दूल्हे व शहबाला को बिठाया और कामदार छत के नीचे मटक-मटक कर चली है। उसके स्वागत के

लिए पंडाल के सामने अच्छे कीमती कपड़े पहने इनसानों की भीड़ उसने देखी है। गुलाब और जूही की फूलों की मालाओं की गन्ध भी उसने इत्र व सेंट की सुगन्ध के साथ मेहँदी की ख़ुशबू के साथ सूँघी है। गाना, बजाना, नाचना, निछावर क्या कमी रही उसकी आवभगत में?

एकाएक यह सब कुछ ख़त्म हो जाता है सुन्दरी के जीवन में क्योंकि एक हादसे में जहूर मियाँ और उसकी एक आँख फूट जाती है। इलाज में कमाया धन ख़र्च हो जाता है और जहूर फिर ताँगा चलाना चाहते हैं मगर काने ताँगे वाले पर कोई सवारी बैठना नहीं पसन्द करती। सुन्दरी जो बैंड बाजा, गैस की रोशनी और शहनाई या फ़िल्मी गानों की ताल पर ठुमक-ठुमक कर चलने की आदी हो जाती है वह सड़क पर ताँगे में जुतकर चलना ही भूल जाती है और तब जहूर का बेटा उसे सुबह घुमाने ले जाता है। उसका अवसाद कम करने के लिए उसके सामने नाचता-गाता है। बन्दरों को, भालुओं को नचाकर रोज़ी कमाने वालों को देखा है मगर इस बारीकी से जानवर का इलाज होते पहली बार देखा है। अमूमन जानवर की ओर से एक विशेष कोताही और लापरवाही हमारे अन्दर जन्म लेती है जब वह हमारे काम का नहीं रह जाता है जैसे फ़ौज में लँगड़े घोड़े को गोली मार दी जाती है। दूध सूखने के बाद गाय, भैंस, बकरी जबाह करने के लिए बेच दी जाती है। मुर्ग़ी, बतख किसी सवारी के नीचे आकर दम तोड़ने लगे तो उनकी गर्दन पर छुरी चला दी जाती है कि वह मरते-मरते भी उनके एक समय का भोजन दे जाए। यहाँ बात प्यार और इनसानियत से ज़्यादा भूख की है। इस कहानी में ज़रूरत भी है और भूख भी मगर सुन्दरी के अन्दर खोया विश्वास वापस लाने, उसके अन्दर बैठी उदासी और निराशा को दूर भगाने का जो जतन किया जाता है वह भूख और ज़रूरत से बहुत ऊपर की कोशिश है। एक जीव को जिलाने की जो अपने आप में लाजवाब है। रवीन्द्र कालिया का कहना है कि यह सच्ची घटना थी मगर उसका कलात्मक गहराई देना तो लेखक का काम था जो उन्होंने दी जिससे पढ़ने वाला प्रभावित हुए बिना नहीं रह पाता है।

जानवर और इनसान का रिश्ता हम खेती में देखते हैं जिसको सभ्यता की शुरुआत कह सकते हैं। अन्न उपजाने के लिए बैल और इनसान कभी आगे-पीछे चलकर एक साथ पसीना बहाते थे या हैं। इस मर्म को प्रेमचन्द की दो बैलों की कहानी में समझा जा सकता है मगर उस कहानी से यह कहानी कुछ अलग ढंग की है। इन कहानियों से पहले मैंने एक बंगाली लेखक जिनका न नाम याद है न कहानी

का शीर्षक उसमें घर के पुराने बक्स में साँप ने अंडे दिये थे। वह कहानी साँप के जोड़े के उस भय पर आधारित थी कि कहीं घर वाले उन्हें देख न लें और मार न डालें। बरसात के महीने में वह और कहीं जाकर पनाह ले भी नहीं सकते हैं। बेहद ख़ूबसूरत अपने समय में जब छपी थी तो कितनी चर्चित हुई थी, इसका ज्ञान मुझे नहीं है। मगर यह कहानी मुझे बहुत गहरे प्रभावित कर पाई है क्योंकि जिस परिवेश की यह कहानी है उसमें जहीर का परिवार है और सुन्दरी उस परिवार का हिस्सा। उससे पशु की तरह बर्ताव न करके एक संवेदनशील जीव की तरह व्यवहार हुआ है। कहानी पर्तदार है मगर घोड़ी के अन्दर फैले अवसाद और थकावट को जिस तरह रेखांकित किया गया है, वह तारीफ़ के क़ाबिल है और इनसान एवं जानवर के बीच के रिश्ते को मज़बूत बनाने के साथ ही ज़बान और बेज़बान के बीच बने सम्बन्ध को उजागर करती है।

['प्रथम प्रवक्ता' : नवम्बर, 2005]

अगर ऐसा हो जाए!

नया साल नई उमंग लेकर आए। यह भाव दिल के अन्दर बैठे डर को भगाने की कोशिश में लगा है। नई सदी के शुरू होते ही हर साल होने वाले किसी न किसी बड़े हादसे ने पूरी दुनिया को हिलाकर रख दिया है। अब और नहीं। जो हो गया वह पूरी सदी के लिए काफ़ी होना चाहिए। आख़िर ख़ून-ख़राबा, ज़लज़ला, जंग और आक्रमण ही तो जीवन नहीं है। जीवन के और रंग भी हैं। उनकी आशा करना और उनके इन्तज़ार में अच्छा सोचना भी बेहद ज़रूरी है।

अगर ऐसा हो जाए तो कितना अच्छा हो कि लोग एक-दूसरे के दिल की बात समझ लें। दूसरों की दुख़ती नब्ज़ पर हाथ रखने और उन्हें दुख पहुँचाने की जगह बड़ी गर्मजोशी से हाथ मिला उनका शाना थपथपाकर हौसला बढ़ाएँ और इस तरह उनका हालचाल पूछें कि उनके घाव पर मरहम लग जाए। उनका भी मन खिल जाए और आपका भी। इस हरकत से कई बीमारियाँ अपने आप दूर हो जाएँगी और आप अपने को हल्का महसूस करेंगे। क्या हम-आप नये साल में ऐसा कर सकते हैं, आपसी ईर्ष्या, रंजिश और अक्खड़पन छोड़कर? बचपन में सपनों का एक संसार होता है। जब बच्चा सोते में हँसता या मुस्कुराता है तो बड़ी बूढ़ियाँ कहती हैं, "फ़रिश्ते बच्चों को फूलों का गुलदस्ता दे रहे हैं।" क्या हम अपने वह सपने फिर से उधार माँग सकते हैं जब हम गद्दे पर हाथ फैलाकर बेफ़िक्री की नींद सोते थे, क्या अब ऐसा सम्भव है?

यह मुमकिन हो सकता है अगर हम अपनी ग़लत क़िस्म की इच्छाओं को काबू में कर लें। उस दौड़ में शामिल न हों जिसमें मन का सन्तोष कहीं खो जाए और हम सब कुछ पाकर भी भटकते रह जाएँ और इस सवाल में उलझ, अपने से पूछते रहे कि दरअसल हमें चाहिए क्या? इस दौर में, जिस तरह हम जी रहे हैं उसका लक्ष्य तो लगातार भौतिक सुख-सुविधा की सीढ़ियाँ चढ़ना। लगता है मौत को हम भूल चुके हैं। एकदम से बत्ती गुल हो जाए तो यह भाग-दौड़ धरी-की-धरी

रह जाती है मगर हम दूसरों को धकेलते, कुचलते सबसे ऊँची मंज़िल पर जा बैठते हैं जहाँ तन्हाई है। यहाँ तक की उस उपलब्धि के सुख को बाँटने वाला कोई नहीं है। अपने तो सब पीछे छूट गए। यह बात तो तब समझ में आती है जब हम अनुभव के उसी अन्तिम पड़ाव पर पहुँचते हैं। उस समय हमें यादें घेर लेती हैं। अतीत में विचरते हुए अपने को देखना, आँकना और फिर याद करना विचित्र लगता है मगर हम उस गोरखधंधे में प्रवेश कर जाते हैं। उस समय जीवन की रील रिवाइंड नहीं हो सकती है और हम एक अजीब गहरी थकान से दो-चार होते हैं।

क्यों न हम इस आने वाली थकन को आने ही न दें। अगर जान को आ गई है तो बेहतर है किसी लबादे की तरह उसे उतार फेंकें और किसी पंछी की तरह उन्मुक्त हवा में उड़ान भरें। पेड़ चढ़वा के दौर को हम बहुत पीछे छोड़ ईंट-गारे के मकान में रहने लगे हैं मगर उस मकान के कारागार में न बदलें न ही पिरामिड में जहाँ लाश के साथ कीमती सामान की दुकान सजी होती थी। वह दौर गुज़र गया। अब सब बराबर है। हमें तो इस नये वर्ष में अत्याचार, शोषण, अधिकार, हनन और परपीड़ा को ऐसे ही किसी पिरामिड में सदा के लिए दफ़ना देना चाहिए ताकि इनसानों पर इनसान द्वारा किये गए अत्याचारों का हमेशा के लिए ख़ात्मा हो जाए और इनसान एक बार की पाई हुई ज़िन्दगी को भरपूर जी सके। दूसरों की तरफ़ हाथ फैलाने की जगह वह स्वाभिमान से कमाई चटनी-रोटी का मज़ा लूट सकें। दूसरों के घर-ज़मीन पर क़ब्ज़ा जमाने की जगह उसका दिल इतना बड़ा हो कि वह अपने घर का दरवाज़ा दूसरों के लिए सदा खुला रखे और उनको सुख देकर अपने अन्दर सुकून का स्रोत बहता देख सकें। नये साल में ऐसा हो सकता है क्या?

सोचती हूँ अगर ऐसा हो जाए कि दूसरों की निष्ठा के प्रति हमारे मन में जगह बन जाए और उनके और अपने ख़ुदा की शक्ल एक लगने लगे। उस भगवान को लेकर कोई झगड़ा ही न हो जो सबका पालनहार है और उसने बिना भेदभाव के विश्व के हर इनसान को दो आँखें, दो हाथ, दो पैर दिये। उनके ख़ून का रंग भौगोलिक विभिन्नता के बावजूद लाल ही रखा। उनके बीच सन्तान उत्पत्ति में नसल, जात, रंग, भाषा की रुकावट नहीं बनने दिया। मर्द-औरत कहीं के भी हों जब वे मिलते हैं तो दो इनसान की तरह और जब अपने प्रेम से नये जीव को जन्म देते हैं तो वह इनसान होता है। क्या ऐसा सम्भव है कि हम इस नये वर्ष में ख़ुदा बन जाएँ और सारा भेदभाव, तिरस्कार, घृणा, शत्रुता और हवस छोड़ हम उन सारी भिन्नता को भूल जाएँ जो हमने ख़ुद अपने से इस धरती में रोपी है जिस पर हम रहते हैं। एक

ख़ुदा की तरह अपने सभी साथियों को हम उसी नज़र से देखें जैसे हमारा ईश्वर, हमारा गॉड हमें देखता है, तब यह नया वर्ष कितना ख़ुशहाल हो उठेगा। तब इसके रूप-रंग, ख़ुशबू, और माहौल में कितनी अपनाइयत घुली होगी।

नये साल का सूरज अपनी नारंगी छटा बिखेर रहा है। चिड़िया चहचहा रही हैं। पत्ते ताली बजा रहे हैं और बहता पानी समय से आगे दौड़ने के लिए आतुर है। मेरी आँखों के सामने मेरी बनाई हुई दुनिया है। फैंटेसी से बनी इस दुनिया का कोई भवन, कोई भूखंड, कोई सीमा प्रदेश भले ही न हो मगर उसकी बुनियाद बहुत गहरी है जो शताब्दियों से पूर्वजों की बोली, सूफ़ियों के गीत में अपनी जड़ें जमा चुकी है और उसकी चहारदीवारी में करोड़ों शरणार्थियों ने मौक़े-मौक़े से पनाह ली है, अपने दिल की आँखें खोली है और इस दुनिया को हसीन बनाने का सपना देखा है। क्या यह नया वर्ष उस पुराने सपने को साकार कर सकता है? यक़ीनन ऐसा होगा।

['प्रथम प्रवक्ता' : जनवरी, 2006]

जड़ पकड़ती लानतें

एक तरफ़ लड़कियाँ इतनी दबंग हो रही हैं कि अपनी बारात लौटाने और लालची ससुराल वालों को जेल की हवा तक खिलाने से नहीं डरतीं मगर कहीं बहुत चाहने पर भी उनकी आवाज़ बुलन्द नहीं हो पाती है और वह दिल मसोसकर रह जाती हैं। शायद उसकी वजह वह हालात होते हैं जिनकी कल्पना तक वह नहीं कर पातीं। इसलिए जब तक वह सदमे से उबरती है तब तक पानी सर से बहुत ऊँचा हो जाता है और उनका विरोध अर्थहीन।

कुछ माह पहले बिहार के एक गाँव में शादी हुई। लड़के वाले बहुत दिनों से इस कोशिश में लगे थे कि किसी तरह यह लड़की मेरे घर की बहू बन जाए। लड़की वाले बेहतर लड़के की तलाश में उनको कोई जवाब नहीं दे रहे थे। लड़की सुघड़ थी, सुन्दर थी और सबसे बड़ी ख़ूबी उसमें बला की इनसानियत थी। बड़े-छोटों का ख़याल हर एक से ख़ुशमिज़ाजी से बात करना मगर दिल्ली देखी लड़की को शहर का कोई लड़का न मिला। गाँव के लिहाज से बढ़ती लड़की की उम्र से और रिश्तेदारों के सवाल से तंग आकर आख़िर गाँव का वही लड़का पसन्द कर लिया गया और दिल्ली में रहने वाली लड़की का ब्याह गाँव में कर दिया गया। लड़का दुबई में नौकरी करता था। देखने में ठीक-ठाक था मगर लालच ने सारा काम बिगाड़ दिया। तय पाया था कि नकद रुपया और मोटरसाइकिल लड़की वाले देंगे। लड़की वालों से ग़लती यह हुई कि उन्होंने मोटरसाइकिल का पैसा भी नकद दे दिया। शादी के वक़्त जिस लाल मोटरसाइकिल से लड़के दौड़-भाग कर रहे थे वह उनके रिश्तेदार की थी मगर समधी समझ बैठे कि यह उनके बेटे के लिए है। निकाह के बाद जब रुखसती के साथ दहेज भी जाने लगा तो मोटरसाइकिल का राज खुला और समधी ने क्रोध में कहा कि आप जब तक हम न कहें हमारे घर मत आइएगा और रहा चौथी भेजने का सवाल तो वह भूल जाइए।

रंग में भंग पड़ गया। लड़की वाले हक्का-बक्का। उन्होंने घर पोंछकर यह शादी

की थी। घर में कुछ बचा न था कि उसे बेचकर वह मोटरसाइकिल दे सकते। दूसरे उनके मन में आक्रोश था कि यह कैसा ईमान? जब पैसा दिया जा चुका है तो फिर यह कैसी बेजा माँग? चौथी की रस्म नहीं हुई। यह वह रस्म होती है जिसमें लड़की घर आ मायके वालों से मिलती है। ससुराल कैसा है इसका अन्दाज़ा लगाया जाता है। दामाद को एक दूसरी नज़र से देखा जाता है कि अब वह घर का सदस्य बन गया है। यह सब कुछ न हुआ। लड़की ढेरों दहेज ले जाने, नकद रुपया देने के बावजूद लांछित हो गई कि उसके घर वाले ज़बान देकर मुकर गए। आज छह माह गुज़र गए। लड़की ने मायके वालों की शक्ल नहीं देखी। पति जो पिता से डरता था, उसने पत्नी से केवल इतना कहा कि यदि मेरे पास छुपा रुपया होता तो मैं गाड़ी ख़रीदकर तुम्हारी तरफ़ से दे देता। उसका इतना कहना बताता है कि लड़का दिल का बुरा नहीं था मगर दहेज के अभिशाप से वह लड़की की तरह ही प्रताड़ित हुआ।

इस तरह के जाने कितने क़िस्से छोटे-बड़े गाँव व क़स्बों में रोज़ कहीं-न-कहीं होते हैं, मगर लड़की वाले जाने किस शर्म और लिहाज के चलते न पुलिसवालों को फ़ोन करते हैं न लड़की तलाक़ की माँग करती है। यह स्थिति और भी दर्दनाक होती है जब परिवार पूरे का पूरा बुरा नहीं होता है। लिहाज वहाँ करना पड़ता है। ज़बान वहाँ सिलनी पड़ती है जैसे यह परिवार जहाँ सास, ननद, देवर और पति तो बहू को सिर आँखों पर बिठाए हैं मगर ससुर रात-दिन मोटरसाइकिल का ताना देते हैं। सास, बहू से कहती है 'तुम बुरा मत मानो, इनसे हम भी दुखी हैं।' हमारे यहाँ दहेज लेना और देना दोनों जुर्म करार दे दिया गया है। फिर भी थोड़ा-बहुत ख़ुशी-ख़ुशी दिया और लिया जाता है, मगर जहाँ ऐसा कुछ घटित होता है वहाँ हमारा क़ानून क्या करता है?

क्या केवल शिकायत करने पर ही क़ानून हरकत में आएगा या फिर उसकी भूमिका समाज में इस तरह की होनी चाहिए कि जहाँ ऐसी घटना घटे उस मामले की छानबीन कर अपराधी को पकड़ा जाए ताकि दहशत लोगों के दिलों में हो कि कोई उनकी गतिविधि पर नज़र रख रहा है और सीधे उसके हाथों में हथकड़ी डाल सकता है। ख़ुदा यह काम कर रहा होता है मगर उसकी लाठी में आवाज़ नहीं होती है। वह बरसों बाद इनसान की करनी का फल देता है इसलिए उससे डरना लोग भूल चुके हैं मगर पुलिस और क़ानून की दहशत उनके दिलों में ख़ुदा से बढ़कर है। लड़की के घरवाले पेचताँव खाकर इसलिए भी रह गए कि शादी हो चुकी थी। बहू वह लौटाते भी न क्योंकि उन्हें लड़की की इस ख़ूबी का पता था कि वह जिस

घर जाएगी उसे जन्नत बना देगी और फिर वह शिकायत कर पाते क्या? बदनामी, कड़वाहट, थाना, अदालत ऊपर से उसका ख़र्चा! कहाँ से आता यह सब?

आज हम कितनी तरह की बेहूदा जंग में फँसे हुए हैं, मगर उनका हल भी हम निकाल नहीं पाते हैं। केवल अपने व्यक्तिगत लाभ के चलते मोर्चों पर डटे रहते हैं वरना यह सामाजिक लानतें कभी हमारे यहाँ इस तरह जड़ जमाकर न बैठतीं कि वह लोगों के ख़ून में प्रवाहित हो उठतीं और विरोध के बावजूद समाज का परिदृश्य बदल नहीं पातीं। इतना कुछ लिखा जा रहा है, छप रहा है, दिखाया जा रहा है, समझा जा रहा है, मगर लोग हैं कि बदलने का नाम नहीं ले रहे हैं। यदि बीस प्रतिशत लोग बदले भी पिछले साठ वर्षों में तो क्या कमाल हुआ? बदलाव तो उन पिछड़े इलाक़ों में आना चाहिए जहाँ धन के अभाव से लड़कियाँ बोझ समझी जाती हैं। लालच के मारे लड़कों की बोलियाँ लगाई जाती हैं।

['प्रथम प्रवक्ता' : फरवरी, 2006]

फलने-फूलने का अधिकार

पिछले हफ़्ते दिल्ली की सड़कों से गुज़रते हुए महसूस हुआ कि जनवरी की ठंड के चलते पेड़ों की छँटाई बड़ी बेदर्दी से की गई है जबकि सड़क किनारे खड़े दरख़्त यूँ भी अपने फैलाव में इतने घने नहीं होते हैं मगर वृक्ष को पूरा न काटकर जलावन की लकड़ी तो छँटाई करके हासिल की ही जा सकती है। हर पेड़ का इनसान की तरह अपना चेहरा-मोहरा और व्यक्तित्व होता है जो उसकी क़द-काठी और हरेपन के कारण बरबस नज़रें अपनी ओर खींचता है। लँगड़े, लूले, अन्धे और घायल रोगियों को देखकर जो दयाभाव मन में उभरता है कुछ वैसा ही अफ़सोस उन पेड़ों को देखकर महसूस हुआ जिनकी छँटाई नहीं बल्कि उनका अंग-भंग किया गया था। बिना कोई आकार दिये जहाँ तक हाथ पहुँच सकता था, उस शाख को नीचे झुका तोड़ा गया था या फिर पेड़ पर चढ़कर किसी अनाड़ी हाथों ने वृक्षों के सर को कलम किया था। नीचे पड़ी लकड़ियों को कोई औरत गट्ठर की शक्ल में बाँध रही थी।

मेरी नज़रों में आने वाले लगभग सभी पेड़ अपनी ग़लत छँटाई के कारण बेढंगे लग रहे थे। किसी का बायाँ हिस्सा पूरा ग़ायब था तो किसी की ऊँचाई नंगी ठूँठ में बदल गई थी। टूटी हड्डियों की तरह उनकी शाखाएँ फट सी गई थीं। पूरे रास्ते में यही सोचती रही कि वह सारे पेड़ जाने अपनी कटी-तोड़ी शाखाओं से नये फुटाव देंगे या नहीं? यदि फुटाव आए। टहनियाँ पत्तियों से भरीं तो क्या यह अपने आकार का सन्तुलन रख पाएँगे? जिसको निहारे का सुख आँखें लेंगी या फिर असन्तुलित यह पेड़ आँधी में अपना कोई अंग गँवा देंगे? इतने प्यार, श्रम, धन लगाकर इन नई बनी सड़कों के किनारे इन्हें रोपा गया था। क्या यह दिल्ली के उन पुराने दरख़्तों की तरह लम्बी उम्र नहीं पा पाएँगे जो वर्षों से अपने क़द्दावर क़द के साथ चौड़ी सड़कों और शानदार बँगलों के सामने जाने कब से आकर्षण का केन्द्र बने और शहर के उस हिस्से को एक बाग़ की तरह हरा और शीतल बनाए रखते हैं?

फरवरी का यह माह धीरे-धीरे कर मार्च की तरफ़ बढ़ेगा। कुछ दिनों की बहार

हर स्थान को रंगारंग बना देगी, मगर अप्रैल के अन्त में क्या होगा? जब गर्म हवाएँ चलना शुरू होंगी। सूरज का रौद्र रूप सहा नहीं जाएगा। कड़ी धूप से बचने के लिए छाया की तलाश होगी। मई-जून का सख़्त महीना आख़िर गुज़रेगा कैसे? वातानुकूलित कमरे, वातानुकूलित गाड़ियाँ भारत के हर नागरिक को उपलब्ध नहीं हैं। पहाड़ों पर छुट्टियाँ गुज़ारना या विदेश की तरफ़ निकल जाना सबका भाग्य नहीं है। आम इनसान को तो अपने प्राकृतिक स्रोत से मुफ़्त प्राप्त सुविधाओं की ही प्रतीक्षा रहती है। बस न मिलने पर, कुछ फ़ासले की दूरी पर जाने या फिर किसी कारण ठहरने के लिए किसी छाया की ज़रूरत तो पड़ती ही है। अब पहले जैसा माहौल नहीं है कि कोई गुज़रता मुसाफ़िर किसी का दरवाज़ा खटखटा एक गिलास पानी माँग ले।

हमारी भारतीय परम्परा में तो पेड़ पूजने की भी जड़ें गहरी हैं। क्या वह केवल बरगद और पीपल तक ही सीमित निष्ठा है? पेड़ के आस-पास शौच की भी मनाही है। धरती पर गर्म पानी डालना भी बुरा समझा जाता है। यह सारी संवेदनाएँ हमारे अन्दर से कहाँ चली गईं। हम अपने ही परिवेश के दुश्मन हो गए हैं। अपनी ज़रूरत में अंधे होकर हम नदी, ज़मीन, वनस्पति को भूल चुके हैं कि इसकी तबाही दरअसल हमारी तबाही है। ऐसा नहीं है कि हम प्राकृतिक स्रोत का उपभोग न करें मगर इस तरह नहीं कि ख़ुद को कंगाल बना लें।

इनसान अपनी ज़रूरतों की पूर्ति के लिए अक्सर विवेकहीन हो जाता है। जाड़े की शिद्दत में पुस्तकालय की महत्त्वपूर्ण किताबों को जलाकर आग तापने की यह ख़बर हमारे ही देश की है किसी हमलावर विदेशी का यह कारनामा नहीं है। इसका कारण जो खुलकर सामने नज़र आता है वह है आम इनसानों की बुनियादी ज़रूरतों का पूरा न होना। शिक्षा है तो नौकरी नहीं, सुविधा है तो विवेक नहीं, क़ानून है तो पालन नहीं, देश है मगर देश प्रेम नहीं।

जिस देश में 'चिपको आन्दोलन' हो। पेड़ काटना जुर्म बना दिया गया हो। हरियाली लाना और पेड़ रोपने का आह्वान हो। वहाँ पर यह समझ क्यों नहीं पनप पा रही है कि हमारे देश की हर चीज़ हमको सँभालकर रखनी है मगर होता उसका उलटा है। जिस अत्याचार के विरोध में आवाज़ उठाई जाती है उसका नतीजा तोड़-फोड़, आगजनी, हिंसक घटनाओं पर ख़त्म होता है। यह अजीब सी मानसिकता है जो सोचने पर मज़बूर करती है कि हम सबके अन्दर अन्याय के प्रति कितना आक्रोश भरा है जिसको हम रोज़ होती अप्रिय घटनाओं को देखकर चुपचाप पीते रहते हैं। भ्रष्टाचार को देख अपने को दबाते हैं और एक दिन मौक़ा पाकर वह

संयम, वह दूरअन्देशी धरी की धरी रह जाती है और हमारे अन्दर का वहशी इनसान किसी छोटी सी बात पर बेकाबू होकर बाहर निकलता है और यह विवेकहीन हो वह सब कुछ कर गुज़रता है जिस पर उसे एतराज़ होता है। और अभिव्यक्ति भाषा के स्तर पर भी कड़वी और तीखी होती है जो हालात को सँभालने की जगह बिगाड़ने पर तुल जाती है। सकारात्मक सोच का नकारात्मक फल अक्सर हमको झेलना पड़ता है जिस पर स्वयं विश्वास करना मुश्किल हो जाता है कि यह घटा कैसे? पेड़ रहेंगे तो हमको हवा, वर्षा और फल-फूल भी मिलेंगे। ज़रूरत पड़ी तो वह ईंधन भी देगा मगर यह सुख हम तभी पा सकते हैं जब हम उनका ध्यान रखें। उनको उनकी तरह पनपने दें। उन्हें भी फलने-फूलने का और अच्छा दिखने का अधिकार है। उसे आप मत छीनें।

['प्रथम प्रवक्ता' : मार्च, 2006]

अराजकता के इस दौर में

जहाँ जंगल का घनापन छँट रहा है, नदियाँ उथली हो रही हैं, ताल सूख रहे हैं वहाँ पर हर क्षेत्र में भीड़ बढ़ रही है। चाहे वह हवाई जहाज़ ही क्यों न हो। रोज़ कुछ न कुछ नया लेकर कोई न कोई एयरलाइन समाचार-पत्रों के पन्नों पर सुविधाओं और सस्ते टिकट की सूचना के साथ आपका ध्यान आकर्षित करती है। दुबई जाने के लिए सबसे शानदार उड़ान 'ऐमरेटस' है। हर सीट के आगे टीवी लगा हुआ। रिमोट हाथ में है जो प्रोग्राम चाहिए बटन दबाकर उस पर आँखें गाड़ दीजिए और कभी-कभी बीच में लगी स्क्रीन पर भी नज़र डाल लीजिए जहाँ पर आपका जहाज़ किस इलाक़े पर किस रफ़्तार में रास्ता तय कर रहा है उसका भी मज़ा ले लें। खाना-पीना इफरात ऊपर से मुलायम शाल का स्पर्श। यह सारी सुविधा व सुरक्षा को छोड़ हिन्दुस्तानी दिल व दिमाग़ इस फ़ैसले पर पहुँचता है कि अपनी एयरलाइंस से यात्रा करना बेहतर है। आख़िर बाहर पैसे क्यों ख़र्च किये जाएँ?

एयर इंडिया की उड़ान 747 अपने वक़्त से उड़ी मगर पंखे में चील फँस जाने से इंजन रुक सा गया। एलान हुआ कि हम दिल्ली वापस जा रहे हैं मगर घबराने की कोई बात नहीं। खिड़की से झाँकने पर और आँख बन्द करने पर महसूस हो रहा था कि हम बड़ी तेज़ी से किसी सुरंग में नीचे उतरते जा रहे हैं। उड़ान के साथ ही अजीब आवाज़ें सुनाई पड़ी थीं जो अब तेज़ हो गई थीं। मुसाफ़िरों के बीच ख़ामोशी छा गई थी। मुझे इंडियन एयरलाइंस का जहाज़ याद आया जिससे मैं मिजोरम गई थी। महीना जुलाई का और बारिश तेज़। कुछ मिजी महिलाओं में हलचल हुई उनकी सीटें बदली गईं क्योंकि जहाज़ की छत टपक रही थी। एयर होस्टेस ने पेपर नैपकिन दरारों में खोंसने के बाद कहा कि चलिए अपनी सीटों पर, सब ठीक हो गया। कलकत्ता हवाई अड्डे से उड़ी मगर पूरे रास्ते एक भय दिमाग़ को परेशान किये रहा कि कहीं हवा अन्दर भर गई तो...तो अब क्या होने जा रहा है? किसी चट्टान पर गिरकर हवाई जहाज़ चूर हो जाएगा? सभी परेशान थे। मौत

सबको अपने सामने नाचती नज़र आ रही थी। तभी एलान हुआ कि हम दिल्ली पहुँच गए हैं। ज़ोर की आवाज़ के साथ हवाई जहाज़ पट्टी पर उतरा और हमारी जान में जान आई।

इंजीनियर पहुँच गए और हमें इत्तला दी गई कि सीट पर बैठे रहें। खाना लगा दिया गया। चार बज रहे थे। पता चला कि अब हमको नीचे उतर दूसरे जहाज़ का इन्तज़ार करना पड़ेगा, क्योंकि इंजन ठीक होने में दो दिन लग सकते हैं। जो समय दुबई पहुँचने का था, उसमें हम लौटकर फिर से ट्रांजिट लाउंज में बिठा दिये गए। इस आश्वासन के साथ कि चाय और नाश्ता सामने के टी-स्टाल से मुफ़्त कर सकते हैं। समय गुज़रने लगा मगर किसी तरह की कोई ख़बर नहीं मिल रही थी। रात के नौ बजे यात्रियों ने नारे लगाना शुरू कर दिया। 'एयर इंडिया...हाय हाय।' हमारे सहयात्री अधिकतर क्लास फोर से थे जो दुबई काम करने जा रहे थे। नारा लगाने के बाद हवाई कर्मचारियों से बहस शुरू हुई कि क्या विदेशी यात्रियों के संग आप इतनी लापरवाही बरतते? चूँकि इस उड़ान में अधिकतर आम इनसान हैं इसलिए आपके कानों में जूँ नहीं रेंग रही है। घेराव और बहस के आधे घंटे बाद या कहें टीवी चैनलों को फ़ोन करने या फिर उनके पहुँचने से पहले समाचार मिला कि दुबई जाने वाला जहाज़ साढ़े दस बजे रात को उड़ान भरने के लिए तैयार है। इस बार अन्दर से हवाई जहाज़ साफ़-सुथरा था मगर बाथरूम का फ्लश काम नहीं कर रहा था। रेलवे, रोडवेज और हवाई यात्रा की समानता पर मुझे ताज़्ज़ुब हो रहा था।

दुबई हम दो बजे रात को पहुँचे। सामान लेते हुए अटैची पर लगा सफ़ेद फीता जो एक्सरे मशीन से निकलने के बाद लगता है, वह टूटा हुआ था। ताला लगा था। सोचा सामान एक हवाई जहाज़ से दूसरे हवाई जहाज़ तक पहुँचाने के बीच टूटा होगा मगर राज तो तब खुला जब पाया कि ताला चूँकि जिप के कुंडल में लगा था सो एक कुंडल तोड़ उन्होंने अटैची से सामान निकाल लिया है। यही हाल मेरे साथ यात्रा कर रही मेरी बेटी के साथ भी हुआ। शाम को हम दोनों को जिस ख़ुशी में शरीक होना था उस अवसर पर दिये जाने वाले उपहार चोरी चले गए थे। चीज़ें कितनी कीमती थीं उनका मूल्य हम पैसों से न आँक कर अहसास से तौल रहे थे जिसकी कोई क़ीमत न थी। दिल बुझ गया। घर में जिसने सुना वह चकित भी हुआ और शर्मसार भी कि रेलवे में अटैचियों को ज़ंजीर से बाँधा ही जाता है क्या अब...? मगर हवाई जहाज़ में जहाँ सुरक्षा का इतना ख़याल रखा जाता है, वहाँ पर हम व्यक्तिगत स्तर पर क्या कर सकते हैं? कहने को कहा जा सकता है कि ऐसी

क़ीमती चीज़ अटैची में नहीं रखनी चाहिए थी मगर क्या हम तय कर पाएँगे कि क्या क़ीमती है और क्या बेकार? चोर की अपनी नज़र है, वह पहनने के कपड़े से लेकर सेंट, साबुन, दवाई कुछ भी अपनी ज़रूरत के मुताबिक़ निकाल सकता है।

एयर इंडिया के इन्तज़ाम का यही हाल रहा तो, यह अहसास कब तक यात्रा करने वालों के मन में रहेगा कि वह अपनी यात्रा का टिकट अपने देश की एयरलाइंस से ही बुक कराए। हवाई जहाज़ पुराने, गंदे और इस्तेमालशुदा देखने से लगते हैं मगर उससे ज़्यादा उनके कर्मचारी बदहवास और थके हुए नज़र आते हैं और उनके पास भी कहने को अनेक दास्ताने हैं जो दर्दनाक भी हैं और ताज्जुबखेज़ भी जैसे एयर होस्टेस के बयान के मुताबिक़ कि वह ड्यूटी के दौरान जिस होटल में ठहरी थी वहाँ से उनकी अटैची में से कई क़ीमती चीज़ें ग़ायब हो गई थीं। अब आप बताइए कि किसकी शिकायत किससे की जाए और किसको असली कुसूरवार ठहराया जाए अराजकता के इस दौर में?

['प्रथम प्रवक्ता' : अप्रैल, 2006]

यात्रा रोज़ी-रोटी की

दुबई यदि आप नहीं गए हैं तो आपका यह समझना सच या झूठ हो सकता है कि वहाँ हर तरह के अपराधियों को पनाह दी जाती है। वह मंडी है जहाँ व्यापारी बड़े-बड़े जहाज़ों पर सामान लेकर पहुँचते हैं मगर हर शहर की तरह दुबई की भी कुछ और ख़ूबियाँ हैं जैसे हवाई अड्डे से लेकर घर तक के रास्ते में आपकी लगातार भारतीय चेहरों से मुलाक़ात होती रहेगी। परीकथा जैसे सुन्दर शहर में हर राष्ट्र, हर नस्ल और हर भाषा का व्यक्ति दफ़्तरों, दुकानों, होटलों में काम करता नज़र आएगा। यही हाल समन्दर के किनारे और बागानों का भी है। दुबई में सबसे ज़्यादा आबादी भारतीयों की है, यानी 62 प्रतिशत अपने लोग वहाँ व्यापारी और कर्मचारी के रूप में मौजूद हैं।

दुबई के हाकिम शेख जायद के शानदार अस्तबलों की देखरेख हो या किसी बैंक का मैनेजर होना या फिर किसी मॉल का मालिक होना कहने का अर्थ केवल यह है कि जहाँ भारतीय कर्मचारी केवल पाँच सौ दरहम पर काम करने को रज़ामन्द हैं, वहीं पर लाखों-करोड़ों के मालिक हिन्दुस्तानी भी मौजूद हैं जिनकी ख़ुशहाली अपनी जगह और सुरक्षा का सन्तोष अपनी जगह। दुबई भले ही आतंकवादियों के रहने पर पाबन्दी न लगाता हो मगर वहाँ आतंक और आतंकवादी को पाला-पोसा बिलकुल नहीं जाता। यह अलग बात है कि शहर की व्यवस्था में शान्ति कायम रखने के जितने भी बड़े क़ानून बने हों मगर इनसान को अन्दर से बदला नहीं जा सकता है, सो वहाँ आतंकवाद की जगह नस्लवाद अन्दर-अन्दर पनपा हुआ है, मगर डर के मारे वह बाहर खुलकर नहीं आ पाता है क्योंकि दुबई प्रशासन इस तरह की हिमाकत की इजाज़त नहीं देता है। छोटी सी मिसाल से वहाँ का माहौल आपकी समझ में आ जाएगा। यदि कहीं भी दो आदमी आपस में लड़ते हैं या एक व्यक्ति दूसरे को पीटता है, तो पीटने वाला अकेला सज़ा नहीं पाएगा बल्कि पिटने वाला भी धरा जाएगा इसलिए बात बढ़ने से पहले ही दोनों पक्ष अपने ऊपर कंट्रोल कर लेते हैं।

दुबई में क़ानून सख़्त है। उसका पालन न करने की सज़ा भी बेरहम है मगर कुछ ख़बरें आपको चौंकाती हैं जैसे पानी और बिजली की व्यवस्था उन जगहों पर ज़ीरो है, जहाँ पर इमारत बनाने वाले मज़दूर रखे जाते हैं। एक मकान में पचास मज़दूर ठूँस दिये जाते हैं जहाँ नहाने और खाना पकाने की व्यवस्था भी उचित नहीं है। इन मज़दूरों को पैसे भी वक़्त से नहीं मिलते हैं। इन ख़बरों को पढ़कर यह सूचना भी मिलती है कि ऐसी स्थिति पैदा करने वाली कम्पनियों में भी भारतीय कम्पनियाँ सबसे आगे हैं। चूँकि सीधे तौर पर कोई क़ानून उन्हें काग़ज़ी कार्रवाई कर पकड़ नहीं सकता है सो यह कम्पनियाँ मज़दूरों को लेकर बेहिस हैं मगर समाज सेवी संस्थाएँ जहाँ कहीं ऐसी स्थिति सुनती, देखती हैं, वहाँ पहुँच जाती हैं और मज़दूरों की बदहाली के ख़िलाफ़ न केवल आवाज़ उठाती हैं बल्कि माली तौर से उनकी मदद कर खानपान की व्यवस्था भी करती हैं। यही नहीं कुछ कम्पनी मालिक अक्सर फरार हो जाते हैं और मज़दूर जिस उम्मीद पर विदेश आते हैं, वह आशा भी निराशा में बदल जाती है। चूँकि वहाँ पासपोर्ट जमा करने का नियम है, सो यह मज़दूर अक्सर बिना किसी पहचान और सनद के रहने लग जाते हैं। मगर ऐसी दयनीय स्थिति में एक उम्मीद की किरण बाक़ी रहती है कि उनके पास 'वर्क परमिट कार्ड' रहता है जो पासपोर्ट से ज़्यादा अहम है क्योंकि उस कार्ड के द्वारा ही उन्हें दूसरी नौकरी मिलने में आसानी होती है। लौटना वह चाहते नहीं इसलिए दूसरी कम्पनी का मालिक उनका जी भरकर शोषण भी कम तनख़्वाह देकर करता है और उन्हें छोड़ना भी नहीं चाहता है क्योंकि इस तरह मुफ़्त में मिले मज़दूरों के लिए उसे एक बड़ी रकम उनके वीजा के लिए नहीं भरनी पड़ती है और धन का बड़ा हिस्सा बच जाता है। कहने वाले तो यहाँ तक कहते हैं कि दुबई में बिना पासपोर्ट मज़दूरों की संख्या हज़ारों में है और यह केवल इसलिए सम्भव हो पाता है क्योंकि वहाँ पर 'वर्किंग कार्ड' का महत्त्व है और वह तभी बन पाता है जब मज़दूर के सारे काग़ज़ जिसमें पासपोर्ट भी शामिल होता है, ठीक-ठाक हों।

भारतीय मज़दूर दुबई में तेज़ सूरज की गर्मी से मुक़ाबला करने के बावजूद सेहतमन्द और चेहरे से ख़ुश नज़र आते हैं। उनका कहना है कि यहाँ रोज़-रोज़ की चिकचिक नहीं है। जो क़ानून है, उसी में हमको रहना है। मगर घर से दूर हैं इसलिए चिन्तामुक्त नहीं मगर खाना जो भी खाते हैं बिना मिलावट का होता है। सब्ज़ी अच्छी मिलती है। हम खाना ख़ुद पकाते हैं। जो थोड़ी-बहुत बचत होती है, वह दस प्रतिशत डबल हो घर पहुँचती है। वहाँ रहकर हम इस बचत की कल्पना

भी नहीं कर सकते थे। मज़दूरों के बाद उन भारतीय कर्मचारियों के हालात सामने आते हैं जो मज़दूरी की जगह ऑफ़िस, दुकानों, कारख़ानों, हवाई अड्डे, पेट्रोल पम्प पर काम करते हैं। उनको कम्पनी की बस उनके रहने की जगह से सुबह लेने आती है और शाम को छोड़ती है। उनका खाना भी कम्पनी देती है। इस तरह के कर्मचारी थोड़ी बेहतर स्थिति में हैं। उनकी पूरी तनख़्वाह बचती है। पूरे वक़्त काम में व्यस्त छुट्टी के दिन ऐसा कोई काम नहीं कर सकते जो क़ानूनन मना है जैसे शराब पीकर शोर मचाना, गाली बकना, सड़क पर कूड़ा फेंकना, जुआ खेलना, लड़की छेड़ना या ग़लत हरकतें करना इसलिए शराफत से जीना पड़ता है और तो और पेड़ काटना सख़्त मना है। पुलिस पब्लिक जगहों पर दिख़ती नहीं है मगर जरा सी झड़प कहीं हुई नहीं कि वह पलक झपकते ही पहुँच जाती है।

दुबई आतंकमुक्त सही, सुरक्षा और शान्ति का सन्तोष सही, अँगोछे और धोती की जगह पैंट और शर्ट सही, कहाँ तक सुख का बयान किया जाए? बहुत कुछ वहाँ है जो यहाँ नहीं मगर क्या किया जाए जब घर की याद सताती है, अपनों के चेहरे आँखों के सामने टूटे तारों की तरह दमककर ओझल हो जाते हैं, दीवाली, शबरात, ईद, दशहरा, क्रिसमस, ईस्टर जमकर मनाने के बावजूद वह मज़ा नहीं आता है जो अपने गाँव और परिवार के बीच आता था। एक खलिस, एक तलाश, एक खोयापन दिल को मथता है। जब कभी ऊबकर सोचा जाता है कि लौट जाना ही बेहतर है तो रीढ़ की हड्डी में सिहरन-सी दौड़ जाती है कि बेकारी, क़र्ज़ा, भूख, दहशत, बम, झगड़ा, भ्रष्टाचार और इन सबके बाद कहीं ग़रीब की सुनवाई नहीं। उससे बेहतर है कि दर्द सहकर रह जाना और घर वालों को एक स्थिर जीवन देना।

['प्रथम प्रवक्ता' : मई, 2006]

कहीं हौसला पस्त तो कहीं बुलन्द

जून का तपता महीना, तेज़ चमकता सूरज कुछ पेड़ों के लिए वरदान साबित होता है या कहें वृक्ष गर्मी से मुक़ाबला कर लेते हैं कि उनकी पत्तियाँ झुलसने की जगह तरोताज़ा और चमकीली हो उठती हैं जैसे नीम का पेड़। मगर यह हालत इनसानों की नहीं रह जाती है जब दूर-दूर तक पानी का कोई स्रोत न हो तो उनका नहाना-धोना कठिन हो जाता है। चेहरे पसीने और धूल-धूप से अपना रंग ही बदल डालते हैं। जहाँ प्राकृतिक जलाशय नहीं है, वहाँ तो मजबूरी समझ में आती है मगर जहाँ स्रोत हों मगर पानी का वितरण बराबर न हो वहाँ क्या किया जाए?

यह जानकर ख़ुशी हुई कि डी.पी.एस. जैसे स्कूल वह भी बसन्त विहार जैसी जगह में एक-दो सीट पिछड़ों के लिए रखती है ताकि हाशिए में पड़े लोगों के बच्चे ख़ास कर लड़कियाँ अच्छे स्कूल में बराबरी से शिक्षा पा सकें। सहूलियत मिलने के बावजूद उन बच्चियों की घरेलू स्थितियाँ बाक़ी लड़कियों से भिन्न हैं, इसका अन्दाज़ा सरलता से लग जाता है जबकि उन्हें यूनिफार्म स्कूल से मिलता है। फिर यह फ़र्क़ क्या है जो उन्हें कक्षा की दूसरी सहपाठियों से अलग दिख़ता है? मेरे जानने वाले परिवार की लड़की उसी स्कूल में पढ़ती थी। यकायक उसकी आदतें बदलने लगीं। नाक साफ़ न करना, नंगे पैर घूमना, बाल फैलाए रखना आदि। संक्षेप में कहा जाए तो वह लड़की घर के माहौल से हटकर बिलकुल अलग व्यक्तित्व में ढल रही थी। माँ-बाप की चिन्ता वाजिब थी। एक दिन उस बच्ची ने बताया कि उसके पास बैठने वाली नीरा नाम की लड़की को मैम ने सज़ा दी और पूछा वह मुँह धोकर क्यों नहीं आती है जबकि कक्षा की बाक़ी लड़कियाँ साफ़-सुथरे कपड़े पहन कंघी करके आती हैं। पहले वह लड़की चुप रही फिर कहने लगी कि घर में पानी नहीं था। इस जवाब पर लड़कियाँ खिलखिलाकर हँस पड़ीं और उस बच्ची की आँखों से टप-टप आँसू गिरने लगे। टीचर ने इस स्थिति की शायद कल्पना भी नहीं की होगी। अपमान का वह माहौल न चाहने के बावजूद रच गया था। उनके पूछने पर

कि माँ ने भी नहीं देखा कि तुम इस तरह आ गई? उसका जवाब था माँ भोर में ही काम पर चली जाती है। कल नल में पानी नहीं आया था। खाना भी नहीं पका था।

यक़ीनन यह सारी दास्ताँ सुनकर क्लास की बाक़ी लड़कियों पर अच्छा प्रभाव नहीं पड़ा होगा। उनको एक-दूसरी ज़िन्दगी का नज़ारा देखने को मिला होगा जिसका यथार्थ उनके जीवन के सत्य से नितांत अलग होगा। मुझे इस घटना ने बारह-तेरह साल के उस लड़के की याद दिला दी जो लखनऊ में निशात हॉस्पिटल के सामने चाय की झुग्गी पर काम करता था। चाय लाकर हमेशा हिसाब भूल जाता। कपड़ा, चेहरा, बाल, हाथ जाने कब से मौसम की मार से बदरंग हो चुके थे। मेरा बेटा उसको कभी प्यार-दुलार या कभी मज़ाक़ से हिसाब सिखाना चाहता मगर वह जरा भी टस से मस न होता और लगातार मालिक से डाँट खाता रहता। एक दिन मैंने बेटे से कहा कि इसका हिसाब सुधर जाएगा अगर तुम एक बट्टी साबुन देकर इसको नहलवाकर साफ़ कपड़े पहनवा दो। यह बिलकुल नॉर्मल हो जाएगा।

हमारे भारतवर्ष ने विकास की कई मंज़िलें तय की हैं। दूसरे विकासशील देशों के बीच उसने एक आदर्श कायम किया है कि एक देश सुई से लेकर हवाई जहाज़ बना लेता है, वह दूसरों पर निर्भर नहीं बल्कि पूर्ण रूप से स्वावलम्बी है। तस्वीर का दूसरा रुख़ कुछ और कहता है। गाँव में विकास नहीं, रोजग़ार नहीं, दाना-पानी नहीं। रोटी की तलाश में जवान शहर की तरफ़ आ रहे हैं। शहरों में झुग्गी, तम्बू और फुटपाथ पर लोगों की भीड़ बढ़ रही है। सबको छत, नौकरी, पानी, सुरक्षा देना किसी भी नगर के प्रशासन के लिए असम्भव है। नाले पट गए। तालाब ग़ायब हो गए। उनकी जगह घर बनने लगे। बारिश के पानी को सँजोने के लिए कोई स्थान बचा न रास्ता। पुलिस और इलाक़े के एम.एल.ए. अपने वोट और कुछ पैसों की ख़ातिर गाँव से आए लोगों को झुग्गी के रूप में पहले बसने देते हैं फिर जब वे उजाड़े जाते हैं तब वे केवल तमाशाई बन जाते हैं। आख़िर ग़ैरक़ानूनी क़दम पर पहले ही क़ानूनी रोक लगानी ज़रूरी होनी चाहिए वरना बिना वजह के सवाल-जवाब और झड़पों-लड़ाइयों में समय नष्ट होता है और जान-माल का भी नुक़सान होता है। सभी को अपनी छोटी-छोटी बेजा इच्छाओं, थोड़े से लाभ, वक़्ती आमदनी पर रोक लगानी चाहिए तभी समाज सबके लिए रहने के क़ाबिल बनेगा।

जल की समस्या हिन्दुस्तान में कहीं इतनी भयानक है कि रोंगटे खड़े हो जाते हैं और कहीं पर इतनी बनावटी है कि रहने वालों की लापरवाही पर क्षोभ होता है कि पढ़-लिखकर भी वे पर्यावरण के प्रति न जागरूक हुए हैं और न सचेत। सारा

दोष केवल प्रशासन के सर मढ़ने से कोई भी नागरिक कर्तव्य मुक्त नहीं हो सकता है। यदि आपके देश की एक बालिका बिना मुँह धोये स्कूल जाती है तो वह आपकी ज़िम्मेदारी है कि उसे देश के नागरिक होने के कारण वही सहूलियतें प्रदान की जाएँ जो सभ्य कहे जाने वालों को बुनियादी तौर से मिली हुई हैं। नगर के साथ गाँव में भी सहूलियतें व काम मौजूद हों ताकि रोटी की तलाश में भटकते लोगों का पलायन कम हो और वह अपनी ऊर्जा और कला को अपने इलाक़े के विकास में लगा सकें। हम सबको केवल अपने और अपने परिवार तक सीमित होकर नहीं रहना चाहिए बल्कि अपने अलावा दूसरों के दुख-सुख का भी ध्यान रखना चाहिए तभी हालात आम इनसान के लिए बदलेंगे वरना आपसी दूरियाँ बढ़ती ही जाएँगी। विदेशी पर्यटकों के लिए हम राजधानी जितनी भी सुन्दर बना डालें मगर विदेशी उनकी तस्वीर खींचने की जगह उन दृश्यों को कैमरे में क़ैद करता है जहाँ गायें चौराहे पर बैठी हैं। कुत्ते बीच सड़क पर कान में तेल डाले खर्राटे भर रहे हैं। फकीरों की पंक्तियाँ मन्दिरों के सामने बैठी हैं। सड़क पर भीख माँगते बच्चे और दूध की ख़ाली बोतल दिखाती माँ कमज़ोर से बच्चे को गोद में लिये कारों के शीशे खटखटाती फिरती हैं मगर किसी को होश नहीं है कि इमारतें, पुल और बनावटी सजावट किसी नगर को उतना सुन्दर नहीं बनाते हैं जितना वहाँ के लोग जो तन्दुरुस्त, हँसमुख, मिलनसार हों न कि झूठे, फरेबी, धोखेबाज़ जो दूसरों के लिए काँटे बिछाते हैं और फूल पाने के लिए अपना सारा वजूद लहूलुहान कर बैठते हैं।

['प्रथम प्रवक्ता' : जून, 2006]

यह विकास है या पतन

समय निरन्तर पानी की तरह बहता है जिसके साथ इनसान भी बदल रहा है। इनसान जिसने अपनी कोशिशों से इस दुनिया को कितना सुन्दर और जीवन को कितना आरामदेह बनाया है। इस विकास यात्रा पर नज़र पड़ते ही महसूस होता है कि आदमी कहाँ से चला और कहाँ चलता जा रहा है। जहाँ उसने अपने लिए सुख बटोरा है। उपलब्धियों के तमग़े सीने पर सजाए हैं। वहीं पर दुख भी समेटा है। तरक़्क़ी की चाहत, जीवन स्तर को बढ़ाने की ललक में जो मूल्य उसने व्यावहारिक बनने के चक्कर में स्थापित किये हैं, वही आगे चलकर उसकी राह की रुकावट बन रहे हैं। बतौर मिसाल रिश्वत यानी दूसरों का हाथ गर्म करना। कभी यह काम कराने के लिए बतौर उपहार भेंट दी जाती है तो कभी किसी का काम बिगाड़ने के लिए भारी रकम हड्डी की तरह लालची कुत्ते के सामने फेंकी जाती है। नतीजा इनसान तरक़्क़ी करके भी सुरक्षित, शान्तिमय व सुखी नहीं है।

कुछ दिन पहले बिहार के एक छोटे से गाँव में एक ख़बर ने हलचल मचा दी। घर की बड़ी बहू ने अपने को पंखे से टाँग लिया था। कहते हैं पति-पत्नी दिमाग़ी तौर से नॉर्मल नहीं थे। बहू मायके में रहती थी। बहुत कम ससुराल आती थी। इस बार आई तो ऐसी ख़तरनाक घटना घट गई। छोटी बहू मायके में थी। लड़की वालों ने एफ.आई.आर. लिखवाई जिसमें सभी ससुराल वालों का नाम था। मौत ने कई तरह की अफ़वाह को जन्म दिया। सुना गया लाश की बुरी हालत थी। मार के निशान थे। कमरा अन्दर नहीं बाहर से बन्द था। चार साल के बच्चे के रोने की आवाज़ सुन घर वालों को उलझन हुई। पति बाहर सो रहा था। संक्षेप में कहानी कुछ यूँ बयान की जा सकती है कि पुलिस एवं गिरफ़्तारी के डर से सब भाग लिये। मायके वालों ने कफ़न-दफ़न किया और रिश्तेदारों में यह कोशिश शुरू हुई कि औरतों का नाम हटा मर्दों का नाम रहने दिया जाए। दिल्ली के असरदार रिश्तेदारों ने भाग-दौड़ कर बात कुछ यूँ सँभाली कि एसपी उन्हें बुलाकर बेल करा

दें, बाक़ी आराम से घर जाएँ। फ़ोन पर कह दिया कि फलाँ से बात हुई है आप जाकर मिल लें। पोस्टमॉर्टम की रिपोर्ट जब आएगी तब गुनाह तय होगा। इससे ज़्यादा और क्या मदद हो सकती थी। बिहार के उस माहौल में किसी को विश्वास नहीं हुआ कि बिना रिश्वत दिये भी कोई काम हो सकता है, सो पहुँच गए दो लाख की पोटली लेकर दारोगा जी के पास और शुरू हो गई ख़ुशामदी बातें। भूल गए कि एफआईआर भी कच्ची लिखी गई है जिसको कोतवाली के रजिस्टर में दर्ज नहीं किया गया और आरोप की रौशनी में अभी जुर्म साबित नहीं हुआ है। नतीजा यह निकला कि बात सुलझाते-सुलझाते उलझ गई क्योंकि परिवार और पुलिस के बीच माध्यम बन केस सुलझाने वाले के दिल में रुपया मारने की बात आ गई। आख़िर वे बुरे वक़्त पर काम आ रहे थे। रिश्वत न सही मेहनताना के हक़दार तो बन ही गए थे। जब काम करवाने निकले हैं तो ख़ाली काग़ज़ के ख़त से कुछ होता क्या। पुलिस नोट लिये बिना मानती कहाँ है।

जब समाज में लोगों की मानसिकता का सतर जड़ हो चुका हो वहाँ पर न्याय पाना या न्याय देना कितना मुश्किल है? सच से टकराना और सच को लेकर मज़बूती से खड़ा होना और भी कठिन है। उस घटना में सच्चाई क्या है, यह हाथ नहीं लग पाया। मगर एसपी तक जाने का हौसला कोई नहीं जुटा पा रहा था। सिपाही और दारोग़ा, जुल्म, झूठ और रिश्वत में उलझकर हर चीज़ रह गई। जो बात किसी स्तर पर सुलझकर अपराधी पकड़ा जा सकता था या अपराध साबित किया जा सकता था, वह सारी क़ानूनी बात लालच में उलझा दी गई ताकि खाने-पीने का सिलसिला जारी रहे। एक कच्ची एफआईआर जिसको न थाने ने रिसीव किया न मोहर उस पर लगी उस काग़ज़ ने एक तूफ़ान खड़ा कर दिया। भारतीय न्याय की अपनी पुरानी रीति रही है मगर अब जाने कितने करोड़ 'केस' पेंडिंग पड़े हैं। तीसरी पुश्त मुक़दमा ढो रही है। फ़ैसले नहीं हो पाए हैं मगर वकील फ़ीस लेता है। तारीख़ें पड़ती हैं क्योंकि जज की बेंचेज ज़्यादातर ख़ाली रहती हैं तो बहस कहाँ हो, फ़ैसला कौन करे? न्याय, न्यायपालिका मज़ाक़ बनकर रह गई है और क्यों न हो जब न्यायाधीश रिश्वत लेता हो और वकील झूठ को सच साबित करने के लिए एड़ी-चोटी का ज़ोर लगा देते हैं। इस बात की तारीफ़ें होती हैं कि फलाँ वकील ख़ूनी तक को बेकसूर साबित कर देता है। तब क़ानून और न्याय के बारे में शंका होना ज़रूरी है। जिसके साथ न्याय होता है। बेगुनाह सूली पर चढ़ता है, तो उसके दिल व दिमाग़ का क्या हाल होता होगा?

विश्व स्तर पर शान्ति के नाम पर अशान्ति, सुरक्षा के नाम पर आतंक, अमन-चैन की जगह युद्ध और बमबारी ने ले ली है। छोटे राष्ट्रों को बम बनाने के शक पर प्रगति की योजनाओं तक पर रोक लगाना, मगर विकसित देश अपने ख़तरनाक हथियारों को पूर्ण स्वतंत्रता के साथ बेच रहे हैं। यह दोहरा मापदंड केवल आज की राजनीति में नहीं बल्कि हर कार्यक्षेत्र में नज़र आ रहा है। मूल्यों की टकराहट इतनी तीव्र नहीं है जितनी भ्रष्टाचार के बीच कि कौन ज़्यादा चतुरता से अधिक धन पैदा कर दूसरे का शोषण कर सकता है। वही फ़रिश्ता है क्योंकि वही अपनी शक्ति से प्रचार और प्रसार माध्यम को ख़रीद सकता है। जो इसका विरोध करेगा उसको कुचला जाएगा। इस डर से चाहने के बाद कोई ज़बान नहीं खोल पाता है। यह ख़ौफ़ रोज़मर्रा की ज़िन्दगी में लोगों को धमकाये हुए है।

आज हर ख़तरनाक बीमारी से मुक्ति का भेद जान लिया गया है। दवाओं का आविष्कार उसी तरह किया जा रहा है जैसे कभी फ़ोन, रेडियो और बल्व का आविष्कार हुआ था मगर क्या हम उस रोग की दवा खोज पाए हैं जो दीमक बन हमारे सारे वजूद को खाए जा रहा है? संवाद से जो बातें हल हो सकती हैं, उन्हें बम से हल किया जाता है क्योंकि इनसान सत्ता का भूखा हो गया है। वह दूसरों की चीज़ों पर क़ब्ज़ा करना चाहता है जिससे उसकी शक्ति में इज़ाफ़ा हो। यह एक ऐसी परम्परा सी बनती जा रही है जो इनसानी सभ्यता एवं संस्कृति के लिए ख़तरा है मगर उसका भय किसी को नहीं है कि जिस दरिंदगी से हम बाहर निकले हैं, अब उसी पशुता की तरफ़ हम आगे बढ़ रहे हैं। इस पर रोक लगाने के लिए हमको व्यक्तिगत स्तर पर अपने विचार बदलने होंगे।

['प्रथम प्रवक्ता' : जुलाई, 2006]

बुज़ुर्ग पेड़ से मुलाक़ात

अगस्त माह के मध्य में फूलने वाला फूल पारिजात अपने में समय का महाभारत छुपाए हुए है। एक उसके अपने अस्तित्व के बचाए रखने का दूसरा धरती पर लड़े गए पांडवों और कौरवों के बीच का युद्ध। कहा जाता है कि इसी पेड़ पर अर्जुन ने अपना गांडीव छुपाया था। ऐसा भी विश्वास है कि पारिजात समुद्र मंथन के उपरान्त निकले हुए चौदह रत्नों में से एक है। वह वृक्ष रत्न बँटवारे में देवताओं के हिस्से में पड़ा था। जिसके कारण यह देवताओं के वन 'नन्दन कानन' में सुशोभित है। पारिजात की कथा देवराज इन्द्र के 'नन्दन वन' का एक पुष्पवान वृक्ष माना जाता है। इस समुदाय के बीच इसकी गणना उत्कृष्ट कोटि की है। मशहूर है कि यह इकलौता पेड़ बचा है जिस पर विदेशी विशेषज्ञों ने ख़ास समय शोध में लगाया है और साबित हुआ कि उत्तर प्रदेश की घाघरा नदी के दक्षिण तट पर स्थित बाराबंकी जनपद के बदोसराय क़स्बे के पूर्व दो किलोमीटर और प्रसिद्ध तीर्थ कोटवाधाम के पश्चिम चार किलोमीटर की दूरी पर स्थित यह वही ऐतिहासिक इकलौता बचा पेड़ है जिस पर गुरुप्रसाद सिंह मृगेश ने महाकाव्य रच डाला था।

ऐसे पेड़ के बारे में जानने के बाद उसे देखने की इच्छा मैं नहीं दबा पाई। फूल खिलने में अभी पूरे आठ माह बाक़ी थे। लम्बा इन्तज़ार था। ख़ाली पेड़ को देखने का अर्थ नहीं रह जाता था जब सूचना देने वाले का दावा था कि अभी तक एक-दो लोगों ने ही फूल को खिला देखा है। मुझे मृगेश जी के महाकाव्य को पढ़ने की भी इच्छा थी कि आख़िर एक पेड़ पर लिखी उनकी लम्बी कविता में उसके सौन्दर्य का किस-किस कोण से वर्णन होगा। किताब मिलनी थी मिली। लखनऊ यूनिर्विसटी के संस्कृत भाषा के प्रोफ़ेसर सिन्हा द्वारा बड़ी खस्ता हालत में जिसकी एक प्रति बची थी। जिज्ञासावश मैंने पन्ने पलटने शुरू किये। मृगेश जी ने लगभग आठ स्तम्भ में पांडवों और कौरवों के बीच शत्रुता की सारी कहानी बयान की है। इसी अध्याय के अन्त में उन्होंने पारिजात का ज़िक्र किया है कि पराशर मुनि ने

हवन कर पांडवों से कहा कि 'नन्दन कानन' में जो वृक्ष है, वही तुम्हें हर कष्ट से मुक्ति दिलाएगा। मुनि की आज्ञा पाकर अर्जुन पारिजात वृक्ष लेने जाते हैं और अनेक कठिनाइयों का सामना मार्ग में करते हैं और फूलों से भरी डाली लेकर जब अर्जुन लौटते हैं तो चारों भाई पारिजात को देखकर ख़ुश होते हैं। तय पाया कि अर्जुन अपने हाथों से घाघरा नदी के पास में एक पुराने सूखे कुएँ में यह डाल रोपेंगे। युधिष्ठिर ने भी सपने में देखा था कि वह डाल बिरवा बन लहरा रही है।

मृगेश जी के महाकाव्य के पढ़ने से पहले मैं रामगढ़ होती अगस्त के मध्य में पारिजात का दरख़्त देखने पहुँच गई जिससे सम्बन्धित एक लोक-कथा भी है जिसका ज़िक्र मृगेश जी ने अपने महाकाव्य में किया है जो दरअसल उनके लेखन की प्रेरणा का मूलसूत्र रहा। मन में रास्ते पर शंका तरह-तरह से परेशान कर रही थी कि कहीं अँधेरा न हो जाए। फूल खिला ही न हो। बादल घिरे हैं कहीं मूसलाधार बारिश न हो जाए। गाड़ी रास्ते में ख़राब न हो जाए। रास्ता भटककर कहीं वापस न आ जाएँ और पारिजात देखने की हसरत दिल ही दिल में रह जाए।

गोल चबूतरे जो शायद उस समय के कुएँ का जगत हो हम पहुँचकर रुक गए। रेलिंग के अन्दर कमर झुकाये हाथी की रंगत की कोई शिला सी दिखी। धक्का सा लगा। आगे चलकर उस पर हाथ फेरा। यह कहाँ से पेड़ का तना लगता है। आँखें पेड़ के कूबड़ से होती ऊपर उठती हैं और मैं धक से रह जाती हूँ। ऊपर हरी-भरी शाखाएँ पत्तियों से भरी फैली थीं। क्या असंख्य मौसमों से पारिजात मुक़ाबला करते-करते पत्थर का रूप ले बैठा और तने के अन्दर अपनी आत्मा को बचा ज़मीन से रस चूस अपनी शाखाओं को जीवित रखा। कैसी विचित्र जिजीविषा है। मैं गद्‌गद हो पेड़ को निहारती हूँ। अपना माथा अपने बुज़ुर्ग के सीने पर रखती हूँ कुछ पल यूँ ही गुज़र जाते हैं।

पारिजात वृक्ष के चारों तरफ़ घूमती मैं खिले फूल को ढूँढ़ती हूँ। एक दिखा, ख़ुशी से कहती हूँ। कुछ देर बाद दूसरा, फिर तीसरा, चौथा, पाँचवाँ। सूरजमुखी की आकृति वाला यह सफ़ेद फूल सूरज के ढलने के बाद खिलता है। दो कलियाँ भी मुझे नज़र आ गई थीं। दोनों धीरे-धीरे कर अपना मुँह खोल रही थीं। किस कली को पूरा खिलता देखूँ सोचकर मैं जगत के अधगोले के बीच रास्ता तय कर रही थी। एक कली ऊँचाई पर थी, दूसरी हाथ भर की दूरी पर उसी के नीचे खड़ी होकर एकटक मैं कली को ताकने लगी। झुटपुटा बढ़ रहा था। ज़मीन की तरफ़ झुकी कली धीरे-धीरे कर अपनी पंखुड़ियाँ खोल रही थी। मगर मैं अपलक उसे न निहारती तो

समझ ही न पाती कि अधखिला फूल किस धीमी गति से पूरी तरह खिलने की तैयारी कर रहा है। गर्दन दर्द करने लगी मगर नज़रें नहीं हटीं पूरे एक घंटे बाद पारिजात पूरा खिलकर अपनी भीनी गन्ध फैला रहा था। मन किया हाथ बढ़ाकर फूल तोड़ लूँ मगर हिम्मत नहीं पड़ी। सूखे फूल पुजारी से लेकर झमझमाती बारिश में जब लौटी तो रास्ते भर इस ख़याल से ख़ुश थी कि मैंने एक नहीं पूरे सात खिले पारिजात के फूल देखे। जिसमें से एक को आधा खिलता और दूसरे को पूरा खिलता देखा।

पारिजात का सूखा फूल लौंग, इलायची के साथ प्लास्टिक चढ़े काग़ज़ के डिब्बे में सजा मेरी किताबों के शेल्फ़ में रखा है। जब भी उस पर नज़र पड़ती है तो सवाल उठता है कि प्राकृतिक विपदाओं, इनसानी कुल्हाड़ी के वार से बचा यह पेड़ जाने कितने महाभारतों से जूझता अपने को जीवित रखे है और परम्परा के अनुसार फूल खिला अपनी सुगन्ध भी बिखेरता है।

['प्रथम प्रवक्ता' : अगस्त, 2006]

ईंधन बनती झाड़ियाँ

पेड़ों को न काटने का एक सिलसिला उसी तरह आम लोगों के जहन में बिठा दिया गया है जैसे नये पेड़ लगाना पुण्य का काम है। क़ानूनी भय के कारण जल्दी लोग दरख़्त को हाथ लगाने पर राज़ी नहीं होते हैं मगर उन झाड़ियों का बचाव कैसे किया जाए जो पथरीली ज़मीन पर उगकर हरियाली का माहौल बनाती हैं और बहुत कम पानी से भी अपना काम चला लेती हैं। उनके कटने और जलने पर रोक नहीं है।

छतरपुर हिल का इलाक़ा अरावली पहाड़ियों से घिरा है जिस पर कीकर के पेड़ भी अपनी छटा बिखेरते देखे जा सकते हैं। उसी अरावली की ऊँची-नीची और कहीं समतल ज़मीन पर आस-पास के इलाक़े के लोग आकर बस गए हैं। पुलिस कच्चा मकान बनाने से पहले उनसे रुपया ऐंठती है और एमएलए अपने वोट बैंक सुरक्षित करते हैं। पहाड़ी के इस सिलसिले पर पहले वनस्पति का एक वातावरण बना था। झारबेरी के बेर तोड़ने स्कूल के लड़के भी वहाँ झुंड के झुंड पहुँचे रहते थे। समय गुज़रता गया। कच्चे मकानों की संख्या बढ़ती गई। किसी ने ध्यान भी नहीं दिया कि इलाक़े के इस हिस्से की टोपोशीट बदल रही है। गली पार करने वालों के सर पर सूखी टहनियों के झंखाड़ देखकर भी ध्यान नहीं गया कि आख़िर यह लकड़ियाँ कहाँ से आ रही हैं और कहाँ जा रही हैं और किसलिए इन्हें ले जाया जा रहा है।

महरौली का इलाक़ा ऐतिहासिक इमारतों का ख़ज़ाना है। कुछ इमारतें सर बुलन्द किये खड़ी नज़र आती हैं कुछ पेड़ों के घनेपन और बेतरतीब जंगली वनस्पति के चलते ढक-छुप गई है। इस इलाके को साफ़-सुथरा बनाने की मुहिम जारी है। इसमें कोई शक नहीं कि पेड़ों की छँटाई और सफ़ाई से साफ़-सुथरे घास वाले पार्क नज़र आने लगे हैं। उनके बीच मक़बरे और गुंबद भी अपना चेहरा दमकाकर राह चलने वालों का ध्यान आकर्षित करने लगे हैं। सुरक्षा को नज़र में रखते हुए भी जंगल बने पार्कों और स्वयं पेड़ों के झुंडों को जिसे हम 'सिटी लंग्स' कह सकते हैं उनकी सफ़ाई और पेड़ों की सही देखरेख कर उनकी सुन्दरता को बढ़ाया जाना

एक अच्छा क़दम है। मगर दूसरी तरफ़ कीकर की क़तारें और दूसरे मझोले पेड़ों का घरेलू ज़रूरत के लिए काटा जाना तर्कसंगत नहीं लगता है। धीरे-धीरे कर पहाड़ी का पहले वाला हरापन ग़ायब होता जा रहा है। आस-पास गाय, भैंस पालने वाले परिवार अपने इकलौते दुधारू जानवर को घास चरने के लिए छोड़ जाते हैं जिससे गोबर और पेशाब की एक गन्ध वातावरण में फैली रहती है जिसमें पहाड़ी पर रहने वालों का सहयोग है जिनका सामूहिक शौचालय यही पहाड़ी है। यदि आप कभी पैदल पहाड़ी पार कर दूसरी ओर स्थित इन्दिरा गांधी ओपेन विश्वविद्यालय जाना चाहें तो आपको साफ़-सुथरी जगह देखकर पैर रखना पड़ेगा।

उस पहाड़ी पर रहने वाली राजस्थान से आई सरदारनी जो घर में काम करती हैं उसकी सहायता करने की गर्ज से मैंने सलाह दी कि तुम्हें गैस का चूल्हा ख़रीद देती हूँ। नंबर भी गैस का जल्दी आ जाएगा। तुम्हें पानी लाने और ईंधन बटोरने के लिए जो सुबह-शाम भटकना पड़ता है, उससे आधी राहत मिल जाएगी। वह चुपचाप मेरी बात सुनती रही फिर फैसलाकुन अन्दाज़ से बोली, 'जब तक झाड़ियाँ हैं काम चल रहा है। आख़िर मुझे तीन सौ रुपया भी तो गैस का हर माह या दो माह बाद सेलेंडर लेते हुए भरना पड़ेगा। वह मैं कहाँ से लाऊँगी? उसकी बात अपनी जगह ठीक थी क्योंकि उसकी आमदनी इतनी नहीं थी। ऊपर से पति शराबी जो ख़र्चा देना इसलिए ज़रूरी नहीं समझता, क्योंकि उसकी बीवी कमाती है। दो लड़के हैं। सारे दिन पहाड़ी पर घूमते हैं या फिर इधर-उधर बैठे रहते हैं। पढ़ाई छोड़ चुके हैं। बाप की गालियों, माँ की बदहाली ने उनके अन्दर की जिजीविषा को सोख लिया है। यह इलाक़ा चाहे अनचाहे अपराधी बनता जा रहा है। जहाँ अक्सर पुलिस चक्कर लगाती है और कभी-कभार पेशा करने वाली औरतों और शराब बेचने वालियों के यहाँ थकान भी उतार लेते हैं जिससे उनकी स्थिति में स्थिरता आती रही है।

क़ानून के साये तले जब संरक्षण की यह नीति अपना ली जाती है तो एतराज़ करने वाली आवाज़ें बेअसर होकर रह जाती हैं। कीकर के पेड़ कटते-कटते अगर पहाड़ी पर से ख़त्म हो गए हैं और धूल भरी आँधियाँ और पानी से भरे बादल बिना बरसे गुज़र जाते हैं तो यह कौन-सी बड़ी बात हो गई। अपराधी के रूप में हवा और बादल हवालात में तो बन्द नहीं किये जा सकते हैं। एक वाक्य जो बहुत प्रचलित होने के बावजूद अपना प्रभाव खो नहीं पाया है, वह है 'हम ग़रीब आदमी' ग़रीबी का यह ढिंढोरा हर ग़लती पर पीटकर यह बताने की चेष्टा की जाने लगी है कि उन पर अत्याचार किया जा रहा है। उनको दबाकर उनका शोषण किया

जा रहा है। इस बात को बढ़ाने और उकसाने वाले भी फीकी ज़िन्दगी से ऊबकर कोई चटखारा लेना चाहते हैं और समझदारी की बात चाहे वह पर्यावरण की हो या चरित्र की, फिर अपराध को ही या अपना कर्तव्य परिवार के सदस्यों के प्रति पूरा न करने का हो, धरी की धरी रह जाती है और क़ानून, न्याय, समझदारी, नैतिकता के ख़िलाफ़ एक व्यवस्था अपनी जड़ें गहरी बनाती चली जाती है। उसको उखाड़ना दिन-प्रतिदिन कठिन होता जा रहा है क्योंकि मानव अधिकार उनका पक्ष लेकर सारे मसलों को नया रंग दे बैठता है।

['प्रथम प्रवक्ता' : सितम्बर, 2006]

नये पेड़ नहीं लगे तो?

कनाटप्लेस के आसपास की शानदार चौड़ी सड़कों और बड़े-बड़े बँगलों के बीच में खड़े क़द्दावर दरख़्त इनसान और प्राकृतिक के बीच एक गहरा रिश्ता स्थापित करते नज़र आते हैं। जहाँ शान्ति है, साया है, ठंड है और पक्षियों के लिए कुछ पेड़ों पर लदे फल और फलियाँ हैं। पेड़ों की उम्र क्या होती है इसका अन्दाज़ा आसानी से लगाया जा सकता है कि यह इनसान की पाँच पुश्तों को आसानी से अपनी छाया में पाल-पोस कर बड़ा कर देते हैं। य़कीनन यह हमारे पूर्वज हमारे नगड़ दादा के परदादा हुए अगर यह बोलना जानते तो यह इतिहासकार होते जिनके पास समय का लेखा-जोखा होता जो घटनाओं के चश्मदीद गवाह बनकर सत्य के साक्षी के रूप में हमको प्रामाणिक ग्रंथ देते मगर ख़ामोशी से खड़े यह पेड़ अपने अस्तित्व की लुगदी बना हमको लिखने की प्रेरणा आज भी देते हैं।

तेज़ आँधी-बारिश में अकसर ऊँचे क़द के बूढ़े वृक्षों की डालें टूट जाती हैं। कभी-कभी यह डालें कुछ इस तरह टूटती हैं कि पेड़ का आकार अपनी गोलाई में पहला जैसा सन्तुलन नहीं बना पाता है। देखने में सुन्दरता तो खो ही देता है टूटी कमर से अगली आँधी में क्षतिग्रस्त होने का ख़तरा भी मोल ले लेता है। यह सच भी है कि इस भौतिक दुनिया में कोई चीज़ अमर नहीं है। जो पहले समुंदर था, वह रेत के कारण रेगिस्तान कहलाने लगा और जो जंगल थे, वह कटकर इमारतों से भरे मोहल्लों में बदल गए। परिवर्तन की यात्रा ज़रूरी भी है। इस यात्रा में यदि विवेक शामिल हो तो काफ़ी चीज़ें बर्बाद होने से बच जाती हैं। जिन पेड़ों का ज़िक्र मैंने कनाटप्लेस के आसपास के इलाक़ों का किया है, वह स्थिति ख़ुद दिल्ली में कई जगह है और भारत के अन्य शहरों में भी जहाँ पेड़ों ने सड़क के किनारे खड़े होने के बावजूद अपनी डालें बढ़ा सड़क पर इस तरह छाया का बन्दोबस्त किया है कि लगता है शामियाना तना है। गूलर, बरगद, नीम, महुवा, जंगल जलेबी, आम,

इमली, जामुन, शीशम, कटहल आदि के पेड़ अपनी उम्र गुज़ार अब बूढ़े हो रहे हैं और एक दिन नहीं रहेंगे तब क्या होगा एक समय में लगाई क़तारें कुछ समय के अन्तराल में अपनी जगह ख़ाली करती गईं तो बिना छाया की ठंडी सड़कों का क्या होगा?

उम्र पूरी हो जाने के अलावा अकसर पेड़ दीमक लगने जड़ों में पत्थर की शिला के आड़े आने या फिर आँधी के कारण भी समय से पहले ढह जाते हैं। महरौली के आसपास नीम के पेड़ काफ़ी हैं मगर हर पेड़ अपनी हुलिया से यह संकेत दे रहा है कि अब उसमें नई शाखाओं का निकलना मुमकिन नहीं है। भारी यातायात के साधनों का लगातार आवागमन से उनके पत्तों पर भारी धूल की पर्त आठ माह जमी रहती है। बरसात के माह में राहत उन्हें मिलती है जब मूसलाधार बारिश उनको नहला-धुला कर जड़ों को सींचकर इसमें नई ज़िन्दगी भरती है या फिर कहा जा सकता है कि आगे वाले आठ-नौ माह के संघर्ष के लिए उन्हें तैयार कर देती है। जब कभी इन पेड़ों को ताकती हुई राह तय करती हूँ तो एक भय दबोचने लगता है कि कल यह सारे पेड़ न रहे तो? नये पेड़ लग जाएँगे? दिमाग़ तसल्ली देता है और दिल फिर पूछता है कि क्या उस आने वाली आफत से बचने के लिए हम नये पेड़ अभी से लगाना शुरू नहीं कर सकते हैं। सुनकर दिमाग़ कहता है। पुराने पेड़ों की घन देखी है। छोटे पौधे जड़ तो ज़मीन में पकड़ लेंगे मगर सूरज की रोशनी कहाँ से पाएँगे जो अपना क़द बढ़ा अपने दादा, परदादा पेड़ का स्थान ले पाएँगे, वह तो समय से पहले ही दम तोड़ देंगे। उसकी यह बात सुन दिल चुप रह जाता है मगर उसके अन्दर की इच्छा दम नहीं तोड़ पाती है कि इतने हसीन बूढ़े पेड़ अपनी विरासत आने वाली पीढ़ी को ज़रूर दें ताकि प्रकृति का यह सम्बन्ध ईंट, सीमेंट और डामर से बनी सड़कों और घरों के संग इनसान से बना रहे।

पेड़ हमारी ज़िन्दगी का ही नहीं हमारी सोच का भी हिस्सा है। हमारे मोहल्ले में बड़े-बड़े पक्के मकान और कोठियों के बीच एक बड़ा-सा नीम का पेड़ था। एस. सी. बासु रोड के आसपास बाज़ारीकरण ग़ज़ब का हुआ मगर नये बने मोहल्ले में बरसों पहले भी किसी पेड़ की छाया नहीं थी। शायद ज़ीरो रोड बनते हुए प्लानिंग में पेड़ रोपड़ की कोई योजना फुटपाथ पर नहीं रखी गई थी। उस नीम के पेड़ के तने पर हनुमान जी की लाल मूर्ति बनी थी। छोटा-सा चबूतरा था। लोग माथा टेक आते-जाते थे। वह पुराना पेड़ कब तक खड़ा रहता कोठियों और बाज़ार के बीच एक दिन आँधी में गिर गया। अब वहाँ शानदार छोटा-सा मन्दिर है। मगर पूरे

इलाक़े की सोच में आज भी वह नीम का पेड़ ज़िन्दा है जब भी हम पता बताते हैं तो मन्दिर न कहकर "अमाँ वही नीम के पेड़ मन्दिर" जबकि उस नीम का कोई वजूद नहीं बचा है मगर उसी हरी घनी पत्तियों से भरी शाखाओं का झूमना कोई नहीं भुला पाया है आख़िर पेड़ हमारे दिल व दिमाग़ में अंकित रहते हैं।

['प्रथम प्रवक्ता' : अक्टूबर, 2006]

ऐसा भी क्या तोताचश्मी

अगस्त और सितम्बर का महीना अवैध निर्माण के तोड़-फोड़ का रहा और शायद यह सिलसिला आगे भी चलता रहेगा और यह भी कहा जा सकता है कि रुक-रुक कर चलता जाएगा। क्योंकि लोग उजड़ेंगे और फिर कहीं जाकर बस जाएँगे और फिर वही कहानी दोहराई जाएगी। यह बात मैं उन लोगों के बारे में नहीं कह रही हूँ जो पक्के और आरामदेह घरों और फ़्लैटों में रहने के बाद अपनी बदनीयती और हवस की वजह से कुछ जगह घेरते या फिर उसमें कुछ बढ़ाते हैं। मैं उन लोगों की बात कर रही हूँ जो गाँव-क़स्बे से रोज़ी-रोटी की तलाश में कभी अपनी मर्ज़ी से तो कभी किसी ठेकेदार के बुलावे पर शहर की तरफ़ आ जाते हैं और प्लास्टिक की छत बना ईंटों के चूल्हे पर रोटी सेंकना शुरू कर देते हैं। काम ख़त्म होने पर ठेकेदार की कोई ज़िम्मेदारी नहीं रह जाती है कि वह उन्हें वापस भेजे और न ही वह मज़दूर वापस लौटना चाहते हैं सो प्लास्टिक से ढकी बाँस पर पड़ी वह छत धीरे-धीरे कर ईंटों की दीवारों पर छाने लगती है और या फिर सीमेंट की चादर या टिन डाल दी जाती है। यह ग़रीब लोग दूर से पानी लाते हैं और कहीं से तार खींच बिजली का बन्दोबस्त कर लेते हैं।

डेढ़ माह पहले घर के सामने ऐसी ही अवैध बस्ती को गिराया गया क्योंकि वह ज़मीन वन विभाग की थी। पुलिस वालों ने थोड़ा-बहुत पैसा लेकर इनको मानवीय स्तर पर बसने की छूट दे दी ताकि ये कुछ कमा सकें और जो बच्चे पढ़ रहे हैं वे स्कूल जाते रहें। ख़ुद पुलिस इस कमाई से अपनी माली तंगी भी कम कर सके। जब सरकार की नीति साफ़ न हो। क़ानून का डर न हो, सामाजिक चेतना न हो, बेकारी और भुखमरी हो, उम्मीद की कोई किरण न हो तब ये ग़रीब लोग अपना और अपने परिवार का पालन-पोषण कहाँ से और कैसे करें।

सरकार का अपना कर्तव्य एवं मजबूरी है कि उसे विकास के लिए सख़्त क़दम उठाने ही हैं मगर परेशानी तब महसूस होती है कि एकाएक सरकार दस-बीस साल

बाद चौंकती है जब सब कुछ बढ़िया तौर से रच-बस जाता है, ज़िन्दगी जम जाती है। वे ग़रीब लोग भविष्य को लेकर एक योजना बना सन्तोष की साँस लेते हैं। बीस-तीस साल तक एक जगह पर रहना अपने में यह मनोविज्ञान वहाँ के लोगों में बना देता है कि यह जगह अब हमारी हो गई है क्योंकि पुलिस की हमने मौक़े-मौक़े पर मुट्ठी गर्म की है। वोट देकर एम.एल.ए. को चुना है। उन्हीं के चलते बस्ती में बिजली के खम्भे गड़े और हैंड पाइप लगा है। बेहोशी या बेहिसी तब टूटती है जब मकान गिरने लगते हैं। जब तक होश में आते हैं तब तक वह फिर बिना छत के सड़क के किनारे बैठे होते हैं।

घर के सामने जब दस-बारह घर टूटे तो मुझे पहली बार महसूस हुआ कि इनके पास किराए पर मकान लेने के लिए भी नकद रुपया नहीं है। बाला नाम की औरत की सबसे बड़ी परेशानी थी कि वह दो हज़ार कमाती है। हज़ार का कमरा मिल रहा है। जब हज़ार में पाँच बच्चे को क्या खिलाएगी? कुछ ऐसे भी लोग थे जो बूढ़े हैं। काम नहीं कर सकते हैं। वह इस बरसात में कहाँ जाएँगे और मकान जिनके दाम तोड़-फोड़ के साथ बढ़ गए हैं। क्या इकलौते कमरे का किराया भी देने के क़ाबिल हैं? टूटी दीवारों के ईंटों को सँवारते एक दूसरे पर रखते हुए एक-दो परिवार कहीं गए ही नहीं। कड़ाके की धूप और मूसलाधार बारिश जो इस वर्ष का मौसम रहा। उसे झेलते हुए उसी ठौर पर बैठे रहे। बार-बार कहते रहे कि यह पेड़ हमने ख़ुद उगाया था। यहाँ से कहाँ जाएँ? पुलिस ने फिर उनको धमकाया पैर मार बाक़ी की दीवार गिराई मगर वे वहीं खुले आसमान के नीचे पड़े रहे। सरदारों ने विरोध में साठ-सत्तर पुलिस वालों की भीड़ के बीच डेढ़ सौ सरदारों को अपनी मदद के लिए बुला उनका रास्ता रोक यह माँग की कि पहले और मकान तोड़े जाएँ तब हमें हाथ लगाना! उनकी यह हठ तर्कहीन थी। पुलिस कच्चे ग़रीबों के मकान तोड़कर उन सरदारों के पक्के मकान जो केवल दो-तीन ही थे छोड़कर वापस चली गई। यह भी आश्चर्य की बात थी कि उन ग़रीबों के मकान में एक-दो ग़रीब सरदारों के भी मकान टूटे थे। पुलिस कोई ऐसा क़दम नहीं उठाना चाहती थी जो दुर्घटना बन जाती मगर यह सवाल ज़रूर उठा कि क्या अवैध निर्माण या अवैध क़ब्ज़ा वालों के बीच कोई सरकारी अफ़सर या पुलिस कर्मी न सही तो भी कोई समाजसेवी संस्था तो इस बात की ज़िम्मेदारी उठा सकती है कि जब एकाएक घर टूटे तो इन बेघरबार हुए लोगों को राहत दी जा सके। आख़िर ये लोग अपराधी तो हैं नहीं जिनको सज़ा दे उनसे मुँह मोड़ लिया जाए यह तो ग़रीब मजबूर लोग हैं जो पेट पालने के कारण

शहर की तरफ़ आए और जहाँ खुली जगह देखी झुग्गी डाल ली।

हो सकता है मेरा ऐसा सोचना कुछ लोगों को अटपटा लगे मगर मैं अपनी बात कहने का अधिकार तो रख ही सकती हूँ कि जब इस तरह की झुग्गी बस्ती या अवैध मज़दूरों के घर गिराए जाएँ तो इस बात का भी पुलिस विभाग, रेवेन्यू डिपार्टमेंट ध्यान रख सकता है कि थोड़ा सा फील्डवर्क उस इलाक़े में इनको सम्मानित रूप से बसाने की कोशिश करे जैसे सस्ती कोठरियाँ या माली इमदाद के रूप चन्द हज़ार रुपये दिये जाएँ ताकि इस तरह के लोग अपनी ज़िन्दगी दोबारा शुरू करें और जो त्रासदी और विलाप का दृश्य उभरता है। उसका तर्कपूर्ण अन्त किया जा सके! उन्हें सही स्थिति से अवगत भी कराया जा सकता है। चूँकि यह घटना किसी और शहर या मोहल्ले में नहीं घटी थी। मेरी आँखों के सामने सब कुछ घटा था। यदि उस रात जैसा कि आक्रोश में कहा जा रहा था कि न टूटने वाली कॉलोनी के घरों में हम आग लगा देंगे और यदि कुछ लोग भावना में आकर कुछ कर बैठते तो स्थिति क्या होती? हमेशा की तरह बेगुनाह मारे जाते या घायल होते!

जिस व्यवस्था में हम रहते हैं वहाँ क़ानून और भ्रष्टाचार जुड़वाँ भाई की तरह सीढ़ी चढ़ते हैं फिर ऐसी तोताचश्मी ठीक नहीं कि भ्रष्टाचार और अवैध कार्यों की छूट देने वाले एकाएक क़ानून के रखवाले बन अपने तेवर ही बदल लें!

[अप्रकाशित : अक्टूबर, 2006]

अपने समय को खँडहर बनाते हम

समय द्वारा अट्टालिकाओं को खँडहर में बदलते देखना कोई सुखद अनुभव नहीं है। अतीत का वैभव वीरानी में बदलकर देखने वाले को सोचने पर मजबूर करता है कि कुछ भी इस संसार में ठहरने वाला नहीं है परन्तु जब इनसान यही काम जानबूझ कर पलक झपकते कर गुज़रता है तो कई तरह के प्रश्न उठते हैं कि निरन्तर प्रगति की तरफ़ बढ़ने वाले इनसान में तबाही का अंश क्यों उसे बार-बार जानवर साबित करने पर आमादा नज़र आता है। एक तरफ़ वह इस धरती को स्वर्ग में बदलने के लिए हर क्षेत्र में नये-नये आविष्कार कर रहा है तो दूसरी ओर ख़तरनाक हथियार बना उसे नरक में बदलने की अपनी प्रवृत्ति पर रोक नहीं लगा पाता है। क्या इनसान के अन्दर का दरिन्दा अभी मरा नहीं या पाषाण युग से वह अपना पुराना रिश्ता तोड़ नहीं पा रहा है।

यह सारे सवाल हमारे-आपके दिमाग़ में तब-तब उभरते हैं जब-जब हम तबाही देखते हैं। मिसाल के तौर पर हम सीरिया देश के कनेतरा इलाक़े को लेते हैं। जहाँ इजरायली बमों ने लगभग दो सौ चौवालीस गाँवों को तबाह कर दिया और उस इलाक़े पर क़ब्ज़ा कर उस पर अपनी फ़ौजें फैला दीं। बात कुछ गहरी यूँ भी थी कि यह इलाक़ा खेती के एतबार से उपजाऊ और वर्षा की दृष्टि से महत्त्वपूर्ण है। चूँकि यह इलाक़ा सीरिया और इजरायल की सीमा रेखा के समीप है तो ज़ाहिर है कि इजरायल के इरादे क्या थे। भूतपूर्व सीरिया के राष्ट्रपति असद ने गुलान हाइट के इस इलाक़े से इजरायली फ़ौजों को मार भगाया तो भी 5 गाँव आज भी उनके क़ब्ज़े में हैं और चार हज़ार लोग उनके क़ैद में हैं। फिलिस्तीन और लेबनान की नोक पर जो हिस्सा इजरायल सीमा से मिलता है। उसे इजरायल अपनी ओर से आमद व रफ़्त के रास्ते पर रोक लगा सीमा को बन्द कर देता है जिससे वे फिलिस्तीनी जो परमिट लेकर सीमा पार जाकर काम करते हैं वह बेकार ही बैठ जाते हैं। इन सारी कठिनाइयों के विरुद्ध भूतपूर्व राष्ट्रपति असद ने अपना विरोध दर्शाने के लिए

जीता इलाक़ा या क़ब्ज़े से दोबारा हासिल किया इलाक़ा फिर नहीं बसने दिया। हस्पताल, मस्जिद, चर्च, टूटे घरों का सिलसिला, जली ज़मीन, तबाह दरख़्त ज्यूँ का त्यूँ रहने दिया और उन गाँवों के बाशिन्दों को दूसरी जगह बसा दिया। इन्हीं बसे हुए लोगों में से एक कवि से मेरी मुलाक़ात सीरिया की राजधानी दमिश्क में हुई थी। उसने बताया कि उजड़ना वह भी अपनी ज़मीन से कोई सुखद अनुभव नहीं होता और उसके साथ संघर्ष का नया मोर्चा अर्थात् नये स्थान पर पहुँच फिर शून्य से जीवन को शुरू करना कई तरह की तकलीफ़ों से गुज़रता है बतौर मिसाल एक छोटी-सी कठिनाई का ज़िक्र मैं करना चाहूँगा कि नई बसी बस्ती बहुत दूर है साधनों की कमी है। वहाँ से निकलना आसान है मगर देर रात साहित्यिक समारोह से लौटना बड़ा कष्टकर है। इस तरह की परेशानियाँ जो छोटी-छोटी ज़रूरतों से जुड़ी हैं उन्होंने ज़िन्दगी जीने के रस को निचोड़ लिया है। उनकी बातें मेरे दिल व दिमाग़ में गहरे उतर रही थीं ख़ासकर इसलिए भी कि उजड़ी और बसी आबादियाँ दोनों इलाक़ों की मैं देख चुकी थी।

1948 से फिलिस्तीन समस्या का कोई समाधान नहीं हो पाया है। विकसित देश विकासशील देशों को पनपने नहीं देना चाहते हैं। उनको विकास और उत्पादन की योजनाओं में अपनी ऊर्जा ख़र्च करने की जगह उन्हें छोटी-मोटी सियासी घटनाओं और मुठभेड़ों में उलझाए रखना चाहते हैं यदि आप इस बात की सच्चाई परखना चाहें तो केवल सप्ताह भर मध्यपूर्वी देशों की ख़बरें सुनें। बम विस्फोट की कितनी घटनाएँ आपको एक दिन में सुनने को मिलेंगी। जनाज़ा, घायल, लाशें, चीख़, धुआँ और जान-माल की बर्बादी के वे सारे दृश्य कुछ दिनों बाद आपको एक-से लगने लगेंगे बस मरने वालों की संख्या में केवल फ़र्क़ होगा।

ऐसी ठहरी स्थिति में जब दिखावे के लिए विश्व स्तर पर सम्मेलन, वार्ता का प्रसार-प्रचार चल रहा हो मगर हल के लिए कोई ठोस क़दम न उठ रहा हो उस समय राष्ट्रपति असद ने अपना ख़ामोश विरोध प्रकट किया कि हर वह पर्यटक जो सीरिया घूमने आएगा वह ऐतिहासिक इमारतों और विभिन्न पिकनिक स्थलों एवं महत्त्वपूर्ण शहरों के साथ कुनेतरा का दर्शन भी करेगा जहाँ जाकर उसे अन्दाज़ा होगा कि इजरायली फ़ौज ने एक उपजाऊ और ख़ुशहाल इलाक़े को किस तरह फ़ौजी बूटों से रौंदा और बमों से तबाह किया है। कुनेतरा इनसानी जुल्म की दास्ताँ थी मगर जब हम सरजल्ला के इलाक़े में दो हज़ार साल पहले की बसी आबादी के खँडहर देखने गए तो एक अलग कैफियत से दो-चार हुए। वहाँ बारूद की

गन्ध न थी। समय की चाल से उड़ी ख़ाक थी। उस ख़ाक को झाड़ खँडहरों से भरे उस इलाक़े में हमाम, होटल, घर के अवशेषों में प्रथम लिखे अक्षर की आकृति को देखते हुए हम गुज़रे इतिहास को पकड़ने की कोशिश में दार्शनिक हो उठे थे।

[अप्रकाशित : नवम्बर, 2006]

पर्यावरण के बचाव में न्याय

पिछले दिनों लेबनान में जो कुछ हुआ और हो रहा है। उससे विश्व स्तर के बुद्धिजीवी वर्ग एक बार फिर इस सवाल से टकराए कि छोटी बातें जो संवाद के स्तर पर हल होनी चाहिए अब वह बमों की बारिश से तय की जाती हैं। बच्चों की स्थिति तो इराक़ और अफ़ग़ानिस्तान में भी अच्छी नहीं है मगर कम समय में किस तरह आम जनता के इलाक़ों पर बारूद बरसा है। उससे मरने वालों की संख्या में सबसे ज़्यादा तादाद बच्चों की है। बच्चे किसी भी राष्ट्र का धरोहर ही नहीं भविष्य होते हैं।

दो इजरायली सिपाहियों का लेबनान स्थित हिजबुल्लाहों द्वारा पकड़ा जाना इतने बड़े हंगामे का कारण बनेगा यह स्वयं हिजबुल्लाही नेता नसरुल्लाह नहीं जानते थे। जब सारा विश्व पर्यावरण को लेकर संवेदनशील और सचेत हो रहा है तब इस युद्ध के मायने क्या हैं? क्या बेरुत जैसी सुन्दर राजधानी के तबाह व बर्बाद होने का अर्थ केवल उन हिजबुल्लाहियों को पाठ पढ़ाना है जो अमेरिका विरोधी और इजरायल की मनमानी स्वीकार नहीं करते हैं या फिर एक नादान मगर ख़तरनाक हस्तक्षेप है मध्यपूर्वी देशों के इलाक़े को फल-फूल हरियाली की जगह बारूद से नहला देना। उसकी धरती और वनस्पति का विनाश कर वहाँ के सुन्दर सुडौल लोगों को अपंग बना उनके भविष्य को तबाह करना? उनके चेहरे से ख़ुशी और हँसी छीन दुख और आँसू देना?

मोटे रूप से इन बमबारियों का असर केवल उस इलाक़े की जलवायु तक सीमित नहीं रहेगा बल्कि आसपास का इलाक़ा भी प्रभावित हुए बिना नहीं रहेगा। ईरान-इराक़ युद्ध के दौर में आँखों की जलन और आवाज़ का बदलना लोगों ने महसूस किया था। भोपाल गैस त्रासदी ने एक ही रात में टंकी के फटने के बाद क्या गुल खिलाया है यह पूरी दुनिया से छुपा हुआ नहीं है। उसको नज़र में रखते हुए हम अन्दाज़ा लगा सकते हैं कि 1948 (फिलिस्तीन समस्या) से 2006 (लेबनान-इजरायल) तक बम, राकेट, आग, धुआँ, ज़ख़्म, मौत, ख़ानाबदोशी ने कितने परिवरों

को समाप्त औ़र कितनों को मनोवैज्ञानिक रोगी बना डाला होगा मगर समस्या हल नहीं हुई है बल्कि जान-माल के बाद वह अब इलाक़े की टोपोशीट को तबाह करने और पर्यावरण को दूषित करने में तुल गई है। पानी चाहे वह समुन्दर का हो। उस पर तेल की तहों का जमना कितने जीव-जन्तुओं के मौत का फ़रमान है। इराक़ व कुवैत युद्ध के बाद लेबनान, इजरायल झड़प के दौर में भी यह घटना घटी जब लेबनान के एनर्जी रिएक्टर पर बम गिरा। आख़िर यह बढ़ती नफ़रत कहाँ जाकर ख़त्म होगी और बम बरसाने और राकेट फेंकने वाले अपनी ज़मीन को क्या जवाब देंगे जिसने उन्हें पाल-पोस कर बड़ा किया है। अब वह आग की तपिश झेलती है। अपनी उर्वरा से हाथ धो बैठती है। बंजर बन जाती है!

यह तथ्य है कि लेबनान ने आम आदमी की बिलावजह इस युद्ध में कुर्बानी दी। जान-माल का भारी नुक़सान हुआ मगर क्या इजरायल के बदन पर खरोंच भी आई? क्या इजरायल में लोग जवाबी हमले से मरे और घायल नहीं हुए होंगे? उनके जज़्बाती लगाव को हम ख़बरों और चित्रों द्वारा देख चुके हैं जब गाजापट्टी से इजरायली शरणार्थियों को ज़बरदस्ती जगह ख़ाली कराती पुलिस कुछ बूढ़े लोगों को गोद में उठा घर के बाहर कर रही थी ताकि क़ब्ज़ा की ज़मीन फिलिस्तीन को वापस करे। अमेरिका इजरायल के द्वारा इन छोटे राष्ट्रों को अपने चंगुल में दबोचना चाह रहा है मगर अब अमेरिका में बढ़ती लाशों की संख्या से विरोध पनपने लगा है। यह बात समझ में आने वाली है कि यदि फ़ौज मारने जाती है तो वह मरती भी है। दूसरों के प्राकृतिक स्रोतों के दोहन के लिए यह रणनीति स्वयं मनुष्य के लिए बहुत भारी पड़ेगी! जब वह स्वयं इन स्रोतों से लाभ उठाने के लिए जीवित नहीं रहेगा।

इन बातों को लेकर सारे विश्व में पर्यावरण विशेष अपनी आवाज़ और कलम दोनों से विरोध दर्ज करा रहे हैं। मगर अमेरिका के राष्ट्रपति कठपुतली सरकार लाने में डेमोक्रेसी की ढाल ले सम्पूर्ण मानव विकास को पीछे धकेल रहे हैं। हथियार का बाज़ार तभी तक पनपेगा जब तक आबादी होगी जिस तरह आबादी इन देशों में घट रही वह किस बात का संकेत है? भारत के कई इलाक़े भी इसी तरह के चपेट में रहे हैं। कश्मीर में फैले आतंक ने देश की आर्थिक स्थिति को ही धक्का नहीं पहुँचाया है बल्कि उसके सौन्दर्य, पर्यटन और सुख की अनुभूति को भी ख़त्म किया है। इस समय ऐसा कोई देश नहीं है जहाँ पर इस तरह का कलह न मचा हो जिसको कभी आप गृहयुद्ध का तो कभी सीमा-विवाद या फिर कोई और नाम देकर शान्ति की माँग न कर रहे हों। संक्षेप में कहा जा सकता है कि एक तरफ़

विज्ञान इनसान का दुख हरने के लिए रोज़ नई खोजें और दवा का आविष्कार कर रहा है तो वहीं दूसरी ओर उसका जीवन नर्क बनाने की जुस्तजू में लगा हुआ है।

विश्व के सभी देशों को पर्यावरण बचाने के लिए सामूहिक प्रयास कर कुछ क़ानून बनाने चाहिए जिसमें बम बनाना जहाँ अपराध है वह बम गिराना सबसे बड़ा अपराध माना जाना चाहिए और ऐसे राष्ट्र को कठघरे में खड़ा कर उसकी आर्थिक नाकाबन्दी या व्यापार पर रोक लगा देनी चाहिए। जब तक छोटे राष्ट्रों एवं विकसित देशों को सज़ा देने में बराबरी नहीं बरती जाएगी तब तक पर्यावरण को दूषित होने से कोई नहीं बचा सकता है। न्याय का मापदंड एक होना चाहिए।

[अप्रकाशित : दिसम्बर, 2006]

नये वर्ष का सूरज

नई सदी की शुरुआत भूकम्प, फसाद और युद्ध से हुई थी। पिछले छह वर्षों में हमने बहुत कुछ सहा है। सारी कोशिशों के बावजूद हम आतंकवाद को नहीं रोक पाए। क्या दो हज़ार सात का सूरज हमारे लिए नया पैग़ाम लेकर आएगा और कहेगा बहुत हुआ अब और ख़ून-ख़राबा नहीं। अब और चिताएँ और क़ब्रें नहीं। अब और बम धमाके नहीं। अब सिर्फ़ संगीत होगा, सुगन्ध होगी, सुख होगा, सम्पन्नता होगी, समृद्धि होगी, सन्तोष होगा, सफलता होगी, सहजता होगी, नया सूरज उगकर ये सब हमें देगा और हम ये सब कुछ दूसरों में बाँटने की कोशिश करेंगे।

दुनिया फैलने के बाद, अपने विस्तार के बावजूद संचार माध्यम के ज़रिए सिमटकर और क़रीब आ चुकी है। हम अपने घर बैठे रेडियो और टी. वी. के ज़रिए न केवल दूसरे देशों की ख़बरें पढ़ सकते हैं सुन सकते हैं बल्कि देख भी सकते हैं। अपने देश के हर प्रान्त और उसके हर शहर की इत्तला हमारे पास रहती है। दुख और सुख की यह सारी ख़बरें बदलते इनसान और बदलते वक़्त की आहटें नहीं बल्कि चीख़ें हमको सुनाती हैं और हम ताज्जुब करते हैं कि आख़िर हम विकास की ओर जाने के साथ लगातार पीछे क़दम क्यों हटाते जा रहे हैं? दो हज़ार सात हमारे इन सवालों का जवाब देकर हमारी ज़िम्मेदारी का अहसास पहले से कहीं ज़्यादा दिलाएगा और हममें भाईचारा और सहकारिता की भावना को बढ़ाएगा।

प्राकृतिक विपदा भी हम बाढ़ और सूखा के रूप में झेल रहे हैं। इनसान सारी सुख-सुविधा के बावजूद बहुत दुखी और असुरक्षित है। विश्वास का वह पुराना भाव अपनी जड़ें हिला चुका है, कार्यक्षेत्र, परिवार और समाज में अपनी स्थिति को लेकर वह बहुत चिन्तित है और उन्नति करने के बावजूद दुखी है।

इनसानी रिश्तों की ज़मीन भी हिल गई है। उसमें तनाव ही तनाव है। काम का, सुख-सुविधा को पाने का, धन-दौलत जमा करने का, आगे बढ़ने और वह सब कुछ हासिल करने का जो एक इनसान को चाहिए जो इस दुनिया में रहता है। तभी

उसे असुरक्षा की भावना घेरती है। अपने सुकून के लिए वह इधर-उधर भटकता है कभी मन्दिर, मस्जिद जा माथा टेकता है तो कभी धन की झूठी नुमाइश कर वाहवाही लूटना चाहता है या फिर दूसरों को पीड़ा पहुँचा सुख का अनुभव करता है। दो हज़ार सात का यह सूरज उन लोगों को इस चक्रव्यूह से निकालने की कोशिश ही नहीं बल्कि अपनी गर्मी और रौशनी से उनको एक नई दिशा और दृष्टि देगा!

कुछ वर्षों से बाज़ार हमारी ज़िन्दगी में इस तरह दाख़िल हो गया कि हम उसके बताए रास्ते पर न सिर्फ़ चलते हैं बल्कि उसके बताए हुए खान-पान, रहन-सहन, धर्म और परम्परा, इनसानी सम्बन्धों के टुटके और प्रेम कैसे किया जाए तक को न केवल सीखते हैं बल्कि उन तरकीबों पर चलकर उन्हें अपनाकर हम अपने को आधुनिक समझते और कामयाब मानते हैं। हमारी नज़र में इनसानी जज्बात की जगह भौतिक वस्तुओं का सम्मान ज़्यादा बढ़ गया है। हम उसके ग़ुलाम होकर रह गए हैं। उनके न रहने पर हम कुंठा का शिकार हो जाते हैं। जब भौतिक वस्तुएँ हम जमा कर उनसे ऊब जाते हैं तब महसूस होता है कि हम कितने अकेले हो गए हैं। उस वक़्त हम इनसानी रिश्तों की कमी को महसूस करते हैं। ऐसे उदास लम्हों में अवसाद में डूबे लोगों के लिए दो हज़ार सात का उगा यह सूरज नई ताजग़ी और स्फूर्ति देगा।

कार्यक्षेत्रों में बढ़ती व्यस्तता के चलते नई पीढ़ी मशीन बनती जा रही है। अपने लिए उसके पास समय नहीं तो फिर बूढ़े माँ-बाप के लिए वह समय कैसे और कहाँ से निकालेंगे? चाहने के बावजूद वे माँ-बाप का अकेलापन बाँट और बीमारी में सेवा नहीं कर पाते हैं मगर चेक काटकर ज़रूर भेजते हैं। उनका यह बर्ताव केवल उनकी मजबूरी नहीं दर्शाता है बल्कि हमारी व्यवस्था को उस नये ताने-बाने की तरफ़ भी इशारा करता है जो रोज़ नये अन्दाज़ से इनसानी ऊर्जा को अपनी पकड़ में रखना चाहता है। जवानों की सारी शक्ति निचोड़कर नये कीर्तिमान और उपलब्धियाँ अपनी कम्पनी के लिए स्थापित करते हैं। इस दौड़ में न दौड़ने वाला ख़ुश है और न दौड़ाने वाला मगर रेस जारी है। दो हज़ार सात का नया उगा यह नारंगी सूरज उन बुज़ुर्गों को सुख देगा जो मरने से पहले अपने बच्चों का मुँह आख़िरी बार देखने के लिए तड़पते हुए, इस दुनिया को अलविदा कहते हैं!

पत्रिकाएँ, टी.वी. कार्यक्रम, रेडियो, समाचार-पत्र किसी न किसी रूप से हमको बताने की कोशिश करते हैं कि सेहत से बढ़कर इनसान के लिए कुछ भी नहीं है। वे बिना झिझक और शर्मिन्दगी के पोल खोलने से भी नहीं चूकते कि खाने

में मिलावट और फलों और सब्ज़ियों में कीटाणु नाशक दवाओं के चलते फल भी उतने लाभकारी नहीं रह गए हैं। हर चीज़ में मिलावट नई बीमारियों को भी जन्म दे रही है तो भी हम इस संकट के समय में एक-दूसरे को अच्छी सेहत और ख़ुशहाली की दुआ देते हैं। उम्मीद करते हैं कि यह नया साल हर तरह से ज़मीन पर रहने वालों के लिए सुख का कारण बने और उनके कष्ट दूर कर उन्हें राहत दे। आत्महत्या की जगह लम्बी उम्र मिले। यह दो हज़ार सात का सूरज नये साल में जब अपनी आँखें खोलेगा तो न केवल हम सबको ख़ुशआमदीद कहेगा बल्कि हमारे साथ-साथ पूरे एक साल रहेगा और हमें हर दुख और कष्ट से बचाएगा। आमीन!

[अप्रकाशित : जनवरी, 2007]

परिवेश

क्या सिर्फ़ सरकार दोषी है?

दिल्ली को राष्ट्रमंडल खेलों के लिए ख़ूब सजाया-सँवारा जा रहा था। जहाँ ज़रूरत सिर्फ़ मरम्मत की थी, उसे भी खोद डाला गया था। दिल्ली खाइयों और मलबों का ढेर बनकर रह गई थी। आम आदमी को चिन्ता खाए जा रही थी कि सब कुछ कैसे सिमटेगा? कुछ सरकार की आलोचना कर रहे थे। कुछ उसकी प्रशंसा।

इन सारी ज़बानी बातों से हटकर मेरी नज़रें सड़कों पर हो रहे काम को देख रही थीं। बनते फुटपाथ एक अलग तरह का नज़ारा पेश कर रहे थे। तेज़ी से रंग-बिरंगी टाइल्स जमाई जा रही थीं बिना मसाला फैलाए। ख़याल गुज़रा कि ज़रूर कोई नया सोल्यूशन बाज़ार में आ गया होगा जो इनके बीच तेज़ी से भर दिया जाएगा। मगर खेलों के बाद मेरी हैरत का इन्तहा न रही जब उन्हीं टाइलों को तेज़ी से जमा करने वाले हाथ उसी तत्परता से उसे या तो फुटपाथ के किनारे बनी छोटी दीवारों से टिकाकर रख रहे थे या फिर उसे रिक्शे पर भरकर कहीं ले जा रहे थे। सवाल उठा इसके पैसे तो ठेकेदार ने ले लिये होंगे फिर अब यह कहाँ ले जा रहे हैं? इसमें तो मसाला भरना रह गया था?

यही हाल पेड़ों का रहा। कहीं भी कोई पेड़ खोंस अपना हाथ झाड़ लेना उन सारे मालियों के लिए कोई ख़ास बात न थी। मगर क्या वह केवल माली थे या मज़दूर? जब किसी बेचैन आत्मा ने आगे बढ़कर पूछ लिया कि नीचे पुरानी सड़क की पक्की ज़मीन है, ऊपर से मिट्टी डालकर जो तुम पेड़ खोंस रहे हो तो इनकी जड़ें अपना रास्ता कैसे बनाएँगी? उस मज़दूर का जवाब संक्षिप्त था—अब हम का जानें? हमको इसी काम के लिए बुलाया गया है। ये दो मामूली से नमूने पाठकों के सामने रखे हैं। वैसे तो गेंदें का एक फूल साढ़े सत्रह रुपये में ख़रीदा गया है। इस तरह की सैकड़ों हैरत में डालने वाले सौदे हुए होंगे, जिनका पता आम आदमी को नहीं होगा। थोड़ी-बहुत मालूमात पढ़े-लिखे लोगों को समाचार-पत्र द्वारा हो ही जाती है।

मैं इन सारी बातों को इकट्ठा कर सवाल करती हूँ कि क्या सचमुच हमें अपने

देश से प्यार है? क्या हम सचमुच अपनी प्यारी दिल्ली को सुन्दर और स्वच्छ देखना चाहते हैं? आख़िर अपने मुल्क की क़ीमत पर इस तरह की धाँधली और बेईमानी कहाँ तक उचित है? थोड़ा-बहुत कमाना-बचाना फिर भी समझ में आता है। मगर इस तरह आँखों में धूल झोंकना क्या तर्क रखता है? मैं समझ सकती हूँ कि ऐसे लोगों की नज़र में केवल उनका परिवार और बैंक बैलेंस रहता है न कि भारत की ग़रीब जनता जिसके पास सर छुपाने, दो वक़्त पेट भर खाने और पहनने के लिए मुनासिब कपड़े नहीं होते हैं। यही धन जो केवल किसी एक के हिस्से में जा रहे हैं, क्या इन पैसों से सस्ते दामों के मकान बना बेघरबार आम आदमी के लिए मुहैया नहीं कराया जा सकता है? यह मेरा सपना या हवाई क़िला या ख़याली पुलाव बनाना नहीं है बल्कि हमारे मुल्क की हक़ीक़त है और ज़रूरत भी।

हम हर बात का इल्ज़ाम या तो सरकार को देते हैं या नौकरशाही को। फिर सब कुछ भूलकर उन्हीं भ्रष्ट नेता को हम वोट देकर अपने अधिकार का प्रयोग कर बिना वजह ख़ुश होते हैं। हमारे पास कुछ न होना दरअसल हमको उस पीड़ा से बनाए रखता है जिसकी हमको आदत पड़ चुकी है, और हम अपनी बहुमूल्य आवाज़ का इस्तेमाल नहीं करते हैं यहाँ तक कि अपनी राय देने में भी झिझकते हैं। आख़िर क्यों? हमें अपनी उस पीड़ा से प्यार है जो विरासत के रूप में हमको मिली है या फिर वह ग़रीबी जिसे हम अपनी पहचान मान बैठे हैं। इस बारे में हमको पूरी गम्भीरता से सोचना होगा वरना हमारे पुराने किले, महल, इमारतें उसी मज़बूती से खड़े रहेंगे और उनके सामने नई बनी इमारतें धराशायी होती रहेंगी। मासूम इनसानों की मौतें हमें हिला नहीं पाती हैं क्योंकि सब कुछ सामने नज़र आने के बाद हम इनक्वायरी कमेटी बिठा देते हैं और समय के लम्बे अन्तराल के बाद सच ख़ुद झूठ की तरह मुड़ जाता है। मुजरिम बाइज़्ज़त बरी हो जाते हैं।

क्या यह सब तभी सम्भव नहीं हो पाता है जब हम अपने देश को अपना देश न समझकर उससे केवल लाभ उठाने की सोचते हैं? दरअसल, उसी के दिल में अपनी धरती के लिए दर्द उठेगा जो इसको अपना वतन, अपने पुरखों की सरज़मीन समझेगा। उसे कोई भी ऐसा काम करते हुए शर्म महसूस होगी जो इसके राष्ट्र को किसी भी प्रकार का दुख पहुँचाए। क्या उन ठेकेदारों के दिल में वतन के लिए जरा भी प्यार न था जिन्होंने बड़े-बड़े टेंडर भर और आला काम करने के वायदे किये और बाद में घटिया माल लगा सारे पैसे जेब में रख लिये? क्या उन्हें इस बात से जरा भी डर नहीं लगा कि बाहर से आने वाले मेहमान अधूरे काम को देखकर

क्या सोचेंगे या फिर उन्हें यक़ीन था कि खेलने वाले खेलने आए हैं भारतवर्ष की सड़क या दुकानें देखने नहीं। जो उन्हें देखना है वहाँ पेड़ भी हैं और इमारतें भी, तो फिर काहे की चिन्ता?

सिर्फ़ इस बार ही नहीं बल्कि हर इम्तिहान की घड़ी के वक़्त जाने क्यों मुझे यह अहसास शिद्दत से होता है कि हम अपने वतन को प्यार नहीं करते हैं बल्कि हमारे लिए सिर्फ़ हमारा परिवार महत्त्वपूर्ण है। जिसके सुख और सुरक्षा के लिए हम अपने कर्तव्य को दाँव पर लगाकर अपने देश की बुनियाद हिलाने में ख़ासे सक्षम हैं। क्या आप भी ऐसा सोचते हैं?

['राष्ट्रीय प्रसंग' : अंक दो, 2010]

नक़ाबों के बीच खुलता आज़ादी का चेहरा

फ़ौजिया कूफ़ी एक नाम—जो अफ़ग़ानिस्तान में उम्मीद का प्रतीक बन एक अलग तरह के माहौल की तरफ़ संकेत कर रहा है। जो उम्मीदों और ख़ुशियों से भरा होगा। ज़माने को बदलते देर नहीं लगती। ख़ुद फ़ौजिया और फ़ौजिया की माँ को कभी उम्मीद न थी कि उनकी बेटी तालीम हासिल करेगी और उसी तालीम के बलबूते पर डिप्टी स्पीकर का ओहदा अफ़ग़ान संसद में हासिल करेगी और अब तमन्ना है 'सदर' बनने की ताकि वह सब अंजाम दे सके जो अफ़ग़ान की आम जनता चाहती है। अमन, सुरक्षा, रोटी, शिक्षा, नौकरी और ख़ून का बहना कम हो।

अफ़ग़ानिस्तान का हुस्न वहाँ के लोग हैं, जिन्होंने बेहतरीन अदब लिखकर इतिहास रचा। मगर आज उनकी पहचान केवल आतंक और पोस्त की खेती रह गया है। वह पुरानी मेहमाननवाज़ी, वह दोस्ताना अन्दाज़ सब कुछ बन्दूक़ के शोर में डूब चुका है। और वही हाल रसीले फलों का है जिनके बागान जलकर उजड़ चुके हैं। ऐसे हालात में फ़ौजिया कूफ़ी ने हिम्मत नहीं हारी और कई बार जंग और पाबन्दी की वजह से पढ़ाई रुकने के बावजूद उन्होंने मौक़ा मिलते ही फिर तालीम हासिल कर ली। लॉ की पढ़ाई भी जारी रखी। चाहती तो वह थी डॉक्टर बनना ताकि हर साल मरने वाली औरतों (बच्चे की पैदाइश के दौरान) की तादाद में कमी आए मगर वह आरज़ू उनकी पूरी नहीं हुई। उन्होंने क़ानून की पढ़ाई ख़त्म की और पिता और भाइयों की मौत के बाद उन्होंने सियासत में दाख़िला लिया ताकि अपनी कोशिशों से हालात को बदल सके। उन्होंने औरतों और बच्चों के लिए जमकर काम किया और अपनी पहचान बनाई जिसने उन्हें लोकप्रियता भी दी।

फ़ौजिया कूफ़ी का सबसे अहम कारनामा क़ैदी औरतों की हालत की तरफ़ सरकार का ध्यान खींचना है। उपराष्ट्रपति अफ़ग़ानिस्तान के नेतृत्व में उन्होंने एक ऐसी कमेटी का गठन किया जो क़ैदी औरतों की स्थिति के प्रति संवेदनशील होकर उनकी जटिल परिस्थितियों के प्रति व्यावहारिक रूप से जागरूक हुई। बच्चों और

औरतों की शिक्षा को ज़रूरी बताया। उनके लिए विशेष व्यवस्था की और वे सारे केस सामने लाई जिसमें औरतों को ज़बरदस्ती की शादियों में फँसाया गया। ग़ैरज़रूरी तौर से उनको सियासी घटनाओं का मुजरिम बनाया गया। इस तरह के विरोध से उनके दुश्मनों ने उन्हें कई बार ख़त्म करना चाहा। मगर वह हर बार बच गई ठीक उसी तरह जैसे बचपन में गर्म सूरज की तपिश ने उन्हें हालात से मुक़ाबला करना सिखाया था।

फ़ौजिया कूफ़ी को उनकी माँ ने जाने किन कारणों से जून की तपती धूप में छोड़ दिया था ताकि दूध पीती बच्ची रो-रो कर हलकान हो और पानी की कमी से दम तोड़ दे। कई घंटे गुज़र गए बच्ची रोती रही मगर माँ का दिल नहीं पिघला। दोपहर के ढलते कोई महिला माँ से मिलने आई और नन्ही-सी बच्ची की दुर्दशा देखी तो हैरतज़दा रह गई। माँ को खरी-खोटी सुनाई। फ़ौजिया की माँ को जैसे होश आ गया। लपककर बच्ची को गोद में उठाया।

जो लड़की घंटों सूरज की तपिश से मुक़ाबला कर सकती है, वह य़कीनन अफ़ग़ानिस्तान की सुलगती सियासत का भी डटकर मुक़ाबला कर सकती है। अफ़ग़ानिस्तान के अवाम की परवाह न पत्रकारों ने अपनी ख़बरों में की और न ही किसी और तरीक़े से अवाम की परेशानी हम तक पहुँची। जो ख़बरें दी गईं वह सिर्फ़ फ़ौज और तालिबान (मुजाहिदीन) को दी गईं। एन्जीयोज़ द्वारा जो ख़बरें मिलतीं उनको पढ़कर ज़रूर जनता की बदहाली का पता चलता। मगर इस तरह की ख़बरों का दायरा हमेशा तंग रहा है।

आम अफ़ग़ान का चेहरा बरसों से ग़ायब है। उसके दुख-सुख का हम अन्दाज़ा भी नहीं लगा सकते हैं। ऐसी हालत में आम अफ़ग़ान महिला किन कठिनाइयों से गुज़रती है वहाँ तक हमारी सोच का पहुँचना नामुमकिन है। ईरान की जज शीरिन एबादी की तरह फ़ौजिया कूफ़ी ने भी वही राह अपनाई है। बकौल फ़ारसी कवि शामलू के "ये लड़कियाँ हरगिज़ ख़ामोश न हों, जब उनके मर्द थकान और निराशा से बूढ़े हो रहे हों।"

['राष्ट्रीय प्रसंग' : अंक सात, 2010]

सच बोलना नुक़सानदेह नहीं होता

जब कभी ईरान से वापस आने वालों से वहाँ का हालचाल पूछती हूँ, तो वह बड़े उत्साह से बताते हैं कि आपका दौर गुज़र गया, वहाँ शान्ति और विकास हर तरफ़ नज़र आता है। जब मैं पूछती हूँ कि किस-किस से मिले आप लोग तो जवाब मिलता है कि घूमने-फिरने का मौक़ा ही न मिला। सेमिनार में जो मिलना-मिलाना हुआ, बस वही।

किसी देश की पर्तदार ज़िन्दगी को समझने के लिए वहाँ की चमचमाती इमारतें काफ़ी नहीं होती हैं और केवल एक विषय तक केन्द्रित होने वाले बुद्धिजीवी या निष्ठावान विचारधारा वाले नहीं, बल्कि वहाँ के अवाम होते हैं जो एक-दो जुमलों में अपने अन्दर का हाल कह बैठते हैं।

जिसने ईरान को शाहआर्या मेहर के दौर में न देखा हो और ईरान की तारीख़ का जिसे इल्म न हो उसके मुँह से निकली यह बात मुस्कुराने पर मजबूर कर देगी। वह दौर ऐसा दौर था जब विश्व के हर देश के लोग व्यापार और सरकारी नौकरी वाले ईरान जाने के लिए होड़ में रहते थे। उस दौर की अस्सी प्रतिशत चीज़ें ऐसी थीं जससे आम आदमी ख़ुश था। ईरान मध्यपूर्वी देशों के बीच एक सभ्य, संस्कृतिपूर्ण, भव्य एवं विकासशील देशों में गिना जाता था। मगर उस दौर में ज़बान की आज़ादी न थी। पेट्रोडालर अमेरिका के बढ़ते प्रभाव में एक ख़ास दायरे तक महदूद होकर रह गया था।

इन्क़लाब और ईरान-इराक़ युद्ध ने आर्थिक स्थिति को और ऊपर से अमेरिका से ली दुश्मनी ने पूरी तरह बिसमार कर दिया था। जंग के बाद जो दशा किसी भी देश की हो सकती थी, वह वहाँ भी थी। उससे मौजूदा सरकार निकली और बहुत हद तक कामयाब भी हुई। जो खेत-खलिहान, गाँव-क़स्बे शाह के दौर में वीरान हो गए थे वह अब 'जिहादे साजन्दगी' जैसी योजनाओं से लहलहा उठे हैं। अमेरिका से न दबकर अपने देश के सम्मान और आर्थिक स्थिति को सँभाले रखना कोई हँसी

खेल नहीं है और जिसकी प्रशंसा करना ज़रूरी है। मगर बात उस इंकिलाब की है कि यह इन्किलाब रोटी, कपड़ा, मकान के लिए नहीं किया गया था बल्कि ज़बान और बयान की आज़ादी के लिए किया गया था। आर्थिक बराबरी और ख़ुशहाली के लिए किया गया था। वह मुद्दे आज भी उसी तरह जीवित हैं।

आख़िर क्यों?

बीच में एक नई तरह की छटपटाहट नई पीढ़ी में उठी थी, जिसकी दवा दिया गया। शायद वही पुराना डर आज भी सत्ताधारियों को परेशान रखता हो कि बड़े दुश्मन के सामने हमें अभी वह आज़ादी अपनों को नहीं देनी चाहिए जिससे हज़ार बयान और लाख ज़बानें खुल जाएँ। मुनासिब समय के इन्तज़ार में हमको तब तक अपनों की ज़बानों पर ताला डाले रखना पड़ेगा।

यहाँ पर एक बात उन सत्ताधारियों से चूक जाती है कि भारत की तरह ईरान की जनता में यह गुण है कि वह आपस में जितना भी लड़ेंगे मगर शत्रु के सामने एकजुट हो, ठोस एकता में बदल जाएँगे। यह ख़ूबी इराक़ की जनता में न थी। शिया और कुर्द अपने-अपने स्वार्थ में एकता को तोड़ बैठे और ईरान की यही एकता का भाव जो जनता के दिलों में है, उसके सामने, अमेरिका भी पस्त है। यह अलग बात है कि कलस्टर बमों की बारिश के आगे ज़मीनी और ठोस इरादों की जंग हारनी पड़े...। भविष्य के बारे में क्या कहा जा सकता है? लेकिन बड़े सरोकार रखने वाले दुश्मन बेवकूफ़ दोस्तों से कहीं बेहतर होते हैं। दावतनामा मिलने के एहसान से गर्दन इतनी न झुकाएँ कि अन्दर की आवाज़ आपको एक दिन कोड़े लगाने लग जाए।

['राष्ट्रीय प्रसंग' : अंक आठ, 2010]

ओबामा के आँसू

अमेरिका के राष्ट्रपति ओबामा संवेदनशील व्यक्ति हैं, ख़ास कर नई पीढ़ी को लेकर। भारतवर्ष आए तो इच्छा प्रकट की भारतीय नौजवानों से संवाद स्थापित करने की और जी भरकर नाचे-गाए। एक विशेष पीढ़ी के जहन में विचार की एक नई फ़सल के बीज बोने में उन्होंने कामयाबी समझी और ख़ुश हुए कि अमेरिका की तरफ़ बढ़ती नफ़रत को वह काफ़ी हद तक कम करने का काम अंजाम दे पाए। उन्हें यक़ीन है कि जब-जब विश्वस्तर के समाचार चैनल युद्धग्रस्त देशों की ख़बर देंगे तो उनका प्रसार माध्यम इस बात की पुष्टि करेगा कि इन देशों में ज़रूरत थी अमेरिकी हस्तक्षेप की ताकि अय्याश हाकिम और शोषित जनता अपनी मंज़िल पा सके यानी कि हाकिम सरकार का तख़्ता पलट और आम इनसानों द्वारा किया गया इन्क़लाब कामयाब।

पिछले बीस-तीस वर्षों में ख़ुशहाल, बदहाल दोनों तरह के देशों में क्रान्ति आई या लाई गई। क्या वास्तव में इन देशों में अवाम ने मनचाही सरकार पा ली या फिर वह सब बुराइयाँ समाज और सियासत से दूर चली गईं जिसके लिए उन्होंने ख़ून बहाया था? आज ख़बर दर ख़बर समाचारों पर ध्यान दें। बतौर मिसाल सीरिया पर नये बम हमले और तबाह बस्तियों से उजड़े लोग किस तरह कैम्पों में भूखे-प्यासे हैं और इस ठंड में बर्फ़बारी में बच्चे नंगे पाँव और बिना गर्म कपड़ों के हैं। इस तरह की बातस्वीर ख़बरों को देखकर मैं उस ख़बर को ढूँढ़ती हूँ जहाँ राष्ट्रपति ओबामा की आँखें दुख से छलछला उठें, ठीक उसी तरह जैसे अपने देश में हुए हादसे में मरे चन्द बच्चों के लिए उनका दिल टीस से भर उठा और वे अपने दुख का सार्वजनिक प्रदर्शन करने पर उतर आए।

अगर मैं कहूँ कि हमारा समय सबसे ज़्यादा नई पीढ़ी के विरुद्ध है, तो अतिशयोक्ति नहीं होगी। जन्म से लेकर अट्ठारह वर्ष तक के लड़के-लड़कियों पर जो कहर अलग-अलग शक्ल में टूट रहा है उसका जवाबदेह कौन है पुरानी सभ्यता

की धरोहर रखने वाले देशों से जिस तरह उनकी शख़्सियत छीनकर उसे बमों से उड़ाया जा रहा है, उसका भुगतान कौन भुगतने वाला है? यह छोटे-छोटे देश क़ुदरती हुस्न के नमूने हैं। प्रकृति की तारीख़ हैं। और मानव विकास का इतिहास। सारा विश्व अमेरिका नहीं बन सकता है मगर अमेरिका का ग़ुलाम ज़रूर बन सकता है।

हमें अपनों पर रोना आता है तो उस पर आरोप पक्षपात का लग जाता है और जब ओबामा की आँखें छलछलाती हैं तो वह मानवीय सरोकार नहीं, राष्ट्र और अन्तरराष्ट्रीय मुद्दों पर संवेदनशीलता कहलाएगी। साथ ही यह सवाल भी उभरता है कि सुधार और विकास के नाम पर विश्व के आधे से अधिक देशों में न केवल उसकी फ़ौजें बल्कि उसके हथियार गृहयुद्ध में आग में तेल का काम कर रही हैं।

जिन्होंने इन छोटे देशों की यात्रा की है उनसे हक़ीक़त सुनिए और उस पर भी ध्यान दीजिए जो प्रचार माध्यम को सम्पूर्ण सच समझ उस पर अपनी राय कायम कर लेते हैं। पर जो दोनों पक्षों का सच जानते हैं उन्हें ओबामा का दिल सिर्फ़ अपनों के लिए पिघलना बुरा लगता है। आख़िर उसे तो हर उस देश की चिन्ता खाए जा रही है जहाँ का हाकिम उनकी नज़र में ज़ालिम और जाहिल है।

नया साल 2013 का स्वागत भी ज़रूरी है और पाठकों के संग आने वाले दिनों के लिए शुभकामनाएँ भी बाँटनी है कि हम एक-दूसरे के साथ मुस्कराहट बाँट सकें।

['राष्ट्रीय प्रसंग' : अंक एक, 2011]

अन्त कहाँ होने वाला है?

मुझे अंग्रेज़ी कवि की छोटी-सी कविता याद आ रही है जिसमें उसने सीरिया के पहाड़ और नदी की तारीफ़ करते हुए उसे धरती की चेहरे पर सुन्दर तिल से उपमा दी है।

वर्ष 2004 में उस हुस्न को वहाँ जाकर देखा और वहाँ के सेहतमन्द लोगों को भी सराहा। सीरिया के अनेक लेखकों ने अपनी रचनाओं से मुझे प्रभावित भी किया था।

उस समय भी सीरिया पर युद्ध के बादल लहरा रहे थे। एक अजीब तरह का तनाव चिन्ता और भय लोगों के अन्दर कहीं उन्हें बेचैन किये थी। ख़ास कर तब जब पड़ोसी देश इराक़ पूरी तरह तबाही की तरफ़ बढ़ चुका था और मल्टीनेशनल आर्मी वहाँ पड़ी थी। इन नौ वर्षों में लीबिया, मिस्र और कई देश उथल-पुथल का शिकार रहे जिसकी ख़बरों को पढ़कर पाठक और पत्रकार अपनी राय बनाते रहे और गहराई में जाए बिना किसी नतीजे पर पहुँचने की मजबूरी से टकराते रहे।

मेरे लिए सीरिया की बर्बादी कोई नई बात नहीं है। मैंने ईरान को क्रान्ति के वैचारिक टकराहटों के बीच लहूलुहान देखा। फिर ईरान-इराक़ युद्ध में लाशों के पहाड़ देखे। शरणार्थी कैम्प, उजड़े घर, भूखे बच्चे और बिलखती औरतें। ऐसे ही दर्दनाक दृश्य अफ़ग़ान क्रान्ति और कलस्टर बमों की वर्षा में दिखे जो इराक़ पर बरसे थे। यह तीनों देश मैंने उस वक़्त देखे थे जब यह अपने में ख़ुश और ख़ुशहाल थे। सरकार और दूसरी सियासी पार्टियों के बीच सत्ता की रस्साकशी के बावजूद तीनों मुल्क अपनी तरह से विकास की तरफ़ बढ़ रहे थे। अफ़ग़ानिस्तान को छोड़कर, जो दुनिया के ग़रीबतर देशों में गिना जाता है तो भी वह अपने मेवों के दरख़्त, पेट्रोल और कालीनों की वजह से पूर्ण रूप से नकारा नहीं जा सकता है, बर्बाद तो हुआ।

चौथा देश सीरिया है जिसकी तबाही को देखकर महसूस हो रहा है कि आख़िर यह छोटे-छोटे ख़ुशहाल-ख़ूबसूरत राष्ट्र अपनी क़ुदरती ख़ूबसूरती को बमों द्वारा और सेहतमन्द नागरिकों को किस तरह भूखा मरने पर मजबूर कर रही है। जिस तरह की ख़बरें आ रही हैं। उससे पता चलता है कि बागियों के नाम पर बहुत से मोहल्ले

वहाँ कड़े पहरे में हैं। लोगों के बाहर निकलने पर सख़्त पाबन्दी है, जिसके कारण उनके घर में खाने के सामान की कमी और जंग की दहशत से वह अधमरे हो रहे हैं। जो इतना दबाव और तनाव नहीं झेल पाते हैं, वह मौत के अँधेरे में जा गिरते हैं, जहाँ से उनका अन्तिम सफ़र भी बड़ा कठिन हो जाता है। इज़्ज़त से दफ़न भी होना सीरिया के लोगों के लिए कठिन हो उठा है।

अब सवाल यह उठता है कि आख़िर सीरिया के लोग कब तक यह तबाही झेलेंगे? सुरक्षा के कारणों से सख़्ती बरतना ज़रूरी भी है, जब पड़ोस में इजरायल में और रात-दिन फिलिस्तीनियों और उनके बीच नोक-झोंक व बारूदी टक्कर चलती रहती है, मगर यह हाल जो अमेरिका के हस्तक्षेप से हुआ है वह न सीरिया में कभी था न ईरान, इराक़ और अफ़ग़ानिस्तान में ही। शिकायतें तो हर जागरूक नागरिक को अपनी सरकार से होती है और आलोचना के बाण अंकुश की ढाल से रोके जाते हैं मगर तिल को पहाड़ बनाने की यह कला अमेरिका को कौन-सा लाभ पहुँचा रही है, यह तो वही जाने जबकि न उसकी जनता अपनों की लाश देखकर ख़ुश होती है और न आर्थिक दबाव की बढ़ती चिन्ता से मुक्त होती है।

यह बढ़ती घृणा और शत्रुता कहाँ जाकर ख़त्म होगी और क़ुदरत का यह हुस्न जो पहाड़ों, दर्रों, नदियों, जंगलों और मैदानों के रूप में इस धरती को सजाए है, उसे बमों की बाारिश से तबाह करने का गुनाह कब तक होता रहेगा? मेरे जहन में यह सवाल उठता है कि कब इन बमों पर रोक लगेगी और कब क़ुदरत के हुस्न को सजाने की मुहिम विश्व स्तर पर उठती है ताकि कायनात बची रहे और प्रकृति तथा परिन्दे, जो हमारी लड़ाइयों में शामिल नहीं हैं, उन्हें सुख से सोने का मौक़ा मिले।

['राष्ट्रीय प्रसंग' : अंक चार, 2011]

नील नदी की उम्मे कुलसूम

उम्मे कुलसूम का पूरा नाम—उम्मे ख़लतूम इब्राहिम अस सईदअल-बेलतागी था। 1923 से 1973 तक वह बराबर अपने हुनर को पेश करती रही है। मर्दों की दुनिया में जब औरतों पर हर तरह का अंकुश था। उस समय उम्मे कुलसूम ने मर्दों से भरे हाल में स्टेज से गाया। वह 31 दिसम्बर, 1898 मिस्त्र में पैदा हुईं और 3 फरवरी, 1975 में कैरो में उनका देहान्त हुआ। उस समय वह 75 वर्ष की थीं।

उनका मशहूर गाना 'अल-अतलाल' (खँडहर) है। अरब की कला की दुनिया में उम्मे कुलसूम और उमर शरीफ दो महत्त्वपूर्ण नाम रहे हैं। उम्मे कुलसूम की लोकप्रियता का कारण केवल अच्छी आवाज़ नहीं थी, बल्कि अरब कला संगीत एवं संस्कृति को आकार देने में उनका बहुत बड़ा योगदान रहा है। उनकी संगीत-शैली ने अरब-विचार को आगे बढ़ाने में मदद की है। वह अनेक महत्त्वपूर्ण कार्यक्रमों में शमिल हुईं। उनके व्यवहार और रख-रखाव के कारण अरब समाज में उनके गायन के प्रति सम्मान के साथ उनके तौर-तरीक़ों के प्रति भी आदर भाव रहा। आज उनकी मृत्यु के तीस वर्ष बाद भी उन्हें अरब इतिहास की सबसे उत्तम गायिका माना गया। इससे पहले भूतपूर्व शाह फारूख प्रथम ने उन्हें 'अल-कमाल' की उपाधि दी थी। मिस्त्र की सरकार ने उनकी आवाज़ में सम्पूर्ण क़ुरान शरीफ़ को रिकॉर्ड करवाया था। मिस्त्र के लोगों का विश्वास है कि मिस्त्र के मिरामिडों और उम्मे कुलसूम को अमरता हासिल है।

1954 में उम्मे कुलसूम का विवाह डॉक्टर हसन-अल-खिज़री से हुआ। विवाहित जीवन और गायन के बीच सन्तुलन बना रहा। उनको कई महत्त्वपूर्ण सम्मान मिले। इसी दौरान उनकी मुलाक़ात प्रसिद्ध कवि अहमद शमी से हुई जिन्होंने 137 गीत उम्मे कुलसूम के लिए लिखे साथ ही उनका परिचय फ्रेंच साहित्य से कराया। वह स्वयं फ्रेंच साहित्य से बहुत प्रभावित थे। मौलाना अबुल कलाम 'आज़ाद' ने उम्मे कुलसूम की आवाज़ के सिलसिले में कहा था कि जिसने उम्मे कुलसूम की आवाज़

नहीं सुनी वास्तव में उसने अरब संगीत की मधुरता को नहीं जाना।

1975 में उम्मे कुलसूम की आत्मा ने इस नश्वर शरीर को छोड़ संगीत के सुरों में पनाह ली। उनकी शानदार मूर्ति मिस्र के उस स्थान पर खड़ी की गई है जहाँ से गुज़रते लोग अपनी प्रिय गायिका को देख सकें जब वह कैसेट में उसकी आवाज़ का लुत्फ़ ले रहे हों।

उम्मे कुलसूम का ज़िक्र इस दृष्टिकोण से बहुत ज़रूरी है कि जिस समाज के लिए सियासी रूप से बहुत कुछ प्रसारित संचार माध्यम द्वारा किया जाता है, वही अकेला सच नहीं है, वहाँ की प्राचीन सभ्यता एवं संस्कृति, वहाँ के बुद्धिजीवियों एवं कलाकारों का योगदान सियासी पर्दे के पीछे छुपा रहता है और करोड़ों लोग यही समझते रह जाते हैं कि मिस्र एक पिछड़ा रूढ़िवादी क़िस्म का देश है जहाँ औरतों के साथ बेहद बुरा व्यवहार किया जाता है। उनके अपने चिन्तन, जीवन-शैली एवं रहन-सहन को अपनी दृष्टि से परखने वाले यह भूल चुके हैं कि वह आपकी तरह क्यों सोचेंगे और बर्ताव करेंगे? एक बार आप अपने को उनकी तरह ढालकर महसूस करें कि यह कितना ग़ैरज़रूरी आग्रह है। ज़बरदस्ती उनको उनकी सभ्यता से उखाड़ना किसलिए? जबकि वह संसार की पुरानी सभ्यता का इलाक़ा है और अपनी स्थिति एवं प्रकृति सम्पदा के कारण विश्व की महाशक्तियों की राजनीति का शिकार रहा है।

विश्व की नदियों में 'नील नदी' को लेकर जितनी सियासत हुई है, उतनी किसी और नदी को लेकर नहीं। मिस्र एक ग़रीब देश हो सकता है परन्तु साहित्य-कला और इतिहास को लेकर बहुत सम्पन्न देश है। बस ज़रूरत है दूसरे रुख़ को देखने की!

['राष्ट्रीय प्रसंग' : 2011]

बदसूरत यथार्थ का ख़ूबसूरत चेहरा

पिछले हफ़्ते जाफ़र पनाही की फ़िल्म दायरे (दी सर्किल 1999) देख रही थी। फ़िल्म उस दौर के ईरानी माहौल को बयान कर रही थी जब औरतों के लिए ख़ास तौर से एक मुश्किल वक़्त था, मगर इसका मतलब यह हरगिज़ नहीं लगाना चाहिए कि मर्द आज़ाद और ख़ुश थे। फ़िल्म औरतों को एक दायरे में गोल-गोल घूमते दिखाती है जिसका अन्त जेल से भागी परी खानम पर होता है जिसके दोस्त को एक दिन पहले फाँसी की सज़ा दी गई थी और अब वह चार माह की गर्भवती है और एबार्शन कराना चाहती है। तीन-चार लड़कियाँ जो जेल से छूटी हैं उनके पास न कोई परिचय-पत्र है, न कोई और डाक्यूमेंट जिसे दिखाकर वह मुसाफ़िरख़ाने में रात बसर कर सकें। घर पर भी परिवार वाले उनका स्वागत हाथ फैलाकर नहीं करते। बाहर भी दोस्त, दोस्त न रहा वाला माहौल बिखरा है। फ़िल्म देखने के दरमियान मुझे अपनी कहानी 'गुंचादहन', 'संगसार' याद आती रहीं और उस दौर का ईरान आँखों के सामने ज़िन्दा हो उठा जब मैं क़दम-क़दम पर रोक-टोक के बावजूद ईरान में स्कार्फ और मानतो (कोट) पहने सड़क नापती घूमती थी!

इस फ़िल्म के डायरेक्टर की दो और फ़िल्में दी व्हाइट बैलून और दी मिरर हैं। तीनों फ़िल्में मौन, तकनीक और ट्रीटमेंट की नज़र से लाजवाब फ़िल्में हैं। तभी 11 जुलाई, 1960 में आज़रबाइजानी में पैदा हुए पनाही ईरानी न्यू वेव मूवमेंट के महत्त्वपूर्ण फ़िल्ममेकर माने जाते हैं। आलोचना की दुनिया ने इन्हें यह पहचान दी और दुनिया ने उनकी फ़िल्मों को सराहा और गोल्डन लायन ब्रोनिय फ़िल्म फ़ेस्टिवल और बर्लिन फ़िल्म फ़ेस्टिवल ने उन्हें 'सिलवर बीयर' पुरस्कार से नवाज़ा। दस वर्ष की आयु में एक उपन्यास लिखने वाले पनाही की रुचि फ़िल्मों में थी। कॉलेज ऑफ़ सिनेमा, टीवी कॉलेज तेहरान से डिग्री ली और ईरान-इराक़ युद्ध पर डाक्यूमेंटरी बनाने के साथ उन्होंने ईरान टीवी के लिए बेशुमार फ़िल्में बनाईं। अब्बास खेरुस्तानी की फ़िल्म 'थरु द आलिव ट्रीज़' 1994 में उनके साथ असिस्टेंट डायरेक्टर रहे।

व्हाइट बैलून को कन्स फ़िल्म फ़ेस्टिवल में, दी मिरर को लोकरनों एवार्ड मिला। उनकी फ़िल्म 'दी सर्किल' चर्चित हुई और जिसके कारण उन्हें मुश्किल दिन देखने पड़े। जिस पर क्रिमसन रेड एवार्ड मिला। ईरान सरकार को लगा कि पनाही पूरी दुनिया में ईरान की छवि को धूमिल बना रहे हैं। इस इल्ज़ाम की बिना पर उन्हें कठघरे में घसीटा गया।

पूरी दुनिया के कलाकारों के शोर मचाने के बावजूद 30 जुलाई, 2009 में पनाही को छह वर्ष की सज़ा हुई और ईरान से निकलने पर मनाही के साथ बीस वर्ष तक कोई भी रचनात्मक कार्य करने पर रोक लग गई। पनाही का फार्म न्यू रियलिज़्म है और उसकी सज़ा उन्हें बड़े पुराने मापदंड के अनुसार मिली। उनकी पत्नी ताहिरा सईदी यह सब कैसे झेल रही हैं यह तो वही जानती होंगी।

पनाही के साथ किए गए इस सुलूक ने बहुत वर्षों पहले की एक घटना याद दिला दी जब ईरान के आज़रबाइजानी इलाक़े के लेखक समद बहरंगी पर भी यही आरोप था कि उन्होंने बच्चों की कहानियों द्वारा ईरान का चेहरा विश्व स्तर पर बदनुमा बनाया है। इस जुर्म में उन्हें नमक की झील में डुबो दिया गया था। समद की कहानियों का हिन्दी अनुवाद 'काली छोटी मछली' के नाम से वाणी प्रकाशन ने छापा है। उसकी कहानियाँ पढ़कर पाठक ख़ुद फ़ैसला कर सकते हैं कि वे सारी कहानियाँ कितनी संवेदनशील हैं। शहर और गाँव के ग़रीब मोहल्लों पर लिखी यह कहानियाँ और फ़िल्में अगर बदनामी का बायस हैं तो फिर सरकार उनकी दुर्दशा को बदल क्यों नहीं डालती है बजाय उन लेखकों को ख़त्म करने के जो इन बदसूरत यथार्थ से सबसे ख़ूबसूरत इनसानी अहसास को शाहकार का रूप दे बैठते हैं।

जैसा मैंने पहले कहा था कि मर्द आज़ाद और ख़ुश नहीं, इसका पहला उदाहरण तो वह लेखकीय क़ीमत है जो पनाही और समद ने अदा की। जीते-जी अपनी रचनात्मकता का गला घोंटना बहुत मुश्किल काम है, दूसरे मर्द की नज़र से उन्होंने उस पूरे समाज को देखा और पाया कि उसमें हर स्तर पर जो दोहरी मार सह रही है वह औरत है। उसको केन्द्र में रखकर उन्होंने फ़िल्म बना डाली, ठीक उसी तरह जैसे राजेन्द्र सिंह बेदी ने 'रानो' को केन्द्र में लेकर पंजाब के गाँव को ज़िन्दा कर दिया। लेखक और कलाकार उसी के पक्ष में खड़ा होता है जो उसे मज़लूम और शोषित दिखता है। समद बहरंगी को बहुत वर्षों पहले औरत से कहीं ज़्यादा शोषित बच्चे नज़र आते थे। उनकी नज़र ईरान पर थी मगर आज का सच उससे भी ज़्यादा कड़वा है कि एच.आई.वी. के डर से बच्चे बड़ों की हवस का

शिकार बन रहे हैं और उनकी मुलायम खाल ड्राफ्टिंग के काम में लाई जा रही है।

मंदी के इस दौर में छोटे-मोटे व्यापारी ठीक किसानों की तरह आत्महत्या कर रहे हैं और कुछ डिप्रेशन का शिकार हो चुके हैं। यदि हम मोटे तौर से देखें तो महसूस होगा कि जिस तरह आधी दुनिया जुल्म, जलाहत के शिकंजे में फँसी है उसी तरह आधी दुनिया जीवन के विभिन्न कार्यक्षेत्रों में नाकामी झेल रही है। उनकी शिक्षा, नौकरी, परिवार, सपने सब कुछ बिखर चुके हैं। हम ख़बरें जिस आसानी से सुन और पढ़ लेते हैं, क्या उसको जीने वाला उतनी ही सरलता से सब कुछ झेल लेता है? हिन्दुस्तान में ग़रीबी, बेकारी, महँगाई ने कमर तोड़ रखी है। कुछ पल के लिए ज़रा सोचकर देखें कि जहाँ जंग है, आतंक है और गृहयुद्ध है वहाँ शान्ति और सुरक्षा का तो सवाल ही क्या, मगर उस माहौल में महँगाई और ग़रीबी का क्या हाल होगा और भ्रष्टाचार के फैलते नागों का? आधी दुनिया कितने तरह के कष्टों से गुज़र रही है इसका अन्दाज़ा हमको होकर भी नहीं हो पाता क्योंकि हम अपने दुखों में गहरे डूबे रहते हैं। अन्ना हजारे ने इन सारे अतिवाद के विरोध में अनशन कर भ्रष्टाचार के विरोध में आन्दोलन शुरू किया है, जो समय की ज़रूरत है। उनकी इस पुकार की गूँज बहुत लोग अपने अन्दर (विशेषकर औरतें) महसूस करेंगे मगर इस सच के बाद भी महसूस होगा, कि क्या कुछ बदलेगा? महँगाई के इस दौर में औरत अपने परिवार को खाने की थाली में क्या परोसेगी और मर्द कहाँ से इतना धन लाएगा जो वह रोटी, कपड़ा, मकान और शिक्षा का ख़र्च वहन कर पाएगा? विदेशों में गए मजबूर मज़दूर सारी कठिनाइयों के बावजूद चार पैसे कमाकर घर लौटते थे। क़र्ज़ा अदा कर रहन किए गए खेत छुड़वाते थे। आज मध्यपूर्व से खेप के खेप मज़दूर और कर्मचारी लौट रहे हैं, उनकी आमदनी का स्रोत क्या होगा? भ्रष्टाचार और आतंक और बढ़ेगा, सुरक्षा पर दुगुना ख़र्च आएगा। आख़िर यह खेल दायरे से दायरों तक कब तक चलेगा? बदसूरत यथार्थ का ख़ूबसूरत चेहरा कुछ नगरों को विकसित कर कब तक हमको धोखा देता रहेगा?

इस समय एक बार फिर मध्यपूर्वी सियासत सुलग उठी है जो सेकुलर और डेमोक्रेसी के तरफ़दार बनकर पुरानी सत्ता को बाहर से उखाड़ने की कोशिश में ख़ून बहा रहे हैं। क्या वास्तव में वे इन देशों में ऐसा चाहते हैं या फिर कोई और बात है जिसको हासिल करने के लिए ये सारे खेल खेले जा रहे हैं? पेट्रोल, पानी और पुनः विकास के नाम पर अपनी कम्पनियों को वहाँ स्थापित कर अपनी सत्ता बहाल करना? आज से चार-पाँच वर्ष पहले लीबिया के हस्पताल में नर्सों की लापरवाही से

400 बच्चों को एच.आई.वी. संक्रमित ख़ून दिया गया मगर इसके पीछे की साज़िश का सबको अहसास है। इस ग़लती के ख़िलाफ़ जब गद्दाफ़ी सरकार ने उन नर्सों पर जब ब्लडमनी या सज़ा के तौर पर जान का फ़ैसला किया तो गद्दाफ़ी सरकार को साफ़ शब्दों में सुनना पड़ा था कि योरुप, अमेरिका सारे आर्थिक प्रोजेक्ट उनसे ले लेगा। नर्सें इन्हीं देशों से थीं। इस तरह की ग़ैरज़रूरी घटनाओं का ज़िक्र मीडिया नहीं करता है जितना यह प्रोपेगेंडा समाचारों को महत्त्व देता है जैसे लीबिया एक वहशी, रूढ़िवादी मुस्लिम देश है।

अब प्रश्न यह है कि ऐसे विकट समय में दुश्मन से बचा कैसे जाए और अपनों को दोस्त कैसे बनाया जाए?

['राष्ट्रीय प्रसंग' : 2011]

आप अभी तक ज़िन्दा हैं?

ज़िन्दगी का दस्तूर है कि जो पैदा हुआ है, वह मरेगा भी ज़रूर और मौत कोई ऐसी घटना नहीं है जिस पर ख़ुशी के गीत गाए जाएँ या लड्डू बाँटे जाएँ। इनसान आता ख़ुशी के माहौल में मगर जाता है दुख भरे वातावरण में। जब या तो लोग रो रहे होते हैं या झल्ला रहे होते हैं कि बिना वजह इतना वक़्त बर्बाद किया। इसमें दस काम निबट जाते।

इस सप्ताह को जब हम आज के सन्दर्भ में देखते हैं तो महसूस होता है कि मौतें दो तरह की हो रही हैं। एक वह जो होनी हैं और तय हैं और दूसरी तरह की मौत वह है जिसे हम ज़िन्दा-दर-गूर (ज़िन्दा क़ब्र में) कह सकते हैं। जब इनसान के चेहरे ग़ायब हो रहे हैं और हम उसके बिना चेहरे वाले बदन को देख हैरत में पड़कर सोचते हैं कि आख़िर किसने किसको छला? उस आदमी ने जिसके चेहरे से नक़ाब हटी है या फिर हम ख़ुद जो ग़लत नम्बर का चश्मा लगाए उसकी असलियत को समझ नहीं पाए? इस तरह की मौतें लगातार हमें आहत और हैरत में डाल रही हैं कि यह हो क्या रहा है?

जलन, दुश्मनी, हसद और स्पर्द्धा के चलते हर अहम आदमी के पीछे चाहे वह औरत हो या मर्द, या फिर बड़ा हो या छोटा, कुछ न कुछ झूठे-सच्चे क़िस्सों को नमक-मिर्च लगाकर लोग शामें रंगीन बना लेते हैं और जब यह मसालेदार क़िस्से उस शख़्स के कानों तक पहुँचते हैं तो उसे सकता-सा हो जाता है। शुरू में उसे बुरा लगता है फिर वह इन बातों को सुनकर हँसता है और लुत्फ़ लेता है। अफ़वाह तो बहरहाल हवा होती है जो चलती रहती है मगर बात इतनी सी नहीं है कि हम कन्धे उचकाकर कह सकें कि कुत्ते भौंकते रहते हैं और क़ाफ़िला चलता रहता है। इन बातों को अफ़वाह का नाम नहीं दिया जा सकता न इसे एक-दूसरे का 'पुर्जा उड़ाना' की संज्ञा दे सकते हैं बल्कि यह वह बातें हैं जो मय सबूत के सामने आ रही हैं और आदमी अपने छुपे कारनामों के चलते अचानक मौत का शिकार हो

रहा है। अच्छा-भला इनसान चलते-फिरते, हँसते-बोलते हुए हमें मरा नजर आता है। उसकी वह इमेज जो हमारे दिलों में या फिर समाज में बनी हुई थी, एकाएक बम के विस्फोट के साथ बिखर जाती है और फिर हर आदमी शंका भरी नज़रों से हर दूसरे आदमी को देखता है कि कहीं यह भी तो नहीं कल...?

एक वक़्त था जब मेरे घर जे. एन. यू. परिसर के दोनों दरवाज़े खुले रहते थे। न डर हमारे अन्दर था, न बाहर था। जो आता उसका स्वागत था। अजनबी चेहरे भी अपने से लगते मगर 'सरिता विहार' आकर पता चला कि ज़िन्दगी इतनी आसान नहीं है। वहाँ आपके फ़्लैट के दरवाज़ों को ज़बरदस्ती खुलवाने और अन्दर घुसकर सामान व कैश लेने के क़िस्से शुरू हुए थे। दरवाज़ा हमेशा बन्द रहता और दरवाज़े की खिड़की से डाक लेना और बात करना रह गया था। पानी को पूछना या फिर किसी तरह की इनसानी ख़ातिरदारी पर पाबन्दी लग गई और सरिता विहार के बाद छतरपुर में अपने दिल्ली के समाज का अलग चेहरा देखा। यहाँ सरकारी लापरवाही, ग़ैरक़ानूनी दादागीरी और हमेशा से दो चेहरे रखने वाली पुलिस के कारनामे देखे। और अब कुछ वर्षों से एक नया परिदृश्य हमारे सामने से गुज़र रहा है जिसमें सब एक-दूसरे के चेहरे से नक़ाब खींच रहे हैं। कुछ पुराने क़िस्सों को याद करके, कुछ नये हादसों से, चेहरों पर लगे मुखौटे टूटकर गिर रहे हैं। इन सारी बातों के बीच छला वह आदमी गया जो इतने दिनों से बेवकूफ़ बनता रहा और हर बार सारे गम भुलाकर फिर अपने अधिकार की चेतना के चलते वोट डालने चला जाता है और अब तो उसकी यह मासूम आदत पुख़्ता हो चली है, जो बदली नहीं जा सकती है।

मेरे सामने जो सबसे बड़ी परेशानी उभरती है वह यह कि हम वोट डालने के अलावा अपने अन्य अधिकारों के प्रति क्यों सोये रहते हैं। अरसे से यह सिलसिला चला आ रहा है, कि अत्याचार, भ्रष्टाचार को पनपने में हमारा भारी योगदान रहा है। हम अपने नागरिक होने का कर्तव्य निभा ही नहीं पाते हैं। या तो रोटी के लिए कमाई करने भागते हैं या फिर अपनी बेबसी पर ख़ुद को कोसते हैं और रोते-रोते सो जाते हैं। हमने अपनी इस कठिनाई भरी ज़िन्दगी का अपने को आदी बना लिया है और आप जानते हैं, बुरी आदतें जल्दी छूटती नहीं हैं।

यह लोग जो मर रहे हैं अपने कारनामों से चिकने घड़े बने फिर नये मुखौटों के साथ हमारे सामने आन खड़े होंगे और हम बेकार की बहसों, बेकार के सेक्स स्कैंडलों और भ्रष्टाचार की दिल दहलाने वाले मुद्दों पर चौंकेंगे, बिगड़ेंगे, फिर गाली देकर कहेंगे मरने दो, अपने वश में क्या है? यह भटकाव हम मामूली लोग

ज़्यादा दिन सहन नहीं कर सकते हैं। उन्हें अपने अधिकारों को लेकर सीधा संवाद करना पड़ेगा वरना वह समय भी दूर नहीं जब भारत की राजधानी में हम (जनता) एक-दूसरे को शक भरी नज़रों से देख दिल ही दिल में पूछेंगे—

"आप अभी तक ज़िन्दा हैं?"

['राष्ट्रीय प्रसंग' : अंक एक, 2012]

कुछ पल ही ठहरें और कुछ करें

वास्तव में हम जिस दौर में साँस ले रहे हैं, उसे आधुनिक और विकास की तरफ़ तेज़ी से बढ़ते दौर का नाम ही देंगे मगर ज़मीन और आसमान का जब हम फ़र्क़ देखते हैं तो समझ नहीं पाते हैं कि चमचमाते मॉल, पेचदार चौड़ी सड़कों और दूर तक जाते पुलों पर से गुज़रती मेट्रो ट्रेनों के पीछे और क्या है जो हमें हँसते-हँसते उदास बना देता है।

दिल्ली जैसे शहरों में आस-पास से काम की तलाश में उमड़ी भीड़, फुटपाथों, झोंपड़ों और किराए के मकानों में अपनी हैसियत से साँस लेती नज़र आती है। पूरी दिल्ली में 'अपने शहर को सुन्दर और स्वच्छ बनाए' के बोर्ड लगे नज़र आते हैं, मगर कैसे शहर को साफ़ रखें? यह एक बहुत गम्भीर प्रश्न है और इस प्रश्न के दायरे में बाक़ी हिन्दुस्तान भी आता है। जहाँ इससे भी बुरी हालत है। अपवाद को छोड़ते हैं।

अभी तक दिल्ली में ऐसी जगहों की कमी है, जहाँ मामूली काम करने वाला सुबह अपनी बुनियादी ज़रूरत पूरी कर सके। कितने मकान मालिक हैं जिन्होंने अपने प्लाट पर छोटे-छोटे कमरे बनवाकर बिना किसी सुविधा के किरायों पर चढ़ा रखे हैं। यह लोग ज़रूर छोटे क़स्बों और शहरों में मैदान या जंगल जाने के आदी होते हैं मगर अब जंगल और मैदान ढूँढ़ने एक आदमी शहर में कहाँ जाए? कूड़ा भी उसी तरह उबलता-सड़ता है जिस तरह मलबा सड़क के दोनों तरफ़ डालकर ट्रकें रफूचक्कर हो जाती हैं। क़ानून अपनी जगह और क़ानून के मुहाफिज ख़ुद जेबें गर्म कर खुली छूट दे देते हैं। उन पर किसी का कोई वश नहीं।

यहाँ मैं एक सवाल अकसर ख़ुद से पूछती हूँ कि मेरी क्या ज़िम्मेदारी है? फिर वही सवाल आपके सामने रखती हूँ कि आपकी क्या ज़िम्मेदारी है? अपना मुँह कब तक हम छुपाए फिरेंगे? हमें ख़ुद जागरूक होना पड़ेगा अपने परिवेश के प्रति, अपने देश के प्रति। हम अगर अपने ऊपर कुछ मामलों में रोक लगाना शुरू

कर दें तो बहुत-सी परेशानियाँ बिना किसी शोर-शराबे के दम तोड़ देंगी। सिर्फ़ डिग्री लेने, बड़ी तनख़्वाह से गर्दन अकड़ाने और चमचमाती गाड़ियों पर बैठ अपने देशवासियों को तिरस्कार की दृष्टि से देखना आपके इनसान होने का सबूत नहीं है। हमारी सरकार अगर इन स्थानों को नज़रअन्दाज़ करती है तो हम उनसे कहीं ज़्यादा अपराधी कहलाने के अधिकारी हैं जो टैक्स और वोट देकर हम और हमारी सोच केवल अपने परिवार तक सीमित रह जाती है और अकसर वह भी नहीं रहती क्योंकि शाम को शराब के नशे में उसे हिंसक इनसान की भूमिका निभाकर अपने अन्दर के दुख और कुंठा को ख़ाली करना जो होता है।

अगर हम अपने परिवेश के प्रति उदार हो जाएँ तो न हमको अपने पाप धोने मन्दिर-मस्जिद जाना होगा और न ही अपराध भाव के चलते डाक्टरों के चक्कर काटने होंगे, न ही नशे में डूबकर कुरूपता को और शै देनी होगी। इन सारी भयावह स्थिति में जो सबसे सकारात्मक स्थिति है वह निम्न वर्ग के मेहनतकश तबक़े के बच्चों का स्कूल जाना। उसमें लड़का और लड़की दोनों बराबर से शामिल हैं। चाहे माँ कमाती हो और बाप उड़ाता हो, माँ-बाप दोनों की इस ख़ूबी का पक्ष भी दर्दनाक है। कुछ बच्चे शिक्षा की राह पकड़ अच्छी नौकरी पाकर और अच्छे नागरिक बन जाते हैं मगर कुछ जो घर के लड़ाई-झगड़े, चमचमाते बाज़ार और खानों के इश्तेहार टी.वी. पर देख वह रास्ता अपना लेते हैं जो अपराध की तरफ़ जाता है, यहाँ भी लड़के और लड़कियाँ दोनों शामिल हैं।

इन समस्याओं को हमको इनसानी स्तर पर स्वयं हल करने की भी कोशिश करनी चाहिए। जिसका जो दिल चाहे, वैसी इबादत करे मगर क्या यह उपासना का बेहतर तरीक़ा नहीं है कि हम ऊपर वाले के बनाए बन्दे के प्रति ज़बानी सहानुभूति न दिखा व्यावहारिक रूप से कुछ कर सकें, कभी अपने से, कभी मिलकर, कभी समझाकर और कभी व्यवस्था की जड़ता को हिलाकर मगर इसके लिए हमको और आपको अपनी ज़िन्दगी के दौड़ते क़दम को कहीं-कहीं रोकना पड़ेगा।

['राष्ट्रीय प्रसंग' : अंक दो, 2012]

हमदर्दी भरा प्रचार

अगर मैं यह कहूँ कि यह दौर मुझे 'बूढ़ी काकी' जैसा लगता है तो आप चौंकिएगा नहीं बल्कि मेरी बात पर ग़ौर कीजिएगा। वर्तमान दौर में हमारे आसपास जो हो रहा है उसे देखकर मेरा ज़हन प्रेमचन्द की कहानी 'बूढ़ी काकी' के उस दृश्य में उलझ जाता है जहाँ बूढ़ी काकी जूठे पत्तल चाट रही है और पास में उसकी पोती ख़ामोश खड़ी है। समय का यह ज़ुल्म एक परिवार के आँगन से उठकर मुझे देश और विदेश के उन सारे परिदृश्यों को सामने ले आता है जहाँ किसी न किसी रूप में बौना होता इनसान मौजूद नज़र आता है बतौर मिसाल हमारा पड़ोसी देश अफ़ग़ानिस्तान जहाँ पर बच्चों की मौतें उन हथियारों से हो रही हैं जिसके चलाने वाले ख़ुद हिंसा के विरोध में परचम उठाए हैं और उस परचम पर मासूम चेहरा नज़र आता है जिसका नाम मलाला है जो तालिबानों के ज़ुल्म का शिकार बनी। जिसका इलाज ही नहीं बल्कि उसके द्वारा लिखी जाने वाली पुस्तक पर करोड़ों की रॉयल्टी या इनाम जो भी समझा दी जाने वाली है।

मलाला मासूम है उसका शोषण किस ख़ूबसूरती के साथ उसके अपने साथी बच्चों के विरुद्ध हो रहा है उसका वह विरोध नहीं कर सकती है। शायद वह सोच रही हो कि उसके बयान से जो पुस्तक रूप में छपेगा वह स्थिति को बदल डालेगा और वह इस ध्यान से अपने मुल्क के बच्चों के लिए सुख-सुविधा की व्यवस्था कर उनके भविष्य को सुरक्षित रख सकती है। दूर बैठकर ख़बरों के आधार पर यह मेरी क़यास-आराई हो सकती है मेरे सवाल का सही जवाब तो वही दे सकती है। लेकिन इस यथार्थ से तो कोई आँखें नहीं बन्द कर सकता है कि वहाँ नाटो के कितने जवान मौत के घाट उतारे जा रहे हैं या आम अफ़ग़ानी इस सारी बौखलाहट में किस संख्या में अपने जवान गँवा रहे हैं अगर बताई संख्या पर हम जाते हैं तो तालिबानों द्वारा नाटो के लगभग चार हज़ार और नाटो और अमेरिका द्वारा लगभग चालीस हज़ार अफ़ग़ान शक व सन्देह के बुनियाद पर मारे जा चुके हैं। यह गिनती

एक ख़ास समय की है जो अब तक चार गुनी बढ़ चुकी होगी। बात यहाँ संख्या की नहीं बल्कि उस उद्देश्य की है जो इस ख़ून-ख़राबे का कारण बनी हुई है। एक तरफ़ प्रचार और प्रसार है तो दूसरी तरफ़ तालिबानों और मुजाहिदीनों से बढ़-चढ़कर हिंसक गतिविधियाँ भी हैं। जिसका नतीजा साफ़ है कि अफ़ग़ानिस्तान के घरों में या ताले लटक रहे हैं या मोहल्ले मलबे का ढेर बन चुके हैं जो बचे हैं वहाँ पर भूखी बूढ़ी औरतें अपने पोतों और नवासों के साथ भुखमरी के शिकार हो रहे हैं। कई बार की दोहराई बात यहाँ फिर दर्ज कर रही हूँ कि आज के वर्तमान परिदृश्य में जो सबसे ज़्यादा यातना झेल रहे हैं वह बच्चे और बूढ़े हैं।

छोटी सी कहानी 'बूढ़ी काकी' पुरानी होकर भी पुरानी नहीं पड़ रही है और उसकी लम्बाई पन्नों से गुज़र आधी से ज़्यादा दुनिया के फैलाव में अपने पैर पसार चुकी है ख़ास बात यह जो आग लगा रहे हैं उनके दामन तक भी आग पहुँच चुकी है। उनकी जनता भी इन बेकार के युद्ध से ख़ासी बेज़ार हो उठी है। लौटकर हम मलाला यूसुफ़ ज़ई पर लौटते हैं जो तालिबानों के ज़ुल्म के ख़िलाफ़ एक ढाल की तरह खड़ी है मगर अफ़सोस कि उन शान्तिप्रिय युद्ध शुरू करने वाले अमेरिका को आम अफ़ग़ानी बच्चों पर तरस नहीं आता है काश, वह उन बच्चों ख़ास कर लड़कियों के लिए ठोस क़दम उठा सकता आख़िर अफ़ग़ानिस्तान के कठपुतली तमाशे की डोर तो उसी के हाथों में है फिर?

['राष्ट्रीय प्रसंग' : 2013]

एक तरफ़ कुआँ, तो दूसरी तरफ़ खाई

जब किसी सम्बन्ध में गहराई न हो तो विश्वास का स्तर भी न्यूनतम रहता है। मिसाल के तौर पर मध्यपूर्व की ओर जाने वाले मज़दूरों की बात को ही लें। हज़ारों-लाखों की तादाद में बरसों से भारतीय विदेशों में लेबर बनकर जाते रहे हैं और उनके घर के चूल्हे जलते रहे हैं। कुछ माह पहली बड़ी संख्या में वे लोग मध्यपूर्व देशों से वापस भेजे गए थे, जिनके काग़ज़ सही नहीं थे। स्मगलिंग सिर्फ़ वस्तुओं की नहीं बल्कि इनसानों की भी होती है और ऐसे भारतीय जो बेकारी से तंग आकर, क़र्ज़ा लेकर इन देशों में किसी कम्पनी के नाम से जाते हैं उसका पता न भारतीय दूतावास को होता है और न ही स्वयं उन्हें, न ही वहाँ की सरकारों को। इंटरनेशनल स्तर पर इस तरह का काम बड़ी कामयाबी के साथ किया जा रहा है जिसमें उनके अपने भ्रष्ट अफ़सर भी शामिल हैं। पिछले दिनों दुबई में इस तरह ग़ैर-क़ानूनी इंट्री पर कड़ा रुख़ भी अपनाया गया था। नये क़ानून बने थे। सभी मुल्कों में विदेशी कर्मचारियों के पासपोर्ट या तो कम्पनी रख लेती है या दूतावास पर ग़ैरक़ानूनी दाख़िले में भी कायदे के अनुसार उनके पासपोर्ट रख लिये जाते हैं और वर्किंग परमिट उन्हें मिल जाता है।

अभी जो ख़बरें आ रही थीं उससे यह बताने की कोशिश की जा रही थी कि वहाँ के आतंकवादियों ने भारतीय मज़दूरों को बँधुआ बना लिया है और बस अब उनके लिए दुआ ही माँगी जा सकती है। यह भी ख़बरें आईं कि कम्पनी का आदमी मज़दूरों को छोड़कर भाग गया। जब वहाँ की सरकार को ही नहीं पता कि यह किस कम्पनी की बात कर रहे हैं तो वह उन्हें कहाँ से ढूँढ़ेगी और कैसे वापस भेजेगी? ईरान-इराक़ के जंग से पहले भूतपूर्व राष्ट्रपति सद्दाम हुसैन ने बहुत बड़ी संख्या में ईरानी मूल के लोगों को ईरान वापस भेजा था। जो काम कर रहे थे, बगदाद व अन्य शहरों में रच-बस गए थे। उन्हें इस तरह उखड़ना पसन्द नहीं आया था।

मगर वे सब सुरक्षित तरीक़े से इराक़ सीमा से ईरान में दाख़िल कराए गए थे। उस समय जब अमेरिका से इराक़ की ठनी हुई थी, तब बहुत से ऐसे विदेशी

नागरिकों से निवेदन किया गया था कि वे वापस जाएँ, उसमें ऐसे भारतीय थे जो स्वयं राष्ट्रपति सद्दाम के निजी स्टाफ में थे। उनका कहना था कि आप अब अपने घरों को जाएँ, मैं नहीं चाहता कि आप हमारी जंग में नुक़सान झेलें।

2003 के बाद से अब तक लगातार बम गिरे भी और फोड़े भी गए। इन सारे हंगामों के बीच वहाँ सरकारी अनुबंध के साथ क़ानूनी तौर से विश्व की कम्पनियाँ और उसमें काम करने वाले मज़दूर रहते और दुनिया भर के मुसलमान मर्द-औरत लगातार धर्मस्थलों के दर्शन के लिए जाते रहे हैं। अभी भी ढेरों लोग वहाँ मौजूद हैं जो दर्शन के लिए गए हैं और ख़ैरियत से हैं। यह सारी बातें याद करने या कराने का मेरा उद्देश्य सिर्फ़ इतना है कि इस लड़ाई को, जो लगातार हो रही है या तो उसे समझें या फिर ज़बान बन्द रखें (ग़लत ख़बरें या ख़तरे न बताएँ)। यह आग्रह मैं इसलिए कर रही हूँ कि ग़ैरज़रूरी तौर पर इस तरह से ख़बरें देकर हम अपने सम्बन्ध ख़राब न करें क्योंकि यह देश जानते हैं कि वह दूसरे नागरिक को जो उनके निर्माण कार्यों में लगे हैं, उनसे ग़ैर इनसानी बर्ताव करने से वह कल स्वयं कष्ट में पड़ जाएँगे। आख़िर कम्पनियाँ मज़दूरों को बुलाए तो वह इस तरह की बदनामी क्यों लेंगे? अपनी आबादी से ज़्यादा इन मुल्कों में विदेशी कर्मचारी और कामगार रहते हैं उनकी देखभाल और उन्हें अपने देश में सहन करने का मिज़ाज़ इन देशों के नागरिकों का बहुत पहले बना हुआ है और धीरे-धीरे करके भारतीय इराक़ से लौट रहे हैं और लौटकर आई नर्सों ने हवाई अड्डे पर अपने इंटरव्यू में इन सारी ग़ैर ज़रूरी बातों का खुलासा कर दिया जो सबने सुना मगर कितनों ने समझा, कहा नहीं जा सकता। बहुत से कामगार लौटना नहीं चाह रहे थे। यह सभी बातें भी प्रिंट व इलेक्ट्रॉनिक मीडिया द्वारा बार-बार दिखाई जा रही थीं। अगर मैं उस बात को लिखूँ जो आपने मीडिया द्वारा नहीं सुनी होगी कि अनेक मज़दूर लौटना नहीं चाह रहे थे क्योंकि फिर उनका इस तरह (क़ानूनी व ग़ैरक़ानूनी) लौटना उन नौकरियों पर हो सकता है या नहीं सो तकदीर पर छोड़ते हैं, बच गए तो घर का चूल्हा बुझेगा नहीं और जो...तो वैसे भी हम इस बम से बचे किस जगह हैं और मर गए तो क़र्ज़े की फ़िक्र से मुक्ति पा लेंगे। विदेशी नीति न भी पता हो तो हम ऐसे नाजुक समय में जब हमारा लाभ भी उसमें निहित हो तो हमें सँभलकर जनता तक अपनी बात पहुँचानी चाहिए ताकि दोबारा जाने का रास्ता अन्य मज़दूरों के लिए खुला रहे। यह मैं इसलिए लिख पा रही हूँ कि मेरे अपने जानने वालों में बहुत से लोग हर साल की तरह वहाँ गए हैं जिनकी ख़ैरियत-ख़बर मिली जिससे पता चलता

है कि इंटरनेशनल कॉल का सिलसिला बहाल है। यह अलग बात है कि युद्ध के समय किसी के साथ भी कुछ हो सकता है लेकिन वहाँ की सरकार भी सुरक्षा का इन्तज़ाम रखे हुए है, तभी मज़दूरों के आने-जाने का सिलसिला रुका नहीं। सुरक्षा को लेकर हमेशा पाबन्दी लगाई जाती होगी कि आप कहाँ जाएँ और किस इलाक़े में न जाएँ। तभी हमारे वर्कर वहाँ से सम्पर्क साध सके और कैमरा वहाँ जा सका मगर रिपोर्टिंग ऐसे की जा रही है जो मेल ही नहीं खाती है।

एक तरफ़ इराक़ से बड़ी संख्या में हिन्दुस्तानी नर्सें लौट रही हैं तो दूसरी तरफ़ केरला की एक नर्स को वापस लौटना पड़ रहा है। अपनी आर्थिक तंगी के कारण सोनिया, जो केरला के कोट्टयम ज़िला में रहती हैं, उन्हें दक्षिण इराक़ के नासिरया स्थान पर काम करने के लिए जाना पड़ रहा है। उनकी दो बेटियाँ हैं और पति ड्राइवर। इराक़ जाने के लिए जो ऋण लिया था, वह तो अदा हो गया पर पढ़ाई के लिए लिया क़र्ज़ा बाक़ी है। उनका कहना कि मैं वहाँ से आकर ज़्यादा परेशान हूँ क्योंकि पढ़ाई के लिए क़र्ज़ा मेरे ऊपर है और मुझे जाना होगा। उनके पति का कहना कि यदि इतना अधिक दबाव न होता सोनिया कभी वापस न जातीं। सोनिया थॉमस के साथ, जो कर्मचारी छुट्टी पर लौटे थे, वापस चले गए हैं। वह भी छुट्टी ख़त्म होते ही वापस जाएँगी। इसी तरह सिन्धु भी काम पर लौट रही है।

['राष्ट्रीय प्रसंग' : अंक तीन, 2014]

जंगल में जश्ने अमरूद

अरसे बाद ख़ुसरूबाग़ जाने का मौक़ा मिला। जो छवि मन पर अंकित थी वैसा वहाँ कुछ न था। अपना उपन्यास अक्षयवट लिखने से पहले इलाहाबाद शहर को एक नये अन्दाज़ से देखने की चाह में सारे दिन कभी कार तो कभी रिक्शे में भटकती रहती थी। ख़ुसरूबाग़ के बाटल पाम के क़तार से खड़े पेड़ सामने इमारत की शान और चारों तरफ़ फैले अमरूद के मँझोले दरख़्तों का बिखराव जिसके बीच से गुज़रती सड़कें जिस पर रिक्शे पर बैठी मैं। एक गन्ध थी जो मुस्कुराने पर मजबूर कर रही थी। दरवाज़े के पास अमरूदों का ढेर, गदराए हुए अमरूद खाने का मज़ा ही अलग होता है। अक्षयवट के बाद जब पारिजात उपन्यास लिखने की शुरुआत हुई तो जाने कहाँ से अमरूद के हुस्न और स्वाद की सारी यादें ताज़ा हो गईं सो पहला अध्याय अमरूद को लेकर लिख डाला और लाल अमरूदों के दो दर्जन पौधे पंडित नेहरू के नगर से लाकर उनके द्वारा स्थापित दिल्ली बाल भवन और उसकी शाख मांडी बाल भवन में लगाने को दे दिए ताकि बच्चे सेब जैसे अमरूदों का स्वाद ले सकें। दिल्ली से कभी-कभी उसी मज़े के हरे-हरे अमरूद ठेले पर लदे नज़र आ जाते हैं और चार फाँकों में मसाला लगे वह अमरूद दिल व दिमाग़ को ज़बान के साथ एक अनजानी ख़ुशी-सी दे जाते हैं। इलाहाबाद से लाया अमरूद का पौधा मेरे घर की क्यारी में अपना क़द बढ़ा रहा था एक दिन जब टेनिस के गेंद की तरह केवल जुड़वाँ अमरूद को डाल में देखा जिसे सँभाले वह झूला झूलता रहा तो मुझे बुरी तरह लुभाता कि कब पकेगा और कब दाँत गड़ाकर उसे टुकड़े-टुकड़े में खाऊँगी मगर देखा बड़े होने से पहले ही एक अमरूद ग़ायब था। ढूँढ़ने पर क्यारी में कुतरा हुआ मिला। मेरे घूरने से गिलहरी पर कोई असर नहीं पड़ा। कई दिन गुज़र गए वह अकेला अमरूद नाज़ुक-सी शाख पर झूलता रहा। ज़हन में ख़याल गुज़रा कि

अगर यह दूसरा फल भी गिलहरी कुतर गई तो? अमरूद पकने को कौन इन्तज़ार करेगा। बिना देर किये मैं उठी और उस छोटे से अमरूद को तोड़ झूले पर बैठकर खाने लगी। कैसा मीठा स्वाद था। घर के बाक़ी लोगों ने जब नंगी शाख देखी तो समझ गए कि उसे गिलहरी ने कुतरा होगा।

इलाहाबाद से लौटूँ और अमरूद साथ न हो यह कैसे मुमकिन हो सकता है। इस बार लाल चित्तियों वाले गुलाबी अमरूद हमारे साथ साहित्य भंडार की ओर से किये गए थे। अमरूद को लेकर डर लगा रहता है कि कहीं नाजुक फल एक रात गुज़रने के साथ गल न जाए। मगर सुबह उनका रूप वही था। मुँह में शहद की तरह घुल गया। फूलों की क्यारियों के पास से गुज़रती मैं अमरूद का स्वाद ले रही थी।

मेज़ पर रखा अमरूद से भरा फलदान हर आने-जाने वाला देखकर रहा था। "अरे इतने सुन्दर अमरूद?" इस वाक्य के बाद उन्हें दो-चार अमरूद देना ज़रूरी था। पीली छिटकी धूप में नमक और गोल मिर्च के साथ अमरूद खाने का अपना लुत्फ़ है और हो क्यों न आख़िर जन्नत का पेड़ जो ठहरा।

हुआ वही जिसका डर था सप्ताह भर बाद बचे हुए अमरूद का कचालू बनाने से पहले पता चला कि कुछ अमरूद अन्दर से गल चुके हैं। मगर जो अमरूद काटा वह अन्दर से थोड़ा-बहुत ख़राब निकला। इलाहाबाद के फल की नज़ाकत देखें। आठ-दस अमरूदों को हसरत से देख फिर चाकू से उसके टुकड़े कर मैंने भरा कटोरा जंगल की तरफ़ उछाला कि कोई पक्षी खा लेगा। तोते भी गुलमोहर के पेड़ पर आकर बैठते हैं। अभी मैं मुड़ी भी न थी कि जाने कहाँ से दर्जनों परिन्दे, मैना, फाख़्ता, कबूतर, बनमुर्ग़ी, कौआ, और ढेरों प्रवासी चिड़िया अपनी चोंच डालकर गिरे अमरूदों के टुकड़ों को देखते-देखते चट कर गए।

यह दृश्य कितना अद्‌भुत था। अमरूदों के गल जाने का अफ़सोस एकाएक ख़ुशी में बदल गया और महसूस हुआ कि जंगल में जश्ने अमरूद की छटा भी ख़ूब बिखरी और वह भी इलाहाबादी अमरूदों की।

मन में कहीं यह बात इस बार खटकी थी कि ख़ुसरूबाग़ का दरवाज़ा पहले की तरह खुला न था। परिसर में नाम भर के अमरूदों के पेड़ नज़र आए। उसकी जगह आम की बगिया बड़ी-बड़ी डालियों के संग दूर तक फैली थी और जगह-जगह बैरियर लगे थे। अब रिक्शे में बैठकर घूमने का वह मज़ा जा चुका था।

आतंकवाद ने कितनी जगहों के सुख से आम आदमी को वंचित कर दिया है बार-बार मुझे इसका ध्यान आता रहा मगर इस वक़्त बड़ी मस्ती से आज़ाद हवा में शाखों पर झूलती अपने-अपने राग अलापती चिड़ियों को देखकर मैं सब कुछ भूल चुकी थी।

ख़ुसरूबाग़ का बन्द दरवाज़ा भी।

['राष्ट्रीय प्रसंग' : दिसम्बर, 2014]

बाप का नाम भी ज़रूरी है

समाज में किसी भी बच्चे को उसके पिता का नाम मिलना चाहिए, यदि माँ को अपने मर्द का नाम पता हो, जो उसका पति या प्रेमी भी हो सकता है। बच्चे को यह जानने का पूरा हक़ होना चाहिए कि उसको इस दुनिया में लाने वाले कौन हैं, चाहे वह आदमी धोखा देकर भागा हो या फिर विवाह के पहले मर गया हो या किसी भी तरह की चालबाज़ी या धोखा उसने दिया हो।

औरत यानी माँ का नाम सभी जगह अभिभावक के रूप में स्वीकार किया जाना एक व्यावहारिक एवं मानवीय क़दम है। यदि औरत डाइवोर्सी है या छोड़ी हुई है या पति लापता है, उस हालत में लालन-पालन करने वाले का नाम जाना चाहिए और यह बड़ी बात है कि बच्चे के भविष्य पर उनके माँ-बाप की ज़िन्दगी की नाकामी अड़चन बननी नहीं चाहिए।

लड़कियाँ बलात्कार का शिकार होती हैं। किसी कारणवश उन्हें उन बच्चों को जन्म देना ही पड़ता है या फिर किसी कमज़ोर लम्हे में जवान लड़कियों से ऐसी ग़लती हो जाती है, जिसका भुगतान उन्हें अकेले करना पड़ता है। ऐसी लानतें जब लड़कियों को घेरती हैं तो उसका नतीजा नाली, नाबदान या फिर पूरे पर पड़े नवजात शिशु के रूप में नज़र आता है, जिसका हल भी कई ऐसी मानवीय संस्थाएँ हैं जो इन बच्चों को पालकर बड़ा करती हैं मगर उनके अन्दर उठते इन सवालों का कोई समाधान नहीं कर पाती हैं कि उनके माता-पिता कौन थे। हो सकता है कि उन्हें यह प्रश्न जीवन के संघर्ष में याद ही न आता हो, जो हमें बहुत बड़ा लग रहा है।

नया क़ानून इस नजर से बहुत महत्त्वपूर्ण है कि जब माँ-बाप मिलकर एक नए वजूद को दुनिया में लाते हैं, तो उनको बराबर का हक़ भी मिलना चाहिए। इससे माँ का महत्त्व तो बढ़ता है मगर बाप को खुली छूट भी मिल जाती है। क़ानून बनाने वाले औरतों को नज़र में रखकर या बच्चे की सुविधा को नज़र में रखकर क़ानून बना रहे हैं जो सराहनीय है मगर एक बच्चे को उसके बाप का नाम जानने

का पूरा हक़ होना चाहिए। सिर्फ़ बच्चे के मनोविज्ञान को नज़र में रखते हुए भी नए क़ानून बनाने की ज़रूरत है।

बच्चे के जन्म के समय माँ को अपने धोखेबाज़ प्रेमी का नाम देना ज़रूरी होना चाहिए (है भी)। यदि वह आरोप मढ़ रही है, तो डी.एन.ए. टेस्ट से बात साफ़ हो सकती है। इससे सबसे बड़ा हित औरत या लड़की का होगा कि ऐसे क़दम उठाते हुए पूरी स्थिति उसके सामने साफ़ होगी और मर्द या लड़का ऐसा क़दम उठाने से पहले दस बार सोचेगा कि यह बात छुपी नहीं रह जाएगी। उसे अपना नाम इस बच्चे को देना ही होगा।

मैं जो समस्या आपके सामने रख रही हूँ? कुछ लोगों को बहुत अहम न लगे मगर मानवीय रिश्तों में सुधार लाने के लिए आपको बहकते क़दमों पर रोक लगानी ही पड़ेगी। किसी का पूरा जीवन प्रेम के नाम पर नष्ट करना और पीठ दिखाकर भाग जाना किसी प्रकार से नैतिकता के मूल्यों पर खरी नहीं उतरती है ख़ास कर तब जब एक ही पक्ष प्रताड़ना, घृणा, तिरस्कार, आरोप और जीवन के सख़्त रास्तों पर से गुज़रने के लिए मजबूर कर दिया जाता है। न यह न्याय है और न ही मानवता, न ही प्रेम है।

आधुनिक समय की अपनी कठिनाइयाँ हैं। बहुत सारे कम्बन, बहुत सारी जड़ताएँ, बहुत सारे सड़े-गले रिवाजों को हमने तोड़ा है और हम उससे बाहर निकले हैं। यह सोचकर कि हम चैन से जिएँगे मगर यह नहीं पता था कि नई ज़िन्दगी में अपनी तरह की परेशानियाँ भी आएँगी और हमें उनसे लड़ना होगा। परिवार नियोजन के चलते जो सावधानियाँ लाई गईं उनका प्रयोग अनैतिक सम्बन्धों में किया जाने लगा जिससे दोनों पक्ष सुरक्षित। उनके बीच जो भी बेईमानी उभरती है उसका ठीकरा भरे बाज़ार फोड़ने की रीत चल पड़ी कि जब तक ढका-छुपा सब ठीक चल रहा था तो न न्याय याद था न अन्याय, न अधिकार की दुहाई थी न ही हद पार करने पर त्योरी खिंचती थी मगर जैसे ही मामला बिगड़ा वैसे ही क़ानून और समाज की और अच्छे-बुरे की सहायता और सुध आई।

कुछ मामलों में मर्दों की लगाम कसना जायज़ लगता है जहाँ वह ग़ैर ज़िम्मेदाराना सुलूक कर, भाग जाते हैं और इसका सारा भुगतान माँ, माँ का परिवार, बच्चा और बड़े होकर समाज के बीच बच्चा सहने को मजबूर होता है। अगला चरण इस सिलसिले में नए क़ानून के रूप में हो, जिसका स्वागत होगा।

['राष्ट्रीय प्रसंग' : 2014]

जीवन, संघर्ष और जिजीविषा

अपनी कहानी 'संगसार' में एक संवाद था, "माँ जब ज़िन्दगी, क़ानून और समय से आगे निकल जाए तब हमारा धर्म क्या कहता है? आधुनिक दौर में नए से नए तजुर्बे इनसान कर रहा है जिसके लिए वह हल ढूँढ़ता है तो उसके सामने जो जवाब आते हैं वे सब दकियानूसी और वास्तविक समस्याओं से कोसों दूर के होते हैं और मजबूरन उसे अपने समय की तकनीक की शरण लेनी पड़ती है या फिर वह कोई ऐसा विकल्प ढूँढ़ लेता है जो धर्म की दृष्टि से मान्य न हो और रीति-रिवाजों को तहस-नहस करने वाला हो। बतौर मिसाल नई ज़रूरतों के मुताबिक़ आर्थिक एवं खाद्य सामग्री पर प्रतिबन्ध लगाए जाने पर फिलिस्तीनियों ने इस बात के लिए फतवा चाहा था कि उन्हें मुर्दे का गोश्त खाने की इजाज़त दी जाए। सुनकर जी का मतलाना और घृणा की भावना मन में उठना हर सहज आदमी के लिए ज़रूरी मगर ज़रा कोशिश करके उस स्थिति का अन्दाज़ा लगाइए जब जीना और संघर्ष करना हराम और हलाल की जड़ थ्योरी से आगे निकल जाता है उसी तरह जैसे जब यहूदियों पर नाजियों ने क़हर ढाया तब ख़ाली क़ब्रों में जाने कितने यहूदियों ने अपनी जान बचाने के लिए वहाँ पनाह ली थी।

कुछ माह पहले एक हौसला बढ़ाने वाला समाचार पढ़ने को मिला जिसके साथ एक तस्वीर भी छपी थी। तस्वीर भी ऐसी सुन्दर कि आप देर तक उसे देख सकते थे और अपने अन्दर ख़ुशी और रिश्तों की बहाली का सोता फूटते महसूस कर सकते थे। तस्वीर एक जवान फ़िलिस्तीनी जोड़े की थी। पत्नी की गोद में हुमकता सेहतमन्द बच्चा था, जो बाप की तरफ़ हाथ उठाकर हँस रहा था और माँ का चेहरा गर्व व ममता से दमक रहा था। इस तस्वीर के पीछे की कहानी थी कि एक फिलिस्तीनी क्रान्तिकारी को लम्बे अरसे के लिए कारागार में डाला गया था। उनके सारे सपने परिवार आगे बढ़ाने के धूल में मिल गए मगर उन्हें मौजूदा संघर्ष में अपनी वंशबेल का अन्त मंजूर न था। नई तकनीक मौजूद थी। पत्नी को पति

से मिलने की इज़ाजत तो थी मगर सलाखों के पीछे से, और हुआ यूँ कि पत्नी गर्भवती हुई और सेहतमन्द बच्चे को जन्म दिया। बच्चा जब कुछ बड़ा हुआ तो पत्नी को लगा कि उसे अपने को पिता पहचान लेना चाहिए और वह तीन या पाँच वर्ष के बच्चे को लेकर जब जेल पहुँची तो उन्होंने पति से मिलने का निवेदन-पत्र भरा और उसमें कितने लोग में पुत्र का नाम डाला गया जो वहाँ के आफ़िसरों के लिए आश्चर्य और फिर फब्ती की वजह बन गया कि बाप जेल में और पत्नी...!

बहरहाल, सारे अपमानों के बाद मसलहत के चलते यह भी झेला जा सकता था मगर पिता को वह मंज़ूर न हुआ और राज़ फ़ाश करना पड़ा। सिर्फ़ इसलिए कि एक स्वाभिमानी क्रान्तिकारी को यह मंज़ूर न था कि उसका असली बेटा हरामी कहलाए। पिता ने बेटे को देखा, बेटे ने पिता को। मगर इजरायली सुरक्षा ऑफ़िसरों के लिए यह बात चुनौती से कम न थी। डीएनए टेस्ट से सब साबित हो चुका था। अब उनके लिए यह बहुत बड़ा प्रश्न था कि आख़िर क्रान्तिकारी को इस जेल से बाहर ले कैसे जाया गया जबकि जामातलाशी इतनी ज़बदरस्त होती है।

इनसानी अनुभव ज़िन्दगी को पीछे छोड़ती चली जाती है। भले ही ठहरी हुई ज़िन्दगी जीने वाले लकीर के फकीर बने रहें क्योंकि उनकी ज़िन्दगी में किसी तरह का एक तूफ़ान नहीं आता है। हम भले ही अपने से अलग दिखने और जीने वालों के लिए अपने दिल व दिमाग़ के दरवाज़े न खोल सकें मगर इस तरह के यथार्थ और कलेजे को हिला देने वाली घटनाओं और दुर्घटनाओं पर प्रतिबन्ध तो नहीं लगा सकते हैं कि ऐ ज़िन्दगी जीने वाले इनसान! तू तयशुदा रास्ते पर चल। दाएँ-बाएँ मत देखना, वरना समाज, परिवार, धर्म और देश तुझे कभी माफ़ नहीं कर पाएगा।

['राष्ट्रीय प्रसंग' : 2014]

डॉ. जिवागो फ़िल्म के उमर शरीफ़

मिस्री एक्टर उमर शरीफ के देहान्त की ख़बर पढ़कर मन उदास हो गया। आँखों के सामने से डॉ. ज़िवागो फ़िल्म 1962 के सारे दृश्य एक-एक करके गुज़रने लगे और अन्त में वह दृश्य उपन्यास के सबसे संवेदनशील मोड़ पर फ़िल्मी दृश्य में आँखों के सामने ठहर जाता है जब लारा सड़क पर से गुज़र रही थी और बस में बैठे डॉक्टर ज़िवागो की उस पर नज़र पड़ती है। उठते हैं मगर आवाज़ ग़ायब हो जाती है और सीने में शदीद दर्द उठता है। सबका इलाज करनेवाले डॉक्टर नियति की इस क्रूरता पर छटपटाकर रह जाते हैं। यह फ़िल्म एडिनबरा में देखी थी। आँखों के सामने इतने वर्ष गुज़रने के बावजूद मद्धिम नहीं पड़ी।

उमर शरीफ के चेहरे के भाव में ऐसा क्या था जो उसे हसीन से हसीन मर्दों के सामने सबसे अलग और विशिष्ट बनाता था। चेहरे की गम्भीरता, शान्तिमय कैफ़ियत अजीब गरिमापूर्ण लगती और उतनी ही संवेदनशील चौकन्नी आँखें और आवाज़ की कशिश! उमर शरीफ की कई और फ़िल्में भी देखी, मगर वह उमर शरीफ उसमें नहीं नज़र आए। यह ख़ूबी उस किरदार की थी या उस पूरे कालखंड का प्रभाव था। ख़ुद उमर शरीफ ने अपने एक इंटरव्यू में कहा भी था कि डॉ. ज़िवागो के उस किरदार की तरह दूसरे किसी किरदार के इन्तज़ार में बैठे रहना भी एक आर्टिस्ट के लिए मुश्किल होता है। ख़ासकर तब, जब उसके साथ पॉलिटिक्स हो रही हो। उस समय अपने को जिलाए रखने के लिए भी आदमी को न चाहते हुए भी समझौते करने पड़ते हैं।

उमर शरीफ का वह हुस्न बुढ़ापे ने छीन लिया था। बहुत कम लोग ऐसे होते हैं जो अपनी जवानी से ज़्यादा बुढ़ापे में ग्रेसफुल लगते हैं। उमर शरीफ को पसन्द करनेवालों में सभी देशों के लोग शामिल होंगे जिन्होंने उनकी फ़िल्म देखी है। 10 अप्रैल, 1932 को अलेक्जेंड्रिया में जन्मे और 10 जुलाई, '15 को काहिरा में उनका देहान्त हुआ। उनका विवाह फातेन हमामा से 1955 में हुआ। उनके बेटे

का नाम 'तारेक शरीफ' है। उनको 'सेसर अवार्ड' (Cesar, 2004) गोल्डेन ग्लोब मिला। उनका तलाक़ हुआ मगर फिर दूसरा विवाह नहीं किया। उनकी पत्नी जिस उम्र व तारीख़ में मरी थी कहते हैं कि उसी उम्र में उमर शरीफ ने भी आँखें मूँदीं। मिस्र के साथ वर्ल्ड सिनेमा ने एक शानदार एक्टर को खोया! रूह को शान्ति।

['राष्ट्रीय प्रसंग' : 2015]

ज़िन्दगी जीने से पहले मौत की यह दौड़

मीता दास मुझे पुस्तक मेला 2015 में मिली थीं। उनके हाथ में एक पुस्तक थी। झुककर उन्होंने उस पर कुछ लिखा और मुझे थमा दिया न साथ में चित्र खिंचवाने की फ़रमाइश और न ही ग़ैरज़रूरी कोई वाक्य! मीता का वह गम्भीर व्यवहार मुझे अच्छा लिगा और उस पुस्तक की कविताओं को उसने सच्चे मन से अनुवाद की होगी तभी विश्वास का यह रंग उसके चेहरे और स्वर में झलक रहा था। मैंने किताब उलट-पलटकर देखी और शुक्रिया अदा किया!

नवारुण भट्टाचार्य की कविताएँ थीं। उसने बंगला भाषा से हिन्दी में अनुवाद की थी। समर्पण की जगह लिखा था—'एक सपने को साकार करते हुए मुझे जिस ईश्वरीय ख़ुशी का अहसास हो रहा, उसे मैं शब्द नहीं दे सकती'—नवारुण दा तुम्हें तुम्हारा ही सपना समर्पित—मीता दास।

नवारुण भट्टाचार्य बंगला लेखिका महाश्वेता देवी के पुत्र थे। अब वह इस दुनिया में नहीं हैं। पुस्तक की अन्तिम कविता यहाँ दे रही हूँ—

मृत शिशुओं का ओलम्पिक
कल हो चुका मृत शिशुओं का ओलम्पिक
मेरे टूटे-फूटे धँसे खिड़की के सीखचों में
सूनी गोद और स्वप्न के कारख़ाने में,
शैशव की मृत्यु उपत्यका में

निकारागुआ के शिशु कूद कर चले गए
जलते हुए पखेरुओं के मानिंद
वियतनाम, लीबिया के शिशु क्षणिक
फुलझड़ियों की तरह

जल गए मैग्नीशियम दहन की दौड़ में
इथोपिया के शिशुओं ने भूख सही है
वधभूमि पर ले जाने तक
उनका साथ दिया बंगला देश, पेरू के शिशुओं ने भी
ईरान के शिशु खदानों की ज़मीन के ऊपर से पैदल ही चले गए
भारतीय शिशु आए थे भोपाल से
वे सबसे ज़्यादा समय तक साँस रोके रहे
यह खेल देखने को
आए थे स्पेन के शिशु काले घोड़े की पीठ पर हो सवार
आए थे द्वितीय विश्व युद्ध के
पोलिश, रूसी, चेक और युगोस्लाविया के शिशु
बुद्धि दीप्त यहूदी शिशु भी आए थे
आए थे दुर्बल नग्न शिशु विभिन्न देशों से
चीन और कम्पूचिया के लापता शिशु भी थे आए
आए लिडिस, माई लाई, कुतुब मीनार
सीमावर्ती इलाक़ों के आंत्रशोथ से पीड़ित
हत्याकारी शिकार
माँ के ही गर्भ में जिन्होंने खाई थी गोलियाँ
अफ्रीका में, इंडोनेशिया में
वे भी आए थे आलोकित वृत्त के मध्य
नभचर ग्रहों की ही तरह
उनके संग भारहीन खिलौने, गुड़िया, फूल और
किसी किसी के संग सिर्फ़ दूध की बोतल

कल सारी रात बजती रही छोटे-छोटे हाथों से तालियाँ
कल सारी रात चाँद था ठंडा अवश लालीपॉप
कल सारी रात जन्मदिन की मोमबत्तियों की तरह
जलते रहे थे ढेरों तारे।

मीता दास लिखती हैं : "साहित्य अकादेमी से पुरस्कृत बंगला के जन-क्रान्ति

कवि नवारुण भट्टाचार्य अपनी माँ महाश्वेता देवी जितना न भी हों, लेकिन फिर भी हिन्दी के साहित्यिक पाठकों के लिए वे अपरिचित नाम नहीं हैं। कविता का अपना एक अलग ही व्याकरण रखनेवाले, नवारुण एक्टीविस्ट भी थे जिनके लिए कविता व क्रान्ति में फ़र्क़ न था।

नवारुण भट्टाचार्य की कविताएँ (ज्योतिपर्व प्रकाशन, 99 ज्ञानखंड-3, इन्दिरापुरम, ग़ाज़ियाबाद-201 012) की भूमिका मंगलेश डबराल ने लिखी है।

इसमें कोई शक नहीं है कि इस समय सबसे भारी संकट बच्चों के सिर मंडला रहा है। वैसे तो आप जिन आँखों से इस दुनिया को देखना चाहें दुनिया वैसी ही दिखती है। कुछ लोगों को लगता है कि यह दौर बच्चों के लिए सबसे ज़्यादा लाभकारी है। उनकी परवरिश और देखभाल के लिए हर तरह की सुविधा व साधन मौजूद हैं। कुछ को लगता है कि इससे सेहतमन्द और सुन्दर बच्चे पहले पैदा ही नहीं हुए। दुनिया को देखने का अपना नज़रिया है और बुनियादी प्रश्नों से भाग निकलने के भी अनेक रास्ते हैं और अपने सुख की क़ीमत पर दूसरों को दुख देना यह भी नई संस्कृति है।

['राष्ट्रीय प्रसंग' : 2015]

रिलेशनशिप

लोकतंत्र के नाम पर मनमानी करने की छूट

इस वक़्त जो वैश्विक परिदृश्य है, उसे देखकर दो बातें दिमाग़ में आती हैं। एक यह कि महाशक्ति या विकसित देश होने के नाते जो देश डेमोक्रेसी, आतंकवाद और विकास की बातें करते हैं, वो दूसरे देशों ख़ासकर अविकसित और विकासशील देशों को बेवकूफ़ समझते हैं। दूसरी बात, जो दूसरे देश, जिनको ज़रूरत है योजनाओं की, आर्थिक सहायता की व तकनीकी मदद की वो यह सब समझने के बाद भी उनकी ग़लत नीतियों का समर्थन कर बैठते हैं। आज डेमोक्रेसी लाने के लिए फ़ौजें किसी भी देश में बेधड़क घुस रही हैं।

इसमें कोई शक नहीं है कि मध्य-पूर्वी देश सभ्यता, संस्कृति और खनिज पदार्थों से मालामाल हैं लेकिन तकनीकी रूप से पिछड़े हैं। पहले सोवियत संघ के होने से सन्तुलन दूसरा था, अब मजबूरी सिर्फ़ एक शक्ति की रह गई है।

इस वक़्त जो लड़ाई है, वह सीधे-सीधे मध्य-पूर्वी देशों में सिक्का जमाने की है। यह भी कह सकते हैं, पूरे मध्य एशिया पर। बातचीत तो कर्नल ग़द्दाफ़ी से भी की जा सकती थी कि वो एक नया सिस्टम अपने यहाँ लाएँ। लेकिन महाशक्ति ने किया वही जो उसने सद्दाम हुसैन के साथ किया था। कुर्दों और शियाओं को भड़काकर उन्होंने इराक़ में दाख़िला ले लिया और उस देश को तबाह कर दिया। वहाँ न अलक़ायदा मिला और न जैविक हथियार, जिससे दुनिया उड़ने वाली थी।

मुझे अच्छी तरह याद है कि ख़बरों में ओसामा बिन लादेन जाने कितनी बार मारा जा चुका है। अफ़ग़ानिस्तान के दर्रों की जो क़ुदरती ख़ूबसूरती थी, उसको बमों से नष्ट किया गया।

मैं यह किसी भी तरह से स्वीकार नहीं कर पा रही हूँ कि एकाएक पाकिस्तान में घुसकर लादेन को मारा गया। जब सद्दाम के ट्रायल दिखाए गए तो ओसामा का क्यों नहीं, चाहे वह पकड़ा गया हो, मारा गया हो या जो भी हो।

पिछले तीस सालों से मैं लगातार इस इलाक़े की सुरक्षा और शान्ति पर नज़र

रखे यह सोचती रही हूँ कि हिन्दुस्तान और ईरान में अमेरिका को घुसने का मौक़ा इसलिए नहीं मिल पाता है क्योंकि यहाँ आपस में जितनी भी लड़ाई हो लेकिन नेशनल लेवल पर शत्रु के विरोध में सब एक हो जाते हैं। लेकिन अन्य देशों में यह बात नहीं है। इराक़ और अफ़ग़ानिस्तान की मिसाल सामने है। इसमें सीरिया समझदार है। उसने वक़्त को देखकर फ़ौरन ही अपनी नीतियों में तब्दीली कर ली। ग़द्दाफ़ी को भी पहले अमेरिका ने ढेरों योजनाएँ दीं और उसके बाद एकाएक उसके ख़िलाफ़ हो गए।

लोकतंत्र के नाम पर, नीतियों के नाम पर इंटरनेशनल क़ानून के नाम पर यह हक़ किसी अन्य देश को नहीं मिल जाता कि वह दूसरे देश में अपना हक़ कायम करे और लोगों को मारे। इन सारी बातों के ख़िलाफ़ अमेरिका, यूरोप और मध्य-पूर्वी देशों में लेखक और बुद्धिजीवी आवाज़ें उठा रहे हैं। लेकिन उन्हीं में कई लेखक और कलाकार समर्थन भी कर रहे हैं। हमें यह नहीं भूलना चाहिए कि हमारे यहाँ के लाखों मज़दूर और तकनीशियन मध्य-पूर्वी देशों में काम कर रहे हैं। ये हमारे पड़ोसी देश हैं। आज सियासत के सामने कोई भी आवाज़ दबकर रह जाती है।

बराक ओबामा को राष्ट्रपति इसलिए चुना गया कि वे अमेरिका की नीतियों को ही आगे बढ़ाएँगे न कि मुसलमानों, अश्वेतों और अफ्रीकी लोगों को उन्हें उनका हक़ देंगे।

और आख़िरी बात यह कि पाकिस्तान को लेकर हिन्दुस्तानियों के दिल में जो एक लव एंड हेट का मामला है, साठ साल के बाद उसमें एक समझदारी आनी चाहिए। पाकिस्तान को ऐसा बनाने में और नॉनसेंस पॉलिटिकल वैल्यू देने में अमेरिका का ही हाथ रहा है। इसके ख़िलाफ़ बुद्धिजीवी लगातार लिख रहे हैं।

दरअसल हमें अपने पड़ोसी मुल्कों को समझने के लिए उसकी सियासी परतों को भी देखना पड़ेगा। उसके अवाम क्या चाहते हैं, बुद्धिजीवी क्या चाहते हैं और वहाँ की सरकार क्या चाहती है।

इसमें कोई शक नहीं कि अमेरिका ने आज पाकिस्तान में ओसामा को मार गिराया। अफ़ग़ानिस्तान और पाकिस्तान तक यदि अमेरिका आ सकता है तो भारत उसके ठीक बाद है। इसलिए अमेरिका की इस कार्रवाई को हमें सन्देह की निगाह से देखना चाहिए।

['समय', 'दैनिक भास्कर' : 7 मई, 2011]

क्या फिर क़ुदरती मुहब्बत पनपेगी यहाँ

कोई सभ्यता कोई धर्म आदम और हव्वा की कहानी को बिना नहीं है चाहे उस कहानी की रूपरेखा और कथावस्तु जो भी हो, सेब की जगह गेहूँ हो, तो भी कहानी अपनी जगह रहेगी। मुझे तो इस बात से बेहद ख़ुशी मिलती है कि जन्नत से आदम और हव्वा को जब निकाला गया तो वह सीधे जन्नत से आकर उन पहाड़ियों पर गिरे जो श्रीलंका में मौजूद है और श्रीलंका कभी हिन्दुस्तान का हिस्सा रहा है तभी तो आदम की लम्बी-चौड़ी क़ब्र फ़ैज़ाबाद में है यानी कि आदम हव्वा ने धरती पर अपनी आबादी की शुरुआत हिन्दुस्तान से की है तभी मध्य पूर्वी देशों में भारतवर्ष वफ़ा की धरती कहलाता है जहाँ रिश्तों की गरिमा है। एक बार गठबन्धन बँध जाता है तो सात पुश्तों तक सात जन्म तक चलता है आख़िर मर्द की बाईं पसली से पैदा की गई औरत ख़ुदा की बनाई जन्नत में आदम को गेहूँ चखने पर उकसा दे और आदम की निष्ठा ख़ुदा से ज़्यादा हव्वा के प्रति हो जाए कि वह हर सज़ा उसके साथ झेलना स्वीकार कर ले।

इस कहानी से यह तो ज़ाहिर हो ही जाता है कि आदम और हव्वा में पहले दिन से आकर्षण का खमीर गूँथा गया था। जो आज बरसहा बरस गुज़रने के बाद भी मौजूद है। पहली नज़र का आकर्षण चाहे वह बाद में महाभारत का रूप धर ले वह अलग बात है मगर मूल गुण का करिश्मा तो आज भी मर्द औरत को हैरत में डाल देता है कि हज़ारों-लाखों के बीच में आपको एक औरत या मर्द एकाएक इतना लुभावना कैसे लगने लगता है कि आप न सिर्फ़ तन, मन, धन, समर्पित कर बैठते हैं बल्कि अपनी जान भी क़ुर्बान कर बैठते हैं अपवाद को छोड़ते हैं कि प्रेमी जान भी ले लेते हैं या प्रेमिका प्रेम की चाशनी में ज़हर भी पिला देती है। इस डगर पर ऊँच-नीच हो जाती है। आख़िर इनसान इनसान है फ़रिश्ता तो नहीं है।

औरत-मर्द का यह रिश्ता तारीख़ में अपना नाम बराबर दर्ज करता रहा है चाहे वह लैला मजनूँ हो, शीरीन फरहाद हो, ससी पुन्नू हो, हीर रांझा हो, बकताश व राबे हो,

समय के साथ तब्दीली आना लाजिमी है। आज के दौर में खालिस चीज़ें जिस तरह नज़र नहीं आती हैं उसी तरह असली मुहब्बतें भी आँखों में सुरमा लगाने की तरह नज़र नहीं आती हैं। यहाँ पर कहने का यह मतलब क़तई नहीं है कि आज के आदम हव्वा के बीच आकर्षण लुप्त हो गया या फिर दिल धड़कना बन्द हो चुका है। वह सब मौजूद है मगर उसका जुनून, जोश, ज़ायक़ा बदल गया है। वक़्त इसका सबसे बड़ा साक्षी भी है और कारण भी। जन्म जन्म तक निभाने वाला मामला अब नहीं रहा ख़ास कर तब जब हम एक दूसरे की महक, एक दूसरे पदचाप के वजूद को उस गहराई से महसूस नहीं कर पाते हैं क्योंकि बाज़ार में पलक झपकते ही जैसे नया प्रोडक्ट अपने पूरे तामझाम के साथ आता है और लोग रिप्लेसमेंट फ़ौरन कर लेते हैं उसी तरह आज हम मर्द-औरत का रिश्ता बाज़ार में आए इत्र, फ़र्नीचर, कार और कपड़ों से तय करते हैं और संवेदना को चुटकियों में धता बता देते हैं। मोबाइल के हर रोज़ बदलते नम्बर और पेमेंट की सस्ती दरों ने टिकाना बन्द कर दिया और आज का एक बहुत बड़ा तबक़ा किसी भी इनसान या चीज़ या वचन के लिए ठहरना अपनी सबसे बड़ी मूर्खता समझता है। चाहे बाद में सन्ध्या बेला के अन्तिम पड़ाव में वह इसके लिए जितना भी दुखी और पछतावे की आग में झुलसे मगर कहीं एक स्थिति में खड़े रहकर सुख की कल्पना या सुख प्राप्त कर लेने के आत्मविश्वास को स्वयं से धोखा करना ही समझता है।

इस सच में दो राय नहीं है कि यह दुनिया आज प्रेम करने वालों के कन्धों पर ही टिकी हुई है सतही तौर पर जो भी शोर हंगामा और मर्द-औरत की बदली भूमिकाएँ नज़र आ रही हैं वह अपनी जगह सच होने के बावजूद देरपा नहीं है।

आज एक फ़िज़ा और बन गई है कि रिश्ता एक समय के बाद गले या सूखकर टपके या अपनी मौत मरे। उससे पहले ही मर्द-औरत के इस रिश्ते को पाप, मानकर जड़ सोच वाले नये फूटते, खिलते प्रेमियों को मौत के घाट उतार देते हैं। भाषा, जाति, धर्म, वर्ग यह सारी बातें सहज संवेदनाओं के आड़े आते हैं। यह एक भयानक परम्परा देश में रही है जो चुपचुपाते चिता जला, क़ब्र खोद जवानों को गाड़ देते थे। मगर अब मीडिया उन चीज़ों को सामने लाता है और हम समझते हैं कि यह आज का नया शोशा है मगर मुहब्बत के नाम पर पहरे हमेशा से लगते रहे हैं जो जब तब हिंसक भी हो उठते हैं।

आज मर्द-औरत के रिश्ते में एक दूसरे को पछाड़ने की प्रवृत्ति वजूद में आ गई है वह एक गम्भीर समस्या का रूप ले चुकी है। प्रतिस्पर्द्धा का यह खेल हम स्वयं

बच्चों से शुरू करवाते हैं कि कक्षा में सबसे अव्वल नम्बर पर रहो फिर नौकरी की जगह पर। ससुराल में बाक़ी रिश्तों के बीच साबित करो तुम बेहतर हो तुम लायक़ हो वरना जीने का क्या मक़सद? अब जब पति-पत्नी दोनों काम कर रहे हैं तो उन की कम्पनी का नाम, स्टेटस, तनख़्वाह और ढेरों चीज़ें धीरे-धीरे करके दोनों को मुक़ाबले में लाकर खड़ा कर देते हैं और जो ब्याह यह देखकर हुआ था कि दोनों सुखी रहेंगे, कन्धे से कन्धा मिलाकर चलेंगे स्वामी और दास की जगह वह एक नज़रिये से घर को सँभालेंगे सारी बातें अन्त में ईर्ष्या के धरातल पर पहुँच रिश्तों को दीमक की तरह चाटने लगती हैं। अफ़सोस है कि हम औरत के विकास की बात करते हैं मगर यह भूल जाते हैं कि औरत के व्यक्तित्व के पूरे बदलाव के साथ जो नई समस्याएँ उत्पन्न हो रही हैं उससे औरत ख़ुद, उसका परिवार कैसे निबटे? केवल उन्नति करने से हर कष्ट का निर्वाण नहीं होता है। सुख-सुविधा अपने साथ तरह-तरह की नई उलझनें भी लाती हैं। हर घर में मौजूद टेलीविज़न को बतौर मिसाल हम उठाते हैं और उस पर दिखाए मनोरंजन प्रोग्राम में हिंसा, चालाकी, तिरस्कार कितने तरह के दंद फंद हम लाते हैं और उसे जीतते दिखाते हैं। ऐसे प्रोग्राम को देखकर हर किशोर और किशोरी न केवल जीतना चाहेगी बल्कि अपने माता-पिता को सबसे बड़ा दब्बू और नाकाम इनसान समझेगी जो सिर्फ़ और सिर्फ़ जीवन-मूल्यों की बात समझते हुए केवल नेकी करना सिखाते हैं जो असल ज़िन्दगी में हमेशा हारती है। उन लोगों का ज़िक्र करना आज के वर्तमान सम्बन्ध में बहुत ज़रूरी हो जाता है जो ग़लत शादी, ग़लत जीवनसाथी को पाने में धोखा उठाते हैं। उसका कारण परिवार को न देखकर केवल लड़के की नौकरी और तनख़्वाह को देखना या फिर सजी-सजाई मीठा बोलने वाली लड़की को देखकर यह भूल जाना कि इस औपचारिकता के पीछे का रहस्य क्या है? जब हक़ीक़तें खुलती हैं तो जीना हराम हो जाता है और बात तलाक़ तक पहुँचती है। जायदाद और घर का बँटवारा फिर बच्चों को लेकर रस्साकशी बिना यह सोचे-समझे कि उनकी अपनी लड़ाई में बच्चों की गत क्यों बनाई जा रही है। यह मसला बहुत अहम है।

आज मानव अधिकार चेतना बढ़ रही है। क़दम-क़दम पर क़ानून का पहरा है। चालाकी और धोखा है। समाज बनावटी चीज़ों से इतना सज चुका है कि वह अपनी गन्दगी को छुपाने में लगा है परिवार सिकुड़ चुके हैं। संवेदनाएँ या एकतरफ़ा है या शुष्क हो रही है। ऐसी हालत में तरक़्क़ी की दिशा जा किधर रही है? ऐसे माहौल से निकलने वाले बच्चे कामयाब आफ़िसर, बिजनेसमैन और बहुत कुछ बन

जाएँगे मगर क्या बन पाएँगे? अच्छे शौहर, बाप और भाई या फिर दोस्त। यही हाल औरतों का है। वह आकर्षण ज़रूर घरेलू जीवन के प्रति महसूस करती हैं मगर बड़ी नौकरी की क़ीमत पर नहीं। हर एक को अपना व्यक्तित्व अपनी पहचान चाहिए और जिसे बच्चों से प्यार है वह आराम से गोद ले ले वैसे भी बच्चों की परवरिश के लिए किसके पास टाइम है?

आख़िर में पूछा जा सकता है कि यह सब जैसे-तैसे चल तो रहा है खट्टा-मीठा! तो जवाब होगा चलने दें और यह सवाल लेकर परेशान होना बन्द कर दें कि आज की आदम हव्वा का आपसी रिश्ता बिगड़ता जा रहा है पहले वह उसकी जुदाई में लैला...कैस...। पुकारते थे अब एक-दूसरे को बुरा-भला कहने में एक-दूसरे के सिर पर ठीकरा फोड़ते हैं।

['दैनिक भास्कर' : 17 जून, 2012]

पीढ़ियों के बीच की ये दूरियाँ

समाज बदल रहा है। समाज को समय के साथ बदलना चाहिए। आख़िर इनसान भी तो हर एक दशक के साथ बदल जाता है। शिक्षा के बावजूद पीढ़ियों की आपसी दूरियाँ तेज़ी से बढ़ रही हैं। सोच-विचार, संवेदना और रहन-सहन के ढंग में तेज़ी से बदलाव आ रहा है। उसका सारा श्रेय तकनीकी तरक़्क़ी या वैज्ञानिक आविष्कारों को देना चाहिए या फिर बाज़ार को कोसना चाहिए जो हर दिन नई वस्तुएँ लाकर उसके जीने का मज़ा दोगुना कर रहा है। दूसरी तरफ़ यही प्रोडक्ट आपके जीवन के स्तर को तय करते हैं। कभी-कभी सौन्दर्य बोध पीछे रह जाता है। प्रसिद्ध कम्पनी का टैग और क़ीमत के आँकड़े उसको अहम बना देते हैं जो वास्तव में इतनी प्रशंसा में इतनी प्रशंसा के योग्य नहीं होती, जितना प्रचार-प्रसार होता है। मगर वो आपकी बहुत-सी कमियों को छिपा लेती हैं यहाँ तक भी देखा गया है कि अमुक लिबास सुन्दर है, मगर हो सकता है कि आपको भद्दा बना रहा हो। मगर आप उसे ख़रीदकर पहनना अपनी उपलब्धि समझते हैं। क्योंकि वह ब्रांड मान लिया गया है।

पीढ़ियों के बीच जो दूरियाँ हैं, वो रोज़ की छोटी-छोटी बातों को लेकर हैं। जो सूरज निकलने के साथ ही शुरू हो जाती हैं, जैसे युवाओं का ख़ाली पेट हड़बड़ाते हुए घर से निकलना और कॉलेज या यूनिवर्सिटी पहुँचते ही चिप्स का पैकेट और शीतल पेय की बोतल ख़रीदकर उसको गटकना। स्वाद, रिश्ता, घर का अनुशासन गया ख़ाक में। बस एक ज़रा सी लापरवाही के बदले में यह ज़िन्दगी की शैली आज के युवाओं की है जो किसी भी वर्ग से आते हैं। अस्पतालों में यह देखकर तकलीफ़ होती है कि जवानी के सुरूर, भरपूर यौवन में लड़के-लड़कियाँ घुटनों और पीठ के दर्द से बेहाल हैं। शुगर और कोलेस्ट्राल स्तर भी उनका ऊँचा है। ऐसे लड़के-लड़कियाँ आगे चलकर किस तरह के बच्चों को जन्म देंगे।

दरअसल, आज के लड़के-लड़कियों का सौभाग्य इसमें नहीं है कि वे कल माँ-बाप बनें बल्कि उनका लक्ष्य बेहतरीन नौकरी पाना है, जिसके कारण उन्हें

अविवाहित रहना भी मंजूर है। क्योंकि उनकी सारी ऊर्जा-कुशलता कार्यस्थल पर दी गई सुविधाओं के बदले में कोई ले लेता है। युवा वर्ग स्थिति को समझकर भी विरोध नहीं कर पाता है और मर्ज़ी के विरुद्ध वो उन सारी परिस्थितियों का दास बनता जा रहा है जो कल तक उसे मंजूर नहीं थीं। जब वो इंक़लाबी विचारों का हुआ करता था। आदमी का बदलना ही विकास की निशानी है, तो ये विकास तीव्र गति से हमारे आसपास हो रहा है।

आज से पचास साल पहले जो दूरियाँ माँ-बेटे के बीच हुआ करती थीं, अब वही दूरियाँ देश और विदेश में बदल चुकी हैं। माँ-बाप के अन्तिम संस्कार के लिए न पहुँच पाना कभी टिकट न मिलने और कभी छुट्टी न मिलने तक सीमित रह गई है। अब समय ने उससे आगे बढ़कर नया कुछ कर दिया है। बतौर मिसाल विदेश में रहने वाला अब पहले से ज़्यादा व्यवहारकुशल हो चुका है। उसे मौत पहले की तरह विचलित नहीं करती है। एक हक़ीक़त लगती है और बाक़ी सब आडम्बर। इसलिए हज़ारों का नुक़सान कर हड़बड़ाते हुए माँ-बाप की मौत के बाद पहुँचना या वक़्त पर पहुँचना अर्थहीन लगता है। जब ज़िन्दगी के अन्तिम क्षणों में दीदार न मिला तो अब जाने से क्या फ़ायदा। अपने आराम और सहूलियत से कभी चले जाएँगे। कन्धा देना, मिट्टी देना, चेहरे को आख़िरी बार देखना ये सब फ़ुरसत के ज़माने की बातें थीं। इससे कुछ भी लेना-देना रिश्तों का नहीं होता है। वो सब महसूस करने की बात है यानी कि समय ने इस वाक्य का अर्थ ही बदल डाला है। फ़ौरन पहुँचने और कभी पहुँचने के फ़र्क़ को मिटा दिया गया है। आज बड़े पैमाने पर सामाजिक दबाव की पुरानी परम्परा से नई पीढ़ी मुक्त हो गई है। कुछ हालात का दबाव, कुछ परिस्थितियों की बेड़ियाँ। उनकी ये स्वतंत्रता उन्हें इनसानी रिश्तों को समझने, बरतने और निभाने का नया मार्ग भी दिखा रही हैं। बतौर मिसाल यदि आप ऐसे ज़रूरी मौक़े पर नहीं पहुँचते तो अपने दिल का बोझ हल्का करने के लिए कुछ धनराशि उनके नाम से किसी ज़रूरतमन्द को दे देते हैं।

ये विडम्बना आज के समय की है या इनसान की ख़ुद की। इनसान ने इस स्थिति का घेरा अपने चारों तरफ़ बाँध रखा है, जिसका वो क़ैदी हो चुका है। बनावटी ख़ुशियाँ उसे डिप्रेशन से निजात नहीं देती हैं लेकिन रूहानी ख़ुशियों को अपनाना पसन्द नहीं करता है। क्योंकि वो आधुनिक हो चुका है। दुनिया जिस तरह ख़बरों बाज़ारों को लेकर क़रीब आ रही है, वह इनसानों के बीच की दूरियाँ भी बढ़ा रही हैं। हर आदमी अपने में डूबा है, उसे दुनियाभर की ख़बरों का पता है

मगर अपने पड़ोसियों की सुध नहीं है। एक कहानी नहीं हज़ारों कहानियाँ महानगरों में होंगी जहाँ लोग उसी तरह भूख और बीमारी से दम तोड़ रहे हों जैसे अभी दिल्ली की दो बहनें तन्हाई और भुखमरी से मरी हैं। सरकार जनगणना तो कराती है मगर ऐसा क़ानूनन नहीं बनाती है, जहाँ हर तीन माह बाद मोहल्ले की हर घर की ख़बरों से थाना अवगत हो या फिर एनजीओ ही मोहल्ले को गोद ले लें। यहाँ तो ख़ुद पुलिस शिकवा करती है कि उसके पास फोर्स कम है, इसलिए वो इस तरह के बने क़ानूनों का भी निर्वाह नहीं कर पाती है, जहाँ पर उसे ओल्ड सिटीजन की ख़ैर-ख़बर लेनी चाहिए। क़ानून बनते हैं, कुछ दिन शोर-शराबा रहता है फिर सब कुछ वैसा ही चलने लगता है।

यहाँ पर बात युवा और बूढ़ी पीढ़ी के बीच की नहीं बल्कि दर्दनाक यह है कि युवा पीढ़ियाँ आपस में ही कितनी दूरियाँ रख रही हैं।

['दैनिक भास्कर' : 26 जून, 2012]

एक लापरवाही भरा क़दम

इनसान की तमाम ज़रूरतों में से दो अहम ज़रूरतें हैं। पहला भोजन और दूसरा सेक्स। यह अच्छी बात है कि हम सेक्स की ज़रूरत को साइंटिफिक तरीक़े से देख रहे हैं। उसे पाप और अपराध का नाम नहीं दे रहे हैं।

जो बात एतराज़ के क़ाबिल है, वह शादी से पहले सम्बन्धों की छूट की है। ख़ासकर तब, जब शादी की उम्र 18 साल तय की गई है। 16 और 18 का तर्क क्या है? शादी से पहले सम्बन्धों की छूट किस शहर के युवाओं को नज़र में रखकर दी गई है या फिर शादी के पहले इस तरह के अनुभव से गुज़रने के पीछे कोई ठोस सोच है?

यह तो एक ग़ैरज़रूरी खुली छूट है, इस पर कोई भी व्यक्ति अपनी उम्र 16 की बताकर इस तजुर्बे से गुज़र सकता है और कई तरह के फसादों को जन्म दे सकता है। इसमें कोई शक नहीं है कि कुछ लड़के-लड़कियाँ इत्तफ़ाक़ से इस तरह के सम्बन्धों से बहुत कम उम्र में ही गुज़र जाते हैं, मगर इत्तफ़ाक़ और क़ानून में ज़मीन-आसमान का फ़र्क़ है।

यह बात शायद उस समय हज़म हो जाती, जब यह कहा जाता है कि देर से शादी करने वालों को, ख़ासकर 20-25 की उम्र के बाद ये इजाज़त क़ानूनी तौर पर दी जा सकती है कि वो अपनी ज़रूरतों को पूरी कर सकते हैं। मगर यह सरासर ग़ैर-मुनासिब है कि 16 बरस की छोटी उम्र और शादी से पहले इस तरह क़ानूनी छूट दी जाए। जहाँ स्कूलों और कॉलेजों में को-एजुकेशन है, वहाँ लड़के-लड़कियों की मानसिकता क्या होगी? संयम और समझदारी का कोई अर्थ नहीं रह जाएगा। पढ़ाई में अपनी सारी ऊर्जा लगाने वाले, वक़्त से पहले इस तरह की दिलचस्पियों में पड़कर अपना क़ीमती समय गँवाएँगे और प्रतियोगिताओं व प्रतिस्पर्द्धाओं के इस दौर में उनकी भूमिका सुस्त पड़ जाएगी। ग़ैर-शादीशुदा माँ-बाप की संख्या बढ़ेगी और कई तरह के शारीरिक रोगों से नई पीढ़ी ग्रस्त होगी। सभी जानते हैं कि इस उम्र

में जज़्बाती उबाल ज़्यादा होता है और विवेकशीलता इस तरह के मामलों में कम होती है। बच्चों की नादानी का परिणाम परिवार भुगतेगा और क्या पता तब इम्तिहान में फेल होने वाले बच्चों की आत्महत्या में कहीं ज़्यादा तादाद उन जवानों की हो, जो वक़्त से पहले टूटे दिल और बदलते दोस्तों के तजुर्बों से टकराएँ।

दरअसल, यह मसाला समाज और समाज के बुज़ुर्गों से ज़्यादा उन जवानों का है, जो इस उम्र के हैं या इस उम्र से गुज़रे हैं वो अपने साथ हुए अनुभव घटनाओं को लेकर सही विवेचना कर बेहतर फ़ैसला दे सकते हैं। बहुत सी माँओं को यह सच झेलना पड़ रहा है, जिनको यह पता है कि सही समय से पहले उनके बच्चे अपना बचपना खोकर, बड़ों के रास्ते पर चल पड़े हैं। उनके उपदेश, रोकथाम, ख़तरे से आगाह करने पर कोई जवान कान नहीं धरेगा, जब उसे क़ानून यह अधिकार दे देगा।

बलात्कार की समस्या से निबटने का यह विकल्प बेहद बचकाना और लापरवाही से भरा हुआ है। समस्या का हल सीधे उस समस्या से जुड़ा होना चाहिए, न किस नई समस्याओं को न्योता देने जैसा फ़ैसला लिया जाए। बलात्कारी या यौन उत्पीड़न में लिप्त व्यक्ति की सज़ा तय की जानी चाहिए, न कि उसके बहाने ग़ैरज़रूरी छूट दी जाए। सज़ा-ए-मौत के अलावा भी अनेक तरह की सज़ाएँ दी जा सकती हैं, जिससे दूसरे लोग डरें और ऐसी हरकत न करें। जवान होते लड़के-लड़कियों को प्यार और सेक्स के अदब और आदाब बताने, एक-दूसरे के प्रति आदर व शारीरिक सम्बन्धों की मर्यादा बताने, समझाने की जगह हम उन्हें बिना धैर्य और संयम के एक ऐसी सुरंग में डाल रहे हैं जो उनकी उम्र का हिस्सा नहीं है। कच्ची उम्र की ग़लतियाँ और लापरवाहियाँ बड़े होने के बाद बेहद कष्टदायक होती हैं और अक्सर जीवन की दिशा ही बदल डालती हैं। क़ानून बनाने वालों ने यह क्यों नहीं सोचा कि ऐसे सम्बन्धों के बाद लड़की की इज़्ज़त क्या होगी। आज बिना सम्बन्ध बनाए ही जब लड़कियाँ प्रताड़ित हो रही हैं, तब क्या होगा, जब लड़के क़ानूनी छूट लेकर ऐसे सम्बन्धों के बन जाने के बाद उनका मज़ाक़ उड़ाएँगे। बल्कि तिरस्कार भरी भाषा भी बोलेंगे। फिर क्या होगा उस उद्देश्य का, जिसको लेकर हम ऐसा आधुनिक क़दम उठा रहे हैं?

लड़कियाँ भी कमउम्री में एक या अनेक सम्बन्धों से गुज़रकर मनोवैज्ञानिक स्तर पर किस स्थिति में होंगी? यह बहुत बड़ा सच है कि इनसानी जज़्बातों को लेकर मर्द, औरत की बनावट में ख़ासा फ़र्क़ है। इसी फ़र्क़ पर जाने कितनी कहानियाँ और उपन्यास लिखे गए हैं। और लिखे जा रहे हैं। औरत की नज़र में जो बेवफ़ाई

महसूस होती है, वही मर्द की नज़र में एक भूली घटना जैसी लगती है। कमसिन लड़कियाँ जब आहत होंगी, तो उनका पूरा नज़रिया ज़िन्दगी और पुरुष को लेकर बेहद कड़वा और एकतरफ़ा हो जाएगा। क्या पता वो शादी के बाद पति के साथ संवेदना के स्तर पर कभी सहज ही न हो पाएँ। कुंठा और भय से पूरी उम्र ग्रस्त रहे। या फिर उसका उलटा भी हो सकता है। पति बालकाल की घटनाओं को मित्रों से सुनकर, जिन्हें हँसी में उड़ा दिया था, इत्तेफ़ाक़ से उसी लड़की को पत्नी के रूप में देख वह पूर्वग्रह से कभी निकल ही न पाए। ये बातें किसी को पुराणपंथी लग सकती हैं, मगर उनके लिए यह जानना बहुत ज़रूरी है कि इनसान की संवेदनाएँ भले ही वर्तमान समय में शुष्क हो रही हैं मगर मरी नहीं हैं।

अन्त में सिर्फ़ इतना कहूँगी कि यह समस्या सियासी नहीं है। जिसे बन्द कमरे में हल करें। बल्कि यह परेशानी इनसानी है। और यह सिर्फ़ मर्द को सज़ा या छूट देकर हल नहीं की जा सकती है। बल्कि बचपन से लड़के-लड़की दोनों को बताया जाए कि अपने शरीर के साथ दूसरे के शरीर का आदर कैसे किया जाए, अहसास की सीमा कहाँ तक है और भावना का अन्त क्या होगा। ऐसे संवेदनशील मसलों को केवल समझाया और बताया न जाए बल्कि जवानों की साझेदारी के साथ इस कठिन विषय का समाधान ढूँढ़ा जाए। ताकि उन्हें अपनी ज़िम्मेदारी और बालिग होने का अहसास बख़ूबी हो सके।

['दैनिक भास्कर' : 15 मार्च, 2013]

ज़िन्दगी

सोने जैसी खरी परीक्षा

पाइनियर की एक ख़बर ने मुझे बहुत कुछ सोचने पर मजबूर कर दिया। ख़बर कुछ यूँ थी कि राजस्थान के अरनियानील गाँव में 'कुर्की की रस्म' से नई दुल्हन को गुज़रना पड़ता है यह परीक्षा वास्तव में लड़की के कुँवारेपन की सनद मानी जाती है जो इसमें उत्तीर्ण नहीं होती है उनको अग्नि परीक्षा से गुज़रना पड़ता है, जिसमें दुल्हन को जलते लोहे के दहकते टुकड़े को तब तक हथेली पर रखना पड़ता है जब तक उसके रिश्तेदार सौ क़दम न चलें और इस बीच यदि उसका हाथ न जला तो समझा जाता है कि लड़की पवित्र है और किसी कारणवश बिस्तर पर डाला कुर्की (सफ़ेद धागे के लच्छे) उसी तरह सुबह बेदाग़ मिला। इस रस्म के चलते एक घटना पूरे गाँव, पूरे इलाक़े में चर्चा का विषय बनी है। प्रशासन ने भी इन्क्वायरी का आर्डर दिया है। पाँच वर्ष से चल रहे इस वाद-विवाद ने कई तरह के प्रश्न उठाए हैं। जिसमें सबसे पहला वह अपमान है जो लड़की को सहना पड़ता है। पहले लड़कियाँ इन रीति-रिवाजों को आँख बन्द करके मान लेती थीं मगर समय के साथ उन्हें अपने साथ किए जा रहे इस बेहूदा सुलूक पर एतराज़ शुरू हो गया जो अरनियानील गाँव की मेवर ने और उसकी माँ ने दर्ज किया। वह अग्नि परीक्षा से गुज़रना क्यों नहीं चाहती है उसका कारण वह अत्याचार है जो मेवर पर उसके ससुर चाँदमल ने ढाए हैं, उसको नंगा करके पीटा गया और ज़ोर दिया गया कि वह अपने दो रिश्तेदारों के नाम ले जिनसे उसके सम्बन्ध विवाह से पहले थे। मेवर की माँ का कहना है कि अग्नि परीक्षा के नाम पर मुझसे बड़ी रकम ऐंठना चाहते थे। मेरे इनकार पर उन्होंने अपमानजनक दृश्य प्रस्तुत किया कि मजबूर होकर उसकी बेटी के साथ भागना पड़ा। वह किसी भी हालत में बेटी को ससुराल भेजना नहीं चाहती है। चाँदमल का कहना है कि उसके छोटे बेटे की बहू इस परीक्षा से गुज़री है यह तो खरे सोने जैसा इम्तहान है। बहरहाल यह एक गम्भीर समस्या है जो रीति-रिवाजों और शोषण के बीच पिसते इनसान की है।

इस तरह की रस्में पूरी दुनिया में अपने-अपने ढंग से मौजूद हैं। ठीक इसी समस्या पर मैंने 'दरवाज-ए-कड़ाविन' कहानी आज से दो दहाई पहले लिखी थी जिसकी पृष्ठ भूमि—ईरान थी। इस वर्ष अग्नि परीक्षा के नाम से मैंने कहानी लिखी जिसका विषय 'पहली रात' न थी परन्तु औरत की पवित्रता का प्रश्न उठ गया था। इस कहानी का परिवेश उत्तर प्रदेश था। नारायण ब्रेथ की यह रिपोर्ट टोंक से भेजी हुई सासी जाति की है। जिसको पढ़कर कई तरह के गम्भीर प्रश्न सामने आन खड़े हुए कि शताब्दियों पहले दजला फरात घाटी सभ्यता के समय लिखे साहित्य में भी इसी तरह के सम्बन्ध के संकेत और सज़ाओं का ज़िक्र है जिसका उल्लेख हमुराबे बादशाह ने अपने शिला लेख में खुदवाया जिसको दुनिया का पहला लिखित क़ानून माना जाता है। महसूस होता है कि औरत की प्रताड़ना का सिलसिला कहीं रुका-थमा नहीं है। हर कालखंड इस बात का शाहिद है कि उसको अपनी अस्मिता और पवित्रता का अनेक बार इम्तहान देना पड़ा जिसने सीता को भी नहीं छोड़ा। यह अलग बात है कि चारों भाइयों ने अयोध्या स्थित कुंड में जल समाधि ली मगर इस व्यथा से कोई भी मुक्त नहीं हो पाया कि समाज की जकड़न ने राजा को भी उसके सामने झुकाए और उन्हें पत्नी को परीक्षा के लिए कहा। आज भी किसी तरह की सियासत चाहे वह कार्यक्षेत्र में हो, परिवार में हो औरत पर अपवित्रता का आरोप, सबसे कामयाब वार माना गया है क्योंकि उसके परिणाम सदा लाभकारी साबित हुए हैं। बेचारी औरत, उसका परिवार क्या सहता है, क्या कहता है। इसकी उनको ज़रा भी परवाह नहीं है, जो छोटे-छोटे लाभ को नज़र में रखकर ऐसी अमानवीय लांछनों का प्रयोग करते हैं, उनके साथ वास्तव में कैसा व्यवहार करना चाहिए। यह अपने में एक महत्त्वपूर्ण प्रश्न है।

स्वतंत्रता को गुज़रे पचास वर्ष हो चुके हैं। परम्परागत रूढ़ियों, जड़ मर्यादाओं, कुप्रथाओं को समाप्त करने के लिए सामाजिक कार्यकर्ता और सरकार बराबर सक्रिय रही हैं मगर इतने विस्तृत देश को एकाएक इन जड़ताओं से मुक्त नहीं कराया जा सकता है। भले ही सरकार इन प्रथाओं को अमानवीय करार देकर ग़ैर-क़ानूनी मान लें। इसकी कड़ी सज़ा की घोषणा भी कर सकती है। इस सिलसिले से तब्दीली की भी उम्मीद है। मगर सबसे अहम बात है समाज का नज़रिया और पुरुष मानसिकता में परिवर्तन का होना। इसी के साथ महिला वर्ग का अपने पर होते ज़ुल्म, ज़्यादती, अत्याचार के प्रति सचेत होना और ऐसी घटनाओं में मर्दों का साथ न देकर स्त्री का पक्ष लेना। अधिकतर देखा यह गया है कि असुरक्षा की भावना से पीड़ित घर-

परिवार की महिलाओं के पास मर्दों की 'हाँ में हाँ' मिलाने के सिवा कोई चारा नहीं रह जाता है। उनकी यह मजबूरी उस समय भयानक रूप धर लेती है जब वे भी आँख बन्द कर बड़ी बेदर्दी से कड़े फ़ैसले लेती हैं और महसूस करती हैं कि वह सत्ता में मर्दों की बराबरी कर रही है जो अपने में एक ऐसी ग़लतफ़हमी का क्षणिक सुख है जो उनके अपने वर्ग को ही प्रताड़ना के कारागार में सदियों के लिए डालती चली जाती है।

यह समाज सिर्फ़ मर्दों द्वारा नहीं बना है बल्कि इसके ताने-बाने में औरत-मर्द दोनों का वजूद है तो फिर औरत आधी आबादी की वह शक्ति अपने को सँभालने-सँवारने में ख़र्च क्यों नहीं कर पा रही है। जहाँ-जहाँ औरतों ने अपने बल का सही प्रयोग किया है जीत उन्हीं की हुई है, चाहे उड़ीसा में मछली के दानों का मसला हो, या मज़दूर बस्ती में नशाबन्दी का या फिर लखनऊ में मर्दों की तरह मस्जिद में दाख़िले और नमाज़ पढ़ने का प्रश्न हो या फिर गंदे इश्तहारों और गानों के बोलों पर रोक लगवाने का हो।

मानती हूँ कि कुछ पुरानी प्रथाएँ इनसानों को जानवर बनाने से रोकने के लिए अवश्य बनाई गई होंगी मगर क्या उनमें बदलाव की जगह गिरावट आना ज़रूरी है? कई देशों में जहाँ यह प्रथा रही है वहाँ अब उसको एक नया आयाम दिया गया है कि मर्द-औरत दोनों को डाक्टरी जाँच से गुज़रना पड़ता, ताकि बाद में किसी तरह की पारिवारिक राजनीति न खेली जा सके और औरत नपुंसक मर्द के साथ रहने पर मजबूर न की जाए। आज यह भी एक दर्दनाक सच्चाई है कि कितनी पढ़ी-लिखी लड़कियाँ इन दुर्घटनाओं का शिकार हो रही हैं कि उनका प्रेमी या पति अपनी कमज़ोरी के बारे में नहीं बताता और बाद में यह मसला लड़की पर आन गिरता है कि वह क्या करे? वह किधर जाए? क्या वास्तव में हमारा समाज मर्द के लिए किसी ऐसे खरे सोने जैसी परीक्षा के लिए आमादा है? क्या यह सारी मर्यादाओं का बोझ औरत को ही उठाना पड़ेगा? वैज्ञानिक दौर में ऐसी फूहड़ बातों का कोई औचित्य नहीं है। इस तरह की ग़ैरज़रूरी व्यथाओं से अब इनसान को दूसरे इनसान को मुक्त करने के लिए आगे आना चाहिए। विशेषकर औरत को जो सृजन की पीड़ा को सहती है तब एक इनसान को जन्म देती है।

इंगलिस्तान की डायना को भी पवित्रता का प्रमाण पत्र देना पड़ा था मगर बाद में बिलकुल नई कहानी दुनिया के सामने निकलकर आई, जिसने पाकीज़गी का विश्व स्तर पर मज़ाक़ उड़ाया। विवाहित जीवन के लिए क्या यही एक मुद्दा

महत्त्वपूर्ण है? औरत को लेकर यह एक गहरी साज़िश है, जिसने उसकी मानसिकता से सदा खिलवाड़ कर उसको असन्तुलित रखा। यदि वह पवित्र रहने के बावजूद पवित्रता साबित नहीं कर पाती है तो दंडित होने के साथ सम्पूर्ण जीवन नज़र नीची करके जीने पर मजबूर कर दी जाती है। यदि वह अग्नि परीक्षा में सफल होती है तो उसके तेवर हमेशा म्यान से निकली तलवार बने रहते हैं और यह हालत भी उसको सहज नहीं रहने देती है। आज ज़रूरत है कि हम इनसानी रिश्तों में मोहब्बत, उन्स, आदमियत की तलाश करें, न कि उसको एक आदर्श पैमाने पर रखकर पहले ही वार में उसका सर धड़ से अलग कर दें।

['दैनिक राष्ट्रीय सहारा' : 19 नवम्बर, 2000]

बच्चों का वर्गों में बँटा समाज

बच्चों की समस्याओं पर लिखना वर्तमान समय में उतना ही मुश्किल है, जितना बड़ों की ज़िन्दगी के उलझाव को सुलझाना। बच्चे एक जैसे पैदा होते हैं मगर माँ-बाप की सामाजिक स्थितियाँ उनको खानों में बाँट देती हैं। कभी बच्चों का समाज एक-सा होता था, एक-सा ख़ानदान, खेल-शिक्षा और तफ़रीह। मगर अब समाज अनेक वर्गों में बँट चुका है, जो अमीरी-ग़रीबी तक सीमित नहीं रह गया है। देशकाल की स्थितियों के अनुसार उनका लालन-पालन, सोच और संवेदना की रूपरेखा आकार ग्रहण करती है। जो समस्या प्रचार-प्रसार के माध्यम से ख़ासो-आम तक पहुँचती है, वह बच्चों की सेहत और बाल मज़दूरों के शोषण तक सीमित रह जाती है। पत्र-पत्रिकाओं में अलबत्ता उन बच्चों की समस्याओं पर लेख-सुझाव छपते हैं जो उच्च वर्ग या मध्यवर्ग के होते हैं।

ऐसा नहीं है कि शिक्षित ख़ुशहाल परिवार ग़रीब बच्चों की तरफ़ ध्यान नहीं देते हैं, दया-दान के रूप में उतरन-जूठन और कभी-कभी शिक्षा भी अपने नौकरों के बच्चों को बड़े उदार दिल से देते देखे जा सकते हैं। मगर बात यहाँ उन योजनाओं की है जो सरकारी तौर पर बच्चों की समस्याओं का समाधान कर सकती हैं। इधर अनेक योजनाएँ सफल भी हुई हैं और शिक्षा का विस्तार बढ़ा भी है लेकिन आज भी बच्चे कूड़ा बीनते, मज़दूरी करते और अनेक तरह के शोषण के शिकार होते देखे जा सकते हैं। बच्चों के बीच का यह फ़र्क़ दिन-ब-दिन बढ़ता जा रहा है। लेकिन अपवाद के रूप में जब आप बड़े स्कूलों की हर कक्षा में झोंपड़-पट्टियों के बच्चों का दाख़िला अनिवार्य करते हैं, उन्हें कम्प्यूटर पर बैठा देख, बाक़ी दुनिया से जुड़ता पाते हैं (अब तो यह सुविधा मामूली मदरसों तक में उपलब्ध है) तो आपको आश्चर्य और ख़ुशी दोनों होती है। मगर, चिन्ता यह होती है कि हर स्तर पर सहायता देने के बाद भी सड़कों पर भीख माँगते बच्चे क्यों नज़र आते हैं। जबकि गाँव में भी योजनाओं का सुचारु रूप से संचालन हो रहा है, तो फिर

स्थिति बदलती क्यों नहीं है? जनसंख्या को दोष देकर हम इस प्रश्न के सही जवाब खोजने से मुकर नहीं सकते हैं।

जब कभी बच्चों की स्थिति में बदलाव लाने की बात उठती है तो सबसे पहले बाल श्रमिकों से उनका रोज़गार छुड़वाया जाता है। इससे घर की आमदनी में कमी होती है और चलते सिलसिले की कड़ी अचानक टूट जाती है। होना यह चाहिए कि उनके शोषण के प्रति कड़ा क़ानून बनाया जाए और उन्हें बेहतरीन सहूलियतें प्रदान करनी चाहिए, ताकि उनमें अपने पेशे, अपनी पहचान के प्रति आदर-भाव के साथ श्रम की अहमियत जागे। आज हो उलटा रहा है, कोई मेहनत करना ही नहीं चाहता है। सम्मान का सवाल तो दूर उस सुख को जीना नहीं चाहता जो मेहनत द्वारा क़ुदरती रूप से ख़ुद आपके अन्दर मौज मारने लगती है, ये दर्शन नहीं यथार्थ है, जिससे हम अपनी पहचान से सकुचाते और मुखौटा लगा अकड़ते हैं। बच्चों को इस हीनभावना से मुक्त कराना हमारा लक्ष्य होना चाहिए। जाति से बड़ा कर्म होता है, जो छोटे-से-छोटे आदमी को महान बनाता है।

आज एअरकंडीशन स्कूल भी मौजूद हैं। पहाड़ों पर महँगे स्कूल भी हैं, जहाँ आपका बेटा जिस्मानी आराम के साथ शिक्षा प्राप्त करता है और आकाश छूने की तमन्ना रखता है। मगर अफ़सोस वे बच्चे बड़े होकर जब देश-विदेश में बड़े-बड़े पदों पर जाते हैं तो उन्हें ज़मीनी सच्चाई का पता नहीं होता है। तब उनकी बनाई योजना में आम आदमी और अपनी ज़मीन नहीं होती है। व्यावहारिक रूप से लागू योजनाएँ अक्सर जनता के नुक़सान पर ख़त्म होती हैं। जो सरकार को टैक्स देकर बुनियादी ज़रूरतों की पूर्ति पर अपना अधिकार समझता है, वह हर तरफ़ से वंचित रह जाता है क्योंकि उसके बारे में योजना बनाने वाले कुछ जानते ही नहीं हैं। जो बच्चे संघर्ष के रास्ते से गुज़रते हैं, एक सहज नागरिक की तरह रहते हैं, वे अपनी ज़मीन के हर मौसम को पहचानते हैं और बेहतर तरीक़े से देश-काल के बारे में सोचते हैं।

आज कुछ बच्चों के लिए बाज़ार, शिक्षा, सैर-सपाटा, साहित्य, फ़िल्में क्या नहीं हैं, पैसा फेंके और तमाशा देखे मगर देश के बाक़ी बच्चे? ये खाई दिन-ब-दिन बढ़ती जा रही है और दाल-चावल के पौष्टिक खाने से निकलकर वे 'मैग्गी' की दुनिया में आना चाहते हैं। अब परेशानी ये है कि इन बातों की तरफ़ देखे कौन—नेता, समाजसेवी, या फिर हम और आप?

['दैनिक भास्कर' : जुलाई, 2012]

सब्ज़ आँख और ज़मीन-जायदाद का हरियालापन

हर दौर का आदमी ये कहते सुना जा सकता है कि अरे भाई बड़ा बुरा ज़माना आन लगा है। दुनिया में आग लगी है। इनसान ने शराफ़त छोड़ दी है और तोता चश्म बनता जा रहा है। जब वही आदमी अपने घर में हुई कोई पुरानी घटना को याद करता है या फिर किसी बुज़ुर्ग लेखक की कोई मशहूर कहानी पढ़ लेता है तो उसका दिमाग़ एकाएक झनझना उठता है कि क्या ये सब बरसों पहले भी होता था? चालाक, बुरे, भोले, अच्छे लोग आज की तरह पहले भी होते थे। क्या तब भी जर, ज़मीन, जन यानी सोना, ज़मीन और औरत जंग की बुनियाद होती थी?

आज ज़मीन की बढ़ती क़ीमतें किसी से छिपी नहीं हैं। गाँव से शहर की तरफ़ आने वाले लोग अपने सारे नैतिक मूल्य ताक पर रखकर महँगे फ़्लैट और ज़मीनें ख़रीदने पर मजबूर हैं। वरना वे सारी उम्र किराए के मकान में रहें। इधर, मैंने हिजाब इम्तियाज अली की बेहद दिलचस्प कहानी 'सब्ज़ आँखें' पढ़ी। लेखिका को हवाई जहाज़ चलाने का बहुत शौक़ था। उसमें उन्होंने महारत हासिल कर ली थी। वो हिन्दुस्तान की पहली महिला थीं, जिन्हें हवाबाज़ी का लाइसेंस मिला। उसी तरह उनकी कहानी वर्षों की यात्रा करती हुई बहुत कम समय में ठीक हवाई जहाज़ की तरह मुझ तक पहुँची। कहानी हरी आँखों वाली एक बनावटी बिल्ली के इर्द-गिर्द घूमती है। बूढ़े और तन्हा चचा बिना लिखित विल के अचानक हार्ट-अटैक के शिकंजे में आन पड़ते हैं। मजबूरन वह ज़बानी विल अपने डॉक्टर, क़रीबी दोस्त और भांजी के सामने करते हैं कि मेरी सारी जायदाद और यह महल मेरी भांजी का है और मखमल से बनी यह बिल्ली मेरी बहन को दे देना।

बँटवारे की यह बात बहन की समझ में नहीं आती है। वह हंगामा खड़ा कर देती है कि भाई मुझे कभी मखमल की यह बिल्ली बँटवारे में नहीं दे सकते हैं। ये तुम्हारी चालाकी है। तंग आकर भांजी बिल्ली ले लेती है और सारी जायदाद फूफी को बख़्श देती है। कटे पेट की वो बिल्ली लेकर महल से आ जाती है। कई सालों

बाद एक दिन जब चचा का दोस्त और भांजी स्टडी रूम में चाय पी रहे थे। तो उन्हें एकाएक बिल्ली का ख़याल आता है। वो बिल्ली देखने को माँगते हैं। भांजी बिल्ली दराज से निकालती है। उसका मखमल का उघड़ा पेट सिलती है और उसे साइड टेबल पर सज़ा देती है। जहाँ सूरज की किरणें पड़ रही होती हैं।

अचानक उन्होंने महसूस किया कि बिल्ली की आँखों से इन्द्रधनुषी किरणें फूट रही हैं। दोनों चौंके और एक साथ चीख़ उठे। वे मामूली आँखें नहीं हैं। जौहरी ने जब मुआयना किया तो पता चला कि वह शीशे की गोलियाँ दरअसल, करोड़ों की क़ीमत के पन्ने हैं, लालच और क़िस्मत के बीच उस दिन लालच जीती थी। मगर, आज क़िस्मत ने ऐसा परचम फहराया कि लाखों की जायदाद पर ये पन्ने भारी पड़े।

कुछ ऐसा ही क़िस्सा मेरे सामने घटा जब किसी और के मकान पर क़ब्ज़ा कर किसी ने अपना घर जाली हस्ताक्षरों के बाद बतलाया। मुक़दमे की हर तारीख़ पर सीना तानकर पहुँचता। उसे क्या पता था कि एक दिन सच्चे काग़ज़ात उसके जाली काग़ज़ात व झूठी गवाहियों पर भारी पड़ेंगे और उसे जेल की हवा खानी पड़ेगी।

ये सब पढ़-सुनकर लगता है कि इनसान ने अपनी ग़लतियों से न कुछ सीखता है और न कहानियों से सबक़ लेता है। क़रीब 75 साल पुरानी सब्ज़ आँखें अपने समय की उत्कृष्ट कहानियों में से एक थी।

['दैनिक भास्कर' : जुलाई, 2012]

पति-पत्नी में बड़ा सौदागर कौन?

पिछले दिनों मैं दिल्ली के रॉकलैंड हॉस्पिटल गई। वहाँ अच्छे कपड़े पहने बुज़ुर्ग दम्पती को मैंने देखा। काफ़ी शोख मेकअप लगाए उस महिला से चला नहीं जा रहा था। पुरुष की अवस्था भी ठीक नहीं थी। लेकिन दोनों एक-दूसरे का हाथ थामे एक डॉक्टर से दूसरे डॉक्टर के कमरे में जा रहे थे। टेस्ट करवा रहे थे। उनके पसीने से दमकते चेहरे और जिजीविषा देखकर मुझे रजिया सज्जाद जहीर की कहानी 'सबसे बड़ा सौदागर कौन?' की याद आई। मुझे अहसास हुआ कहानियाँ कभी पुरानी नहीं पड़ती हैं। वैसे साहित्य का सच तो यही है कि वो सदियों का सफ तय करने के बाद भी तरोताज़ा रहता है। कथावस्तु बस इतनी है कि एक बूढ़ी औरत साइकिल पर पैरों की कसरत करती है, नर्स के यह कहने के बावजूद कि उनका पैर ठीक नहीं हो पाएगा। फिर भी बूढ़े पति-पत्नी पूरी कोशिश में लगे हैं। क्योंकि दो बेटे और एक बेटी की गृहस्थी अलग है। 72 साल का बूढ़ा अगर खाट पकड़ लेगा तो उसकी सेवा केवल पत्नी ही कर पाएगी। इसलिए पत्नी का अच्छा होना ज़रूरी है। सूत्रधार को दोनों से अलग-अलग बातचीत कर जो सच हाथ लगता है वो उसकी सोच को चोट दे जाता है। क्योंकि उसको ग़लतफ़हमी ये रहती है कि दोनों में एक बहुत प्यार है और एक-दूसरे के लिए ख़ासकर मर्द के लिए औरत की इतनी सेवा करना आश्चर्यजनक है।

बतौर मिसाल पत्नी की शिकायत है कि ज़िन्दगीभर मुझसे प्यार न करने वाला और इधर-उधर नज़र फेंकने वाला शौहर जानता है कि मैं ही उसके काम आऊँगी तो मेरी सेवा करता है, वरना तो जिन्दगी भर नौकरानी ही समझा। अब बात अलग है, वो बूढ़ा हो गया है और कोई औरत उसे पसन्द भी नहीं करेगी। मैं भी सोचती हूँ इस उम्र में जितना मिल जाए बेहतर है। पति ने बताया मैंने इस औरत को कभी तवज्जो नहीं दी। अब सेवा कर रहा हूँ इसके बेकार हाथ-पैर जल्दी से ठीक हो जाएँ। जब मैं खाट पकड़ लूँगा तो ये स्वस्थ होकर मेरी सेवा करेगी। ये सुनकर

सूत्रधार के होश उड़ जाते हैं। दोनों में बड़ा सौदागर कौन है? इस कहानी को पढ़ने के बाद मैं गहरी सोच में डूब गई थी। स्त्री-पुरुष सारे यथार्थ को जानते हुए लम्बा वैवाहिक जीवन गुज़ार लेते हैं। उसे आप समझौता या मज़बूरी कह सकते हैं। और अन्त में इतना लम्बा वैवाहिक जीवन आपको एकाएक दूसरी तरह की जीवन-दृष्टि देता है। वो रिश्ता जो कभी उबाऊ था वही सबसे ज़्यादा बावफ़ा लगने लगता है। प्यार न होने के और नफ़रत न होने के बावजूद एक मोड़ पर आकर वो सारे रिश्तों से ज़्यादा ठोस व विश्वसनीय लगने लगता है।

वैवाहिक जीवन के इस निचोड़ को क्या कहेंगे? समझौता, मज़बूरी, बेबसी या आशा। जब पासा पलट जाए। वह पति सिर्फ़ इसलिए पत्नी की सेवा करें कि उसकी सेहत ख़ुद अपनी तन्दुरुस्ती के लिए ज़रूरी है। इसलिए जो जवानी में नहीं किया, अब इस बुढ़ापे में करना पड़ रहा है। आज से साठ-सत्तर बरस पहले इतनी आधुनिक कहानी लिखी गई है। जिसकी शाखाएँ आज हमारे समाज में घर-घर फैल चुकी हैं। जहाँ साये की तरह डोलते बूढ़े पति-पत्नी एक-दूसरे के सहारे जीते नज़र आ रहे हैं। और विकल्प भी क्या है।

['दैनिक भास्कर' : जुलाई, 2012]

पेड़ों के साथ की गई बेईमानी व 'इल्तेजा'

पिछले सप्ताह हरियाणा के बिरोहर जाने का मौक़ा मिला, जहाँ मुझे राष्ट्रीय महाविद्यालय और अन्य स्कूल के विद्यार्थियों को पर्यावरण के प्रति सचेत बनाने के लिए कुछ बोलना था। उनकी हर साल एक लाख पौधे लगाने की योजना में शामिल होकर एक पौधा मुझे भी लगाना था। मैंने जामुन का पौधा रोपा। जामुन, अनार, अमरूद और पपीते के जो 25 पौधे मुझे दिये गए थे वो मैंने अपने घर के ठीक पीछे वन विभाग की ज़मीन पर लगा दिये ताकि बन्दर, गिलहरी, तोता और दूसरे पक्षी वन में भूखे न रहें। जंगल में न तो रसीले फल थे और न पानी।

मुझे बार-बार उस भूखे बन्दर का ख़याल आ रहा था, जो मेरी छत पर बैठकर वहाँ रखे कलफ़ पाउडर को फाँक रहा था। मेरा हाल यह सोच-सोचकर ख़राब था जब इसका गला सूखकर अकड़ जाएगा तो आस-पास पानी न होने की वजह से यह कहाँ गला तर करेगा।

कार्यक्रम जब चल रहा था तो बार-बार मेरे जेहन में जाबिर हुसैन की कहानी 'इल्तिजा' अपने को दोहरा रही थी। कहानी एक ऐसे व्यक्ति की है, जिसे यह काम सौंपा गया है कि वह जंगल में जाकर हरे पेड़ों और बूढ़े पेड़ों की संख्या लिखे ताकि बूढ़े पेड़ों को कटवाकर उनकी जगह नये पेड़ लगवाए जा सकें जो 150-200 साल तक हमारा साथ निभाएँ।

वह शख़्स सुबह से शाम तक घूमता है। हर पेड़ को देखता है और थककर शाम को घर लौट जाता है। न उसमें जर्जर पेड़ों को गिनने का हौसला है और न उन्हें गिरवाने का। उस पर ऊपर से दबाव भी पड़ता है कि वह काम जल्दी ख़त्म करे। वह इस बात को लेकर भी परेशान है कि उसे कोई बूढ़ा दरख़्त नज़र नहीं आ रहा है। अब वह क्या करे?

एक हलचल, एक बेचैनी उसके अन्दर इस तरह तूफ़ान पैदा करती है कि वह तंग आकर रिपोर्ट लिखता है।

'तीन दिनों तक मैं जंगल में उन बूढ़े पेड़ों की तलाश करता रहा, जिन्हें काटकर गिरा देने का आदेश दिया गया है। मुझे जंगल में एक भी ऐसा पेड़ नहीं मिला, जिसे मैं बूढ़ा कह सकूँ। तमाम पेड़ों की उम्र मुझे अपने से कम दिखाई पड़ी। मैंने बार-बार महसूस किया कि जैसे मैं ही उस जंगल को सबसे बूढ़ा पेड़ हूँ। आख़िर कब तक मैं नये पेड़ों के रास्ते की रुकावट बना रहूँगा। अपने हाथों इस बूढ़े पेड़ को काटकर गिरा दें, ऐसी मेरी आपसे इल्तिजा है।'

तुल्सियान कमेटी की रिपोर्ट के आधार पर लिखी यह कहानी बहुत पुरानी नहीं है, जिसका नाम इल्तिजा है। जबकि इसका नाम 'इस्तीफ़ा' भी हो सकता था। यह कहानी 15-20 साल पुरानी होगी। इसको पढ़ने के बाद पाठक को अपने दिलो-दिमाग़ में एक साथ कल्ले फूटना महसूस होता है। छोटी-सी कहानी में इतिहास, राजनीति तो है ही। बेईमानी के साथ पेड़ों के संग की गई मनमानी भी है।

तभी बड़े-बड़े पुराने पेड़ों के बग़ल में मझोले पेड़ों के नये लगे दरख़्त हर पार्क, हर फ़ुटपाथ के किनारे नज़र आ रहे हैं। कभी-कभी दिल यह सोचकर बैठने लगता है कि जंगल जलेबी की तरह गूलर, नीम, पीपल जैसे विशालकाय वृक्ष सिर्फ़ पुराने चित्रों में ढूँढ़ने से मिलेंगे? इधर, या तो पेड़ अन्धाधुन्ध काटे गए या फिर वे पेड़ जो किसी काम के नहीं हैं न छाया के न फल के वो बेतहाशा लगाए गए जैसे यूकेलिप्टस। इसलिए ज़रूरी है कि हम पेड़ और ज़मीन के मिज़ाज को देखकर नये पेड़ लगाएँ।

['दैनिक भास्कर' : 2012]

चिड़िया और आज का तन्हा होता आदमी

अब हमें लोग पसन्द आते हैं थोड़ी देर के लिए। पता नहीं ज़िन्दगीभर चलने वाले जादू को किसकी नज़र लग गई है कि कुछ अरसे बाद एकाएक उतर जाता है। क्या इनसान तेज़ी से संकेतों को पकड़ने लगा है और वक़्त से पहले होशियार होने लगा है। या भटकाव आ गया है, जिससे आँखें चकाचौंध रहती हैं। किसी एक सूरत पर जमती ही नहीं। जो भी हो आसार अच्छे नज़र नहीं आ रहे हैं।

रिश्ते जानवरों से भी बिगड़ रहे हैं। दुलार प्यार में उन्हें पिंजरे में रखना जुर्म है। शिकार खेलना तो इनसानियत के ख़िलाफ़ है। मगर, घर को कीड़ों से पाक करने के लिए हर तरह का ज़हरीला स्प्रे करना जुर्म नहीं है। एक रिसर्च से पता चला है कि इस तरह की कीटाणुनाशक दवाओं से चिड़ियों ने आँगन, छत और बालकनी पर चहचहाना छोड़ दिया है। कई कामकाजी जोड़ों के घर भी सुबह से शाम तक बन्द रहते हैं। अगर जवान माँ-बाप तलाक़शुदा हैं तो बच्चे किसी एक के साथ रहते हुए तन्हा-तन्हा से जीते हैं।

ये तन्हाई बच्चों को उनके माँ-बाप की आपसी लड़ाई की वजह से भुगतनी पड़ती है। वर्ग कोई भी हो पुरुष छोटी-छोटी बात पर भड़क उठता है। हाथ उठा लेता है। अगर रोज़ भुर्ता बने तो कब तक पढ़ी-लिखी या कमाने वाली लड़की ऐसे पति को सहन करेगी। बच्चों, जायदाद रिश्तेदारों का बँटवारा भी लाजिमी है। ऐसे विषय पर मन्नू भंडारी का 'आपका बंटी' उपन्यास अकेली कृति नहीं है। बल्कि ख़्वाजा अहमद अब्बास की छोटी सी कहानी 'अबाबील' भी है। इस कहानी का मुख्य पात्र रहीम खाँ एक किसान है। मगर, अपने नाम के विपरीत बेहद जालिम है। ज़माना वही ज़माना होगा जो 'दो बैलों की जोड़ी' वाले प्रेमचन्द का होगा। मगर, रहीम खाँ बैलों को रस्सी से मार-मारकर ज़ख़्मी कर देता है। बच्चों को उठा-उठाकर पटक देता है। बच्चे बैल नहीं थे, दोनों लड़के घर छोड़कर चचा के घर चले गए। पिटते-पिटते थक गई बीबी भाई को बुलाकर मायके चली गई।

रहीम ख़ाँ ने न किसी को मनाया न दुलारा। जो कच्चा-पक्का पकाया, खाकर सो गया। मगर, वाह रे बरसात। उसकी बौछारों ने उसके छप्पर पर बरसकर अबाबीलों (एक तरह की चिड़िया) के दो बच्चे को परेशान कर दिया। पहली बार रहीम के दिल में प्यार उमड़ा। उसने बच्चों और उनके घोंसले को बचाया। अकेला घर और पूरे घर में अबाबीलों की उड़ान। उसी से उसका दिल बहलता। सूखी रोटी का चूरा उनके लिए डाल देता था। वो चुगते थे, ख़ुश होते थे। रहीम ने उन अबाबीलों के बच्चों को अपने बेटों का नाम दे दिया और उनको उसी तरह पुकारकर उनसे बातें करता था। अब न बैल पिटते थे न अब मुहल्ले के लड़के रहीम से डरते थे। रहीम बदलकर रह गया था।

अन्त में रहीम मर जाता है और उसके सिरहाने वही चार अबाबील सर झुकाये बैठे थे। 60-70 साल पहले लिखी गई यह कहानी आज के मर्द और परिवेश की लगती है। जर्मनी में 1954-55 में दुनिया में बेहतरीन कहानियों पर छपे संकलन में इसे शामिल किया गया था। पढ़कर महसूस हुआ कि आज का आदमी किस तरह तन्हा होता जा रहा है। क्या पता कि वे अबाबीलें भी किसी कारण से उसके घर में घोंसले न बना पाएँ। और ख़ूँखार जानवर से आदमी बनाने वाले ये नन्हे परिंदे भी इनसानों से बहुत दूर चले जाएँ। जहाँ उनकी यादें सिर्फ़ फड़फड़ाहट ही बनकर रह जाएँ।

['दैनिक भास्कर' : 2012]

पूरे चाँद की रात और विरह गीत

जहाँ मैं ठहरी थी उस गेस्ट हाउस के पिछवाड़े झोंपड़-पट्टी थी। आधी रात को आँख खुल जाती और मीठे स्वर में गाई विरह कानों में रस घोलने लगती थी। हफ़्ते भर बाद पूछना पड़ा कि यह कौन है? किसी ने दूर बर्तन माँजती एक ख़ूबसूरत लड़की की तरफ़ इशारा करते हुए कहा मंगला है, उसके पति ने शक की बिना पर उसे छोड़ दिया है। भरी जवानी में वह माँ के घर लौट आई है अपने पति से बहुत प्यार करती है इसलिए दूसरी शादी भी नहीं कर रही है।

मैं उस मासूम लड़की को देखती रही जिसके माथे पर आई लट बर्तन माँजने के साथ हिल रही थी। माथे पर पसीने की ओस उसके मुखड़े में अजीब लावण्य भर रही थी।

जहन भटक गया। मंगली जैसे मुझसे पूछने लगी कि आपको मेरी कहानी कैसी लगी।

दुखभरी...ठीक कृष्णचन्द्र की कहानी 'पूरे चाँद की रात' की तरह जिसमें दो प्रेमी घर बसाते हैं मगर छोटी-सी ग़लतफ़हमी उन्हें एक दूसरे से दूर ले जाती है और जब पूरे 45 वर्ष बाद वह लड़का सत्तर साल का बूढ़ा बनकर अपने पोते-पोतियों के साथ कश्मीर लौटता है तो अपने घर की तरफ़ जाता है जहाँ उसकी पहली पत्नी अपने पोते-पोती के साथ रह रही है। बातचीत शुरू होती है और राज़ खुलता है कि उस रात वह अपने भाई के साथ एक थाली में खाना खा रही थी जिसको वह उसका प्रेमी समझ लौट गया और ज़िन्दगी भर उसे बेवफ़ा समझता रहा। उसके जाने के बाद वह लड़की छह साल तक राह देखती रही। बेटा पैदा हुआ मर गया और अन्त में भूली कहानी समझ, उसने दूसरा घर बसाया।

जब दोनों बूढ़े आपस में बात कर रहे थे। बेटे-बहू रोमांस में लगे थे तब दोनों के पोता-पोती एक-दूसरे से खेलते हुए हाथ में हाथ डाले ठीक उनकी तरह झील किनारे जा बैठ गए यह दृश्य देख बूढ़े प्रेमी को कुछ याद आया और उसने पूछा

यह दरख़्त वही है जिसके आड़ू माँ से छुप-छुप कर मुझे खिलाने आती थी?

बूढ़ी प्रेमिका ने जवाब दिया, "नहीं, यह दूसरा दरख़्त है।"

बूढ़े प्रेमी ने देखा उसका बीमार शौहर आँखें बन्द किये लेटा था, कहानी लगभग साठ साल पुरानी कहानी नई व्यथा में डूब याद आ गई। ख़याल गुज़रा क्या कहानियाँ अपने को दोहराती हैं या फिर घटनाएँ हैं जो बार-बार विभिन्न इनसानों की ज़िन्दगी में आती जाती हैं?

मंगला चुप थी विरह की रात की जगह मेहनत भरा दिन था। अब वह झुग्गी बटोर कूड़ा समेट रही थी और मैं सोच रही थी कि क्या पाँच-छह साल बाद जब पुराने प्यार की बेल सूख जाएगी तो मंगला के दिल में प्रेम का नया अंकुर फूटेगा?

['दैनिक भास्कर' : 2012]

'तख़्ते-ताऊस' और माँ-बाप का दिल

हरियाणा के उस इलाक़े में जाने का मौक़ा मिला जहाँ लड़कियों की संख्या लड़कों से काफ़ी कम है। भ्रूण हत्या का सबसे दर्दनाक नतीजा सो हरियाणा में जगह-जगह मुझे कहानी पाठ और खुली बहस के लिए बुलाया गया ताकि 'अपनी कोख' कहानी की साधना के इस निर्णय से कि वह दो लड़कियों के बाद तीसरा बेटा नहीं चाहती और उसे बेटी बताकर वह सास से किया वायदा पूरा करती है और कन्या की जगह भ्रूण हत्या लड़के की करवाकर वह मुतमईन है कि अब उसके अपने सपने उसकी दोनों बेटियों द्वारा पूरे होंगे और भाई ग्रहण बन बेटियों के भविष्य के आड़े नहीं आएगा।

इस कहानी पर मुझे बहुत नकारात्मक प्रतिक्रिया मिली और कॉलेज की सभी लड़कियों ने साधना को इस फ़ैसले की निन्दा की और पूरे विश्वास से कहा कि उनके साथ घर में कोई भेदभाव नहीं रखा जाता है। उसी कहानी पर महीने भर की वर्कशाप रखी राजीव रंजन ने और साधना ड्रामा बनकर तैयार और जगह-जगह उसके प्रदर्शन शुरू। नतीजा ऐसा आया कि सब हैरत में, सरकारी, ग़ैर सरकारी आम ख़ास औरत-मर्द इस कहानी में अपने परिवार को देखने लगे ख़ास कर इस गाने पर किसी की आँखें सूखी न रह पातीं।

'माँ, मुझे इस दुनिया में जीने का अधिकार दो!'

असंख्य शो के बाद झझर के लोगों ने ड्रामे के अन्त में एक शपथ ली जो इस तरह थी—"कन्या भ्रूण हत्या न करेंगे न करने देंगे, जीवन के हर अवसर पर स्त्री सम्मान का व्यवहार करेंगे।" एक आन्दोलन है जो इस ड्रामे के बहाने रीता जी ने शुरू कर दिया है अभी जब मैं उसका ताज़ा शो औरत की दुनिया में साधना नाटक देख रही थी। गीत के बोल के साथ मन भटकता हुआ वाजदा तबस्सुम की कहानी 'तख़्ते-ताऊस' के दो किरदारों में उलझकर रह गया। जहाँ माँ और बेटी हैं या कहूँ अन्ना और बे माँ की बच्ची है जिसे एक ग़रीब विधवा ने पाला और

लड़की ज़िन्दगी भर उन्हें माँ समझकर उनके संग एक भाभी और भांजी का सपना देखती है। ख़त मिलता है कि लड़का जंग में मारा गया। बेटी यह सच छुपाती है और दोनों तरफ़ से झूठे ख़त लिखती है जबकि यह ख़बर माँ को पता चल जाती है मगर वह बेटी का दिल रखती है। बेटी का ब्याह तय हो जाता है और वह मन ही मन तय करती है कि अन्ना अम्माँ को अपने साथ ले जाएगी मगर अचानक अन्ना बीमार पड़ती है और मर जाती है मगर जाते-जाते कहती हैं कि तूने बेटी मुझे ज़िन्दगी पर तख़्ते-ताऊस पर बैठाया। एक माँ के दिल को किस तरह सँभालकर रखा यह मैंने जिया है बेटी।

इस कहानी का सच आज चारों तरफ़ बिखरा पड़ा है जहाँ बेटे नहीं बेटियाँ बूढ़े माँ-बाप की देखभाल कर रही हैं। बकौल एक डॉक्टर के कि जब मैंने मरीज़ से कहा कि तुम्हारा मोतियाबिन्द पक गया है बाबा फ़ौरन ऑपरेशन कराओ तो वह बोला मैं पन्द्रह दिन से पहले नहीं करा सकता क्योंकि मुझे बेटी से बात करनी होगी और डॉक्टर साहब आप तो लड़कों का हाल जानते हैं।

['दैनिक भास्कर' : 2012]

ईदगाह का हामिद पुरानी दिल्ली में

प्रेमचन्द की कुछ महत्त्वपूर्ण कहानियाँ बच्चों के किरदार को लेकर हैं जो एक बार पढ़ने के बाद ज़हन से ख़ारिज नहीं की जा सकती हैं जैसे बूढ़ी काकी और ईदगाह।

अब तो लाखों की तादाद में ऐसे बचे होंगे जिन्होंने दादी, नानी के साथ रहने का सुख प्राप्त ही नहीं किया है और न ननिहाल न ददिहाल का वह सुख स्नेह महसूस किया जो आपको बिना तख़्त व ताज के बादशाह बनने का गर्व प्रदान करता है। बहरहाल बाग़बान फ़िल्म का पोता दादा के चश्मे टूटने की अहमियत ईदगाह के हामिद की तरह समझता है जो दादी के हाथ के पोर रोटी सेंकते वक़्त चिमटे के न रहने से जल जाते हैं। बाग़बान का पोता जूता न ख़रीदकर वह रुपये दादा के चश्मे बनाने में ख़र्च कर देता है और जी भरकर पिटता है मगर नन्हा हामिद ईद में मिली ईदी से खिलौने और खाने-पीने की चीज़ ख़रीदने की जगह चिमटा ख़रीदता है। मार की जगह उसे दादी ने छाती से लगाया होगा और पाठकों ने हामिद के इस काम को सराहा होगा। प्रेमचन्द की यह कहानी आज भी कहीं-न-कहीं कोर्स में लगी है!

'ओल्ड होम' पर एक टी.वी. स्क्रिप्ट लिखते हुए मुझे कुछ बूढ़ों के बयान भी सुनने को मिले जो मेरी स्क्रिप्ट के साथ-साथ चलने थे। बूढ़ों के दुख-शिकवे कई तरह के थे। उन्हीं में से एक बुज़ुर्ग महिला ने बताया कि उन्हें किसी भी तरह का सुख उस घर में न था। दोपहर में आराम तो दूर वह ऊँघ भी नहीं सकती थी क्योंकि पोता-पोती इतना उधम मचाते हैं कि आदमी का दिमाग़ चकराने लगता है। बहू-बेटा भी तंग घर में उन्हें बोझ समझते थे कि वह जगह उनके लिए ज़्यादा कारामद हो सकती थी जहाँ पर मेरा खाट बिछी रहती थी। तंग आकर मैं यहाँ चली आई और सुकून से रहती हूँ जी भरकर सोती हूँ और अपनी मर्ज़ी से जीती हूँ। सुनकर महसूस किया कि यह कैसा दादी-पोते का रिश्ता था न दादी की गर्म-नर्म गोद थी न राजा-रानी और परियों की कहानी थी न ही चन्दा मामा दूर के...आजा रे निन्नी तू आ क्यों न जा...जैसी लोरी और थपकी। संवेदनशील यह बच्चे किस तरह

की परवरिश पा रहे थे जिन्हें घर वालों की ज़रूरत का अहसास ही न रह गया हो?

दो रोज़ पहले पुरानी दिल्ली के जामा मस्जिद जाना पड़ा जहाँ रोज़े और अफतार की रौनक और ईद की आमद की तैयारियों का रेल-पेल था इस इनसानी भीड़ में दुकानों पर ग्राहक, ज़मीन पर बैठे फ़कीर, पैदल चलते सामान से लदे-फँदे राहगीर और उसमें जनाब रिक्शे, मोटरसाइकिलें और रेंगती कारें भी थीं मगर किस धैर्य और कितनी एहतियात से वाहन वाले चल रहे थे। एक-दूसरे को बचाते, अपने को सँभालते हुए दुनिया का कारोबार चल रहा था न कोई कुचला जा रहा था न धक्का-मुक्की थी न गाली-गलौज। ऐसे दृश्य आपको खुली चौड़ी सड़क पर देखने को नसीब न होंगे बल्कि उसका उलट हॉर्न का शोर, गालियों की बौछार। महसूस हुआ ईदगाह का हामिद, पुरानी दिल्ली में हर आदमी के अन्दर जी रहा है काश! वह चौड़ी सड़कों और भागते वाहन के बीच भी आ जाया करे तो बहुत-सी दुर्घटनाएँ होनी बन्द हो जाएँ।

[2012]

औरतनामा : आईना

नए आदम की तलाश में आज की हव्वा

अकसर मासूम और सीधी औरतें घर और बाहर के अत्याचार से परेशान नज़र आती हैं और समझदार और तेज़-तर्रार औरतें ख़ुद से भयभीत रहती हैं। इस दो तरह की औरतों के अलावा भी औरतों की और कई क़िस्में हैं जिनके बारे में फिर कभी बातें होंगी। फ़िलहाल तो हम उनकी बातें करते हैं जो हर तरह के अत्याचार सहती हैं मगर उफ़ भी नहीं करती हैं। लगातार शोषण की शिकार औरतें बदनामी के डर से ज़बान नहीं खोलती हैं और शोषणकर्ता के हौसले बढ़ाती रहती हैं अपनी ख़ामोशी से। इस मिज़ाज की औरतें पढ़ी-लिखी कामकाजी भी होती हैं और घर में सारा दिन रहकर गृहस्थी को सँभालने वाली भी।

वह ऐसा क्यों करती हैं, शायद इसलिए कि उनकी मुखरता को कोई पसन्द नहीं करेगा और मुश्किलें पहले से ज़्यादा बढ़ेंगी, रिश्ते अपना रस खो देंगे और दुश्मनी की शुरुआत उनका जीना दूभर कर देगी। इसे विश्वास की कमी कहा जाए या फिर मर्दसालारी का आतंक? उन्हें क़ानून का कितना ज्ञान होता है और उस पर कितना एतबार?

वे औरतें जो समझदार और तेज़-तर्रार होती हैं। उनमें आत्मविश्वास के साथ दूर तक देखने की क्षमता होती है। वे घर और बाहर के अत्याचार को देख चुप नहीं रहतीं और शोषणकर्ता के विरोध में बाआज़ाद बुलन्द अपनी नापसन्दगी ज़ाहिर करती हैं। उनके अन्दर न्याय और अन्याय का उबाल इतना ज़्यादा होता है कि वह अत्याचारी को सज़ा दिलवाए बिना चैन से नहीं बैठती हैं। अपने विश्वास, बल और तेवर से वह दुनिया को बदल डालना चाहती हैं और अपनी इसी चाहत भरी ख़्वाहिश से वह भयभीत भी हो उठती हैं, क्योंकि उनमें ऊर्जा का स्तर आसमानों को छूने की तमन्ना रखता है, जबकि उनके आसपास का माहौल निहायत सुस्त और लापरवाह होता है।

औरत 'कायनात' का सबसे हसीन तोहफ़ा है। उसके मिज़ाज में सृजनात्मक

गुण कूट-कूट कर भरे हैं जो अपने परिवेश को सजाना, सँवारना चाहते हैं। दुनिया की आबादी उसी के दम पर है इसलिए हर इनसानी रिश्ता उसके चारों तरफ़ घूमता नज़र आता है। उसका ख़मीर कुछ यूँ गूँधा गया है जो रिश्तों के बिना जी नहीं सकता है। यही उसकी कमज़ोरी है और यही उसकी ताक़त है। यहीं पर आकर हर मिज़ाज की औरत एक धरातल पर खड़ी नज़र आती है। जिसे घर की चहारदीवारी और परिवार की चहल-पहल चाहिए, अपने चारों तरफ़ इनसानी चेहरों की रौनक भी।

कभी-कभी यह रौनक ख़ौफ़नाक शोर में बदल जाती है क्योंकि औरत की चाहत ही सब कुछ नहीं है, उसके साथ रहने वालों की भी इच्छाएँ और अरमान हैं। ऐसी हालत में टकराहटें होती हैं और एक दिन ऐसा आता है जब सब्र का पैमाना लबरेज़ हो जाता है और स्वर्ग एकाएक नर्क में बदल जाता है, जहाँ सिर्फ़ शोले और अंगारे हैं जिस पर औरत जले पैर की बिल्ली की तरह ठोस धरती चाहती है। उसका तड़पना और बिलखना कभी जायज़ होता है और कभी भावनात्मक आवेग। उसके पास क़ानून की पनाह है, कहने को बेहद दर्दनाक कहानी भी। वह मर्द को बदलना चाहती है। घर नहीं तोड़ना चाहती है और न तलाक़ के पक्ष में है। ऐसी स्थिति में वह क्या करे?

बचपन में भाई-बहनों की लड़ाई में हार-जीत का मज़ा और एक-दूसरे को कैसे छकाया जाए। पंजा लड़ाने के सारे आजमाए हुए पैंतरे लेकर पति-पत्नी बड़े आराम से जंग के मैदान में उतर आते हैं बिना अंजाम सोचे। अगर दोनों पढ़े-लिखे कामकाजी हैं तो उन्हें इस बात की क़तई परवाह नहीं होती है कि एक-दूसरे के बिना क्या वह आराम से जी लेंगे? दरअसल आज आराम की परिभाषा भी बदल चुकी है और क्यों न बदले, आख़िर बाज़ार में हर चीज ज़रूरत की उपलब्ध है और जेब या पर्स में कमाई के नोट। हर शहर में बड़े-बड़े बाज़ार यूँ ही तो खुल नहीं रहे हैं और 'मदर रेसेपी' की बोतलें हर किचन और हर खाने की मेज़ पर अचार, मुरब्बे की शक्ल में रखी यूँ ही तो नज़र नहीं आती हैं। हिन्दुस्तानी समाज पर्तदार है और हर इलाक़े का अपना अन्दाज़ है। भारतीय समाज दरअसल अपने रीति-रिवाजों, परम्परा और रूढ़ि में ग्रस्त समाज है और सामाजिक जकड़न कहीं-कहीं पुरानी संकीर्णता के कारण गहरी घुटन में बदल जाती है और कहीं आधुनिकता के कारण बेजा आज़ादी में। जहाँ सन्तुलन है वहाँ जीवन सहज और ख़ुशहाल है। मर्द-औरत के बीच कोई तनाव नहीं मगर बदलते आर्थिक दबाव के कारण सबसे ज़्यादा प्रभाव वैवाहिक जीवन पर पड़ा है जहाँ औरत बाहर निकलकर काम करने

के लिए मजबूर भी है और घर में रहकर महँगाई के इस दौर में तंगी का जीवन गुज़ारने के लिए अभिशप्त भी है।

ऐसी स्थिति में औरत अपनी नौकरी बचाए या घर। घर छोड़कर वह बाहर निकले या फिर तंगहाली में गुज़र-बसर करे? औरतों में शिक्षा ही नहीं बढ़ी जागरूकता भी ज़बरदस्त आई है। उनके लिए बेहतरीन क़ानून और योजनाएँ भी बनी हैं, जिसका नतीजा यह निकला है कि समाज उतनी तेज़ी से नहीं बदला है जिस तेज़ी से औरत बदली है। जिसे हमें नई औरत कह सकते हैं, जिसमें आधुनिकता, जागरूकता, सामाजिक चेतना, शिक्षा, संवेदना, दया और नए-पुराने का अजीब मिश्रण नज़र आता है। इसीलिए आज औरत का वैवाहिक जीवन तो टूट रहा है मगर उसका अपना घर पुख्ता ज़मीन पर बनता चला जा रहा है, जहाँ कभी वह बिलकुल अकेली रहती है। या फिर 'सिंगल पैरेंट्स' की भूमिका निभाती नज़र आती है।

आज औरत और मर्द ख़ुश हैं मगर अपने जीवन से सन्तुष्ट नहीं, एक बेकली और बेचैनी उन्हें गहरे कचोटती रहती है। अगर सिर्फ़ औरत के नज़रिए से हम देखें तो लगता है सदियों पुराने मर्द को नए मर्द में बदलना होगा, वरना सारी उपलब्धियाँ किसलिए? और चाहे-अनचाहे बढ़ती तन्हाई आख़िर क्यों?

['बिंदिया' : अप्रैल, 2013]

मौजूदा ज़िन्दगी का पन्ना पलट दें

जब भी मैं किसी औरत को बेहाल और बदहाल देखती हूँ तो सोचने पर मजबूर हो जाती हूँ कि आख़िर हम औरतों से ग़लती कहाँ हुई है, जो हमारे पैदा किए हुए मर्द हमको कभी सामाजिक रीति-रिवाजों के चलते तो कभी धार्मिक क़ानूनों, तो कभी सियासी चालों से दबाते और धमकाते चले आ रहे हैं। अपवादों को हम छोड़ते हैं, लेकिन हक़ीक़त से आँख नहीं चुरा सकते हैं। देश हो या विदेश हर जगह की औरत किसी न किसी कारण से कठिनाइयों से जूझ रही हैं। कहीं पिछड़ापन उसको खुलकर साँस नहीं लेने देता है तो कभी आधुनिकता का बेजा बहाव उसे कहीं टिकने नहीं देता है। कहीं शोषण से घबराई हुई है तो कहीं स्वतंत्रता के नाम पर अपने दोहन से। इस सबका इल्ज़ाम किस पर लादा जाए? धर्म, समाज, राननीति इसकी ज़िम्मेदार है या फिर ख़ुद स्त्री और पुरुष?

दुनिया को देखने का हर इनसान का नज़रिया अलग-अलग हो सकता है। कुछ नज़र सिर्फ़ उन औरतों पर टिकी होती है, जो मेहनतकश होने के साथ हालात की सताई हुई होती हैं और कुछ नज़रें उन औरतों को हसरत से ताकती हैं जो आराम से रहती हैं, न वह मेहनत करती हैं और न उन पर कोई जुल्म ही करता है। क्या सच्चाई यही है जो हमें ऊपर का नज़ारा दिखाती है या फिर हक़ीक़त कुछ और है जो नज़र नहीं आती है। उसके लिए हमें इनसान के दिल की थाह लेनी चाहिए तभी वह छुपे ज़ख़्म हमको नज़र आएँगे जिसको वह अपनी ख़ुशमिज़ाजी में अक्सर छुपाने में कामयाब नज़र आते हैं, ख़ासकर औरतें जो या तो डिग्रियों और मोटी तनख़्वाह से लदी-फँदी रही हैं या फिर ज़ेवरों और बच्चों से घिरी, गुरूर से सर उठाए यह बताने की कोशिश करती हैं कि वह बहुत ख़ुश और मुतमईन हैं।

इनसान की ज़िन्दगी एक बार मिलती है जिसे वह अपनी मर्ज़ी से जीना चाहता है मगर जी नहीं सकता। चाहता वह कुछ है और मिलता उसे कुछ और है। ऐसा नाउम्मीद मर्द औरत के साथ कितना ख़ुश रह सकता है, जब उसे कुछ भी ख़्वाहिश

के मुताबिक़ नहीं मिला यहाँ तक कि पत्नी भी। ऐसी औरत क्या करे? जादू-टोना या रोना-धोना? लड़कियाँ अपनी मर्ज़ी से न अपने विषय चुन पाती हैं और न ही पति, यहाँ तक कि नौकरी भी नहीं। कहीं उनकी हिम्मत जवाब दे जाती है तो कहीं हालात का कारागार अपना दरवाज़ा खोलकर उनका स्वागत करता है और वह कभी बिना लड़े हथियार डाल देती हैं या फिर लड़ते-लड़ते अपने वजूद से छिटक कुछ और बन जाती हैं।

समस्या को सिर्फ़ यह कहकर दिल हल्का कर लेना कि यह सारी ग़लती मर्दों की है जो उन्हें कठपुतली समझकर नचाते हैं और उनके दुख और बेबसी का कारण हैं। औरतों का यह सोच मुनासिब नहीं है। आज जो भी परिदृश्य हमारे सामने हैं, उसमें मर्द और औरत की पूरी साझेदारी है जहाँ एक मुखर नज़र आता है और दूसरा ख़ामोश। ख़ामोश एक समझदारी की अलामत मानी जा सकती है मगर हमेशा नहीं। यह ख़ामोशी एक ख़तरनाक तरह का समर्थन माना जा सकता है, उस मुखरता के प्रति जो फ़ायदे से ज़्यादा किसी के नुक़सान में जा रही हो, इसलिए ज़ुल्म सहना और ज़ुल्म करना दोनों ही स्थिति में इंकार ही इनसान के अन्दर की दुनिया को मज़बूत करता है ख़ासकर औरत को, जिसके पास कोमल संवेदनाएँ और रिश्तों को निभाने का जज़्बा है जिस पर ज़रा सी ठेस लगने से वह चकनाचूर हो जाती है और प्रोत्साहन मिलने पर आईनाख़ाना बन जाती है जिसमें मोहब्बत भरे रिश्तों की अनेक छवियाँ देखी जा सकती हैं।

औरत की शक्ति इन्हीं रिश्तों में पनाह होती है जो उसे बराबर बल और साहस देती रहती है। अपनी इस बनावट को चाहने के बावजूद और बदल नहीं पाती है और रिश्तों को सँजोने और सहेजने की कोशिश में निरन्तर कमज़ोर पड़ती जाती है और ऐसी स्थिति में फँसी औरतों को देखकर दिल व दिमाग़ में सवाल उभरता है कि इन सारी व्यथा का कारण ख़ुद औरत है या फिर कोई और?

पता नहीं क्यों मेरा यह ख़याल दिन ब दिन पुख़्ता होता चला जा रहा है कि हम औरतें सही समय पर उचित क़दम उठाने से चूक जाते हैं और बाद में या तो अपने को कोसते हैं या फिर दूसरों पर आरोप मढ़ते हैं। अपने सुख को अपने ही हाथों दुख में बदल पूरी ज़िन्दगी संघर्ष में बदल डालते हैं और अन्त में मौत के आग़ोश में जा गहरी नींद में सो जाते हैं।

आज भी हम कई-कई स्तरों पर चोट खाते हैं। चोट खाना कोई बुरी बात भी नहीं है मगर चोट खा उससे कोई सबक़ न लेना बुरा ही नहीं बल्कि मूर्खता

है। क़ानून हमारे समर्थन में है, माहौल हमारा बैरी नहीं है। हमारे दुख सुन लोगों का कलेजा पसीजता है। मगर यह सारा सिलसिला कब तक चलता रहेगा? कब हम अपने आँसुओं और पीड़ा से मुक्त होंगे। हमें न घर छोड़ना है, न भागना है। न घुटने टेकने हैं न मार सहनी है, बल्कि अपने आप का निर्माण करना है अपने औरतपन को बचाकर।

मर्द बनने की ज़रूरत नहीं है बल्कि अपने अन्दर छुपे महिला गुणों की खोज करनी है जो हमारी शक्ति बने, हमारे घर को सुरक्षित रखें और मर्द का सहारा बनें, वरना हम दो इनसान एक-दूसरे से लड़ते-भिड़ते कुंठित मानसिकता से बच्चों को अपने पीछे छोड़ जाएँगे।

जो हो चुका बहुत हुआ। उसे भूलें और ज़िन्दगी के नए अध्याय की शुरुआत करें।

['बिंदिया' : मई, 2013]

ज़हन के अँधेरे को दूर भगाइए

अकसर मुझे रौशन चेहरे वाली औरतों से अपनी मुलाक़ातें याद आती हैं तो दिल उदास हो जाता है यह सोचकर कि उनके ज़हन दुख और हीन भावना के चलते किस क़दर स्याही में लिपटे हुए हैं, जहाँ रौशनी की कोई किरण नहीं चमकती यहाँ तक कि उनके चाँद जैसे चेहरों की चाँदनी भी उस अँधेरे पर छिटककर रुपहला उजाला नहीं फैला पाती है आख़िर क्यों?

क्या वह अपने को मुजरिम समझती हैं?

क्या हर ग़लती का कारण ख़ुद को मानती हैं?

या फिर उनके घरवालों ने उनकी कमियों को इस तरह दोहराया है कि वह अपनी ख़ूबियाँ देखना भूल गई है? अगर यह सब नहीं है तो फिर इस अँधेरे से इतना प्यार क्यों जो चाँद से चेहरे वालियाँ अपने को अमावस्या की रात समझकर उसे स्वीकार कर चुकी हैं कि यही मेरा सच है। ऐसी औरतों से जब कभी बात का मौक़ा मिला तो महसूस हुआ कि यह उनका सच नहीं है। यह आपका सच भी नहीं है। आईना उठाकर चेहरा देखें और महसूस करें कि यह आप ही हैं? यह आप ही हैं जो अपने को सही तरीक़े से पहचानती नहीं हैं और दूसरों की कही बातों पर विश्वास कर लेती हैं?

य़कीन जानिए आपका सच आपके अन्दर छुपा है जिसकी कसौटी पर आप अपनी पहचान कस सकती हैं बिना किसी भ्रम और भय के अपनी अच्छाइयाँ और बुराइयाँ छाँट सकती हैं, उसे अपने मापदंड पर तौलें। आप ख़ुद इस बात को शिद्दत से महसूस करेंगी कि आप बाहर के उजाले को देखने में इतनी व्यस्त रहीं कि अपने अन्दर की सुन्दरता को न देख पाईं और न ही झाँक पाईं। ख़ुदा ने इनसान को बनाया। औरत मर्द की शक्ल में और इज़्ज़त बख़्शी औरत को इनसान को जन्म देने के चलते। निचोड़ यह हुआ कि ख़ुदा के बाद औरत को इस आबादी की ज़िम्मेदारी बख़्शी। कायनात तो बहुत ख़ूबसूरत है, नदी, पहाड़, फूल, चरिन्द व

परिन्द मगर सबसे हसीन कायनात का जो हिस्सा है वह है औरत। औरत इसलिए दुनिया में लाई गई है कि जो दुनिया ख़ुदा ने रची है उसकी देखभाल कर सके। इसलिए सृजनशक्ति औरत को मिली। अब वह औरत न अपने को पहचाने और अपने पैदा किए इनसान से डरे भी तो हो चुकी इस दुनिया की सँभाल। अँधेरे में अगर ज़हन डूबा होगा तो आँखें क्या देख पाएँगी और ज़बान क्या बोल पाएगी। अपने और दूसरों के लिए वह सही फ़ैसले, उचित योजनाएँ और निडर होकर न्याय मार्ग नहीं चुन पाएगी। ऐसी स्थिति में उसके ख़्वाब अधूरे, रिश्ते बेरस और योग्यता शून्य की तरफ़ धीरे-धीरे ले जाकर उसे अंधे कुएँ में धकेल देंगे और हासिल कुछ न होगा। एक सच जो सुनने में कड़वा है मगर समझने और बरतने के बाद ख़ासा मीठा लगेगा वह यह कि अकेले आए हैं और अकेले वापस आएँगे। आपकी करनी-धरनी का सेहरा सिर्फ़ आपके सर पर बाँधा जाएगा और उसका भुगतान आपको ही भुगतना होगा। इसलिए एक इनसान की पूरी गरिमा के साथ आपको जीना है। ग़लत समझौते, ग़लत समर्थन, मुहब्बत का नाम नहीं है बल्कि हम तो डूबेंगे सनम, तुमको भी ले डूबेंगे वाली बात आपको अपनी ग़लती का अहसास कुछ वर्षों बाद दिलाएगी तब हाथ मलने के सिवा कुछ बाक़ी नहीं बचेगा।

मिसाल के तौर पर कुछ ऐसी लापरवाहियाँ हैं जो औरतें आँख बन्द कर रिश्तों और प्यार के नाम पर कर बैठती हैं जो गुनाह बेलज़्ज़त और बेहूदा बलिदान में बदल जाता है जैसे अपनी उम्र में अपना मकान और जमापूँजी बेटों को दे देना। उनका यह विश्वास तब टूटता है जब वही बच्चा पूरा मर्द बन माँ की तरफ़ से आँखें फेर लेता है और माँ को किसी रिश्तेदार या दोस्त के घर रहना पड़ता है और बाक़ी ज़िन्दगी वह ज़हनी अँधेरे में अतीत की परछाइयों को पकड़ने में गुज़ार देती है। ऐसी ही एक घटना को लेकर जिसमें तन्हा माँ ने बेटे को बड़ा किया और डाक्टर बनाया और डाक्टर बनते ही उसने तोताचश्मी का सबूत दे डाला। इस घटना से मुतासिर हो मिस्र देश में पहले-पहल 'माँ का दिन' की शुरुआत की गई थी। अकेली आवाज़ बुलन्द हुई जिसका मज़ाक़ राष्ट्रपति तक ने उड़ाया लेकिन जब अकेली आवाज़ कोर्स में बदली तो 'माँ का दिन' नाम से एक ख़ास दिन को चुना गया जो धीरे-धीरे कर मिस्र की सीमा लाँघकर अन्य देशों में भी जश्न का रूप ले बैठा। स्थितियाँ बदलीं मगर इस तरह नहीं कि कहा जाए सारी माँएँ एकाएक ख़ुशक़िस्मत होकर दुखों और कष्टों से मुक्त हो गई हैं।

हर जवान माँ बच्चों के लालन-पालन के साथ एक बात याद रखे कि जिन

बच्चों को वह पाल रही है कल वह दुनिया की आबादी बनेंगे बुढ़ापे की लाठी नहीं, इसलिए बुढ़ापे का इन्तज़ाम भी हर माँ पर फ़र्ज़ बनता है ताकि वह अपने बच्चों पर बोझ न बनें और वही ख़ुशगवार माहौल ख़ुद और बच्चों के बीच बनाए रखे जो उसने जवानी में बरकरार रखा था। क़िस्मत को ग्रहण लगना एक बात है मगर अपनी नादानी में अँधेरे को चुनना बिलकुल अलग मसला है। इसलिए बचपन से लेकर बढ़ती उम्र के साथ अपने आसपास हुई मानवीय दुर्घटनाओं से सबक़ लें। दूसरों के दुख में उनकी ग़लती पर उँगली रख यह कहकर मज़ाक़ न उड़ाएँ कि मैं इतनी बेवकूफ़ नहीं हूँ।

हमारे लिए रोज़ नए क़ानून बनाए जा रहे हैं ताकि समाज का वह हिस्सा जो बरसों से शोषित और पिछड़ा है उसे मर्द के बराबर दर्जा दिया जाए। यह बहुत सकारात्मक रुख़ है मगर सवाल हम औरतों के बीच का है कि हम जिन्हें जन्म देते हैं। जिनके लिए रातों की नींदे ख़राब करते हैं, जिन्हें बोलना-चलना सिखाते हैं, उन्हें यह सिखाना क्यों भूल जाते हैं कि बेटा औरत की इज़्ज़त करना अपना पहला धर्म समझना जिसकी शुरुआत घर में माँ से शुरू होकर बहन, भाभी और मोहल्ले की मुँहबोली दादी, नानी, बुआ और छोटी बहनों तक जाती हैं जिनके दिल में भाई के लिए अथाह प्यार होता है। लेकिन देखने में ज़्यादातर यही आता है कि भाई राखी तो बँधवा लेता है, मगर उस बहन की रक्षा का कोई व्यावहारिक क़दम नहीं उठाता है, उसी तरह जैसे सात फेरे और निकाह के वक़्त कही अच्छी बातों को कोई शौहर आगे ज़िन्दगी में याद नहीं रखता है (अपवाद की बात अलग है) लौटती हूँ उन औरतों की तरफ़ जो गर्म रात की उमस भरी फ़िज़ा में चाँद की हैसियत रखती हैं जिससे मिली ठंडक से परिवारवालों को मीठी नींद मिलती है। उन बहनों से मेरा निवेदन है उस ठंडी रुपहली चाँदनी की रौशनी में सबसे पहले ज़हनी अँधेरे को दूर करें ताकि रौशनी की क़हक़शों में आप दुरुस्त फ़ैसले ले सकें।

['बिंदिया' : जून, 2013]

औरतपन बचा के रखिए

औरत चाहे जितनी भी बदसूरत क्यों न हो अगर उसमें औरतपन है तो वह अपने में सबसे हसीन औरत नज़र आएगी और आपकी नज़रें चाहे-अनचाहे बार-बार उसकी तरफ़ उठेंगी जहाँ न कोई मेकअप है न ख़ुदा के गढ़े चेहरे के नुक़ूश सौन्दर्य के मापदंड पर ही पूरे नज़र आते हैं और तो और उसने किसी भी डिज़ाइर का न कोई महँगा लिबास पहन रखा है, फिर वह अपने हाव-भाव और सादगी में आपके दिल व दिमाग़ पर छा जाती है।

दूसरी तरफ़ आधुनिक तरीक़े से सजी हुई औरतें अकसर कुरूप नज़र आती हैं और स्टेज का कोई किरदार आपकी आँखों में कौंधकर आपको मुस्कुराने पर मजबूर कर देता है। उनके चेहरे का सन्तोष और मलाहत, त्वचा का अपना हुस्न कहीं दब जाता है और चेहरे पर एक तनाव की सी कैफ़ियत तारी रहती है जो आप पर कोई प्रभाव नहीं डाल पाती है।

जिस तरह ज़िन्दगी जीने में एक सलीक़ा और नज़ाकत की ज़रूरत पड़ती है उसी तरह औरत का व्यक्तित्व है जो अपने प्रभावमंडल से रास्ते में आई मुश्किलों को आसान बना डालती है। अकसर आपने महसूस किया होगा कि आप ढेरों लोगों से मिलते हैं मगर चन्द लोग ऐसे होते हैं जिनके प्रति अपने आप आपके दिल में आदर के साथ एक तरह की ज़िम्मेदारी का भाव उभरता है। सिर्फ़ नई पीढ़ी नहीं, बल्कि बुज़ुर्ग महिलाएँ भी बाज़ार के प्रचार से प्रभावित हो अपने को ग़ैरज़रूरी तरीक़े से सजाकर किसी दुकान की शो विंडो में तब्दील कर लेती हैं। लोग आते-जाते उन्हें ताज्जुब और उत्सुकता से देखते हैं। जिसमें न ख़ुदा के बनाए चेहरे पर 'वाह' कह पाते हैं और न ही अन्दर से झाँकते उन भावों के प्रति आकर्षित हो पाते हैं जो उस महिला की आत्मा के सौन्दर्य को उसके चेहरे पर चार चाँद लगा सकते थे।

यह सब कहने का मेरा क़तई इरादा नहीं है कि औरतें मेकअप न करें और

आधुनिक कपड़े ज़ेबतन न करें बल्कि अपने उस सौन्दर्य को अपने व्यक्तित्व से फूटने दें जो उनकी अपनी पहचान, कोशिश और ख़ुद को तराशने की ज़हमत में किया गया उनका श्रम है। वह मेहनत जो उन्होंने अपने अन्दर के इनसान को बनाने में ख़र्च की है। उसका जलवा देखने वाले देखें यही मेरी दुआ है कि उनके मुँह से 'आह' निकले कि काश यह नमक हमारे चेहरे पर होता। यह बातें मैं लम्बे अरसे के अवलोकन के बाद कह रही हूँ कि इनसान वह भी आज का इनसान चाहे वह औरत हो या मर्द उसने अपने को बनावटी और ग़ैरज़रूरी चीज़ों का क़ैदी बना रखा है। अपनी पहचान को खोकर वह दूसरों का इश्तेहारी पोस्टर बनता जा रहा है। इसका सबसे बुरा असर उसके व्यवहार पर पड़ रहा है जो वह ख़ुद बोलना चाहता है वह बोल नहीं पाता है जो लिखना चाहता है वह पूरी ईमानदारी से बयान नहीं कर पाता। जहाँ बेबाक़ी की ज़रूरत नहीं वहाँ वह बहादुरी का बेजा इज़हार करता है। यहाँ पर मैं सबको नहीं लपेट रही हूँ अपवाद हमेशा मौजूद होते हैं मगर चिन्ता इस बात की है कि जो कुछ सतह पर तैरता नज़र आ रहा है, वह सच को छुपाकर अपने को समय की धारा साबित करना चाह रहा है। इन बातों का असर हमारी अभिव्यक्ति और कला पर भी पड़ रहा है। बनावटीपन का ख़तरनाक अज़दहा सृजनात्मकता के दायरे में दाख़िल होकर हमें कई तरह के झूठ से रोशिनास करा रहा है। जो कहानी सच्ची नहीं, वह हम पढ़ रहे हैं उन चित्रों की प्रदर्शनी देख रहे हैं जो बड़े मास्टरों की नक़ल है और उन न भूलने वाले गीतों को तोड़-मरोड़ रहे हैं और दावा कर रहे हैं कि यह प्रयोगात्मक सृजन का रूप है। माना कि यह समय मानवाधिकार की चेतना का है। हर व्यक्ति को स्वतंत्रता है अपने हक़ के लिए लड़ने का, चाहे कॉपीराइट लॉ हो या किसी की बौद्धिक सम्पदा का हनन हो, उसकी किसे परवाह है? यह सारी लापरवाही जब इनसानी रिश्तों में झलकने लगती है तब हम ख़ालिस जज़्बे की बात करते हैं। निष्ठा का ढिंढोरा पीटते हैं और वफ़ा और बेवफाई का फ़र्क़ समझने लगते हैं। लेकिन यह मानने को क़तई तैयार नहीं होते कि ऐसे चंचल, सतही रिश्तों के लिए दरवाज़ा खोलने वाले भी तो हम हैं। कभी हम धोखा खाते हैं तो कभी दूसरा हमसे धोखा खाता है। नक़ली और असली की चमकती हुई चीज़ सोना नहीं है तो भी हम चमकती चीज़ों के पीछे भागते हैं और सोचते हैं पल भर का लुत्फ उठाओ और यह मज़ा ज़िन्दगी भर के बोझ ढोने से कहीं बेहतर है, मगर ऐसे लोग जल्द ही हक़ीक़त से टकरा जाते हैं कि तू न सही और सही या फिर ले आएँगे बाज़ार से जाकर दिलोजाँ और। यह करना इतना आसान नहीं होता है। कोई

भी व्यक्ति लगातार दौड़ नहीं सकता है। सुस्ताना भी ज़रूरी है। थकान उतारने के लिए कन्धा भी तो किसी का चाहिए।

दायमी रिश्तों की ललक मर्द-औरत दोनों में होती है मगर औरत में उस चाहत की मिक़दार कई गुना ज़्यादा होती है इसलिए औरत को या तो इन बनावटी आडम्बरों से परहेज करना होगा या फिर अपना औरतपन छोड़ दूसरे की प्रवृत्तियों को उधार माँग एक नक़ली ज़िन्दगी जीनी होगी। मर्दों की नहीं जानती मगर औरत होने के नाते इतना ज़रूर जानती हूँ कि दिखावे वाले रिश्ते औरत को दिल से मंज़ूर नहीं होंगे क्योंकि उसकी मिट्टी में ख़ुदा ने कुछ ऐसे तत्त्व डालकर गूँधा है कि वह न केवल रिश्तों का क़दर करती है बल्कि अपने भरसक हर रिश्ते को पूरी तरह निभाने में कोताही भी नहीं बरतती है।

आज जो बाज़ार की चकाचौंध है वह औरत को चारों तरफ़ से घेरे है, घर हो या बाहर, किचन हो या ऑफ़िस, टायर हो या गाड़ी हर प्रचार-प्रसार में वह औरत को केन्द्र में रखती है और कमाल देखें औरतों ने तो हमेशा से मर्दाने कपड़े पहने हैं मगर आज मर्द को भी मेकअप और लम्बे कुर्ते पर दुपट्टा पहनने के लिए फ़ैशन ने मजबूर कर दिया है। इस सारे बदलाव को अगर ऊपरी सतह तक रखा जाए तो मुँह का मज़ा बदलने के लिए काफ़ी है मगर जब वह गहराई से हमारे दिल व दिमाग़ में अपनी जड़ें फैलाकर हमारा वजूद ही मिटाने पर तुल जाए तो इनसान रूपी जीव का क्या होगा। ख़ास कर उस औरत का क्या होगा जो अपनी पैदाइशी ख़ूबियों से वंचित हो जाएगी, वह भी अपने हाथों।

['बिंदिया' : जुलाई, 2013]

हर दस्तक पर दरवाज़ा खोलना ज़रूरी नहीं

औरतों में पिछले दस-बीस वर्षों में अपने अधिकारों के प्रति जागरूकता आई है। यह चेतना केवल पढ़ी-लिखी औरतों में नहीं, बल्कि निम्न वर्ग की अनपढ़ औरतों में भी ख़ूब फली-फूली है, ख़ासकर अपने साज-सिंगार के प्रति, अपने वज़न और कपड़ों के प्रति, दूसरा ध्यान उनका बच्चों की पढ़ाई की तरफ़ है। लड़के-लड़कियाँ दोनों बराबर से स्कूल जाते हैं और घर के कामों में हाथ बँटाते हैं। यह सकारात्मक पहलू तब और तारीफ़ के क़ाबिल हो जाता है जब शहरों में रोज़ी कमाने वाले साल भर की बचाई पूँजी अपने गाँव ले जाते हैं और वृद्ध माँ, बाप, ज़मीन-जायदाद की देखरेख करते, फ़सल कटाई के बाद फिर शहरों का रुख़ करते हैं और अपने-अपने धंधे में लग जाते हैं।

आपको एक छोटी-सी कहानी सुनाकर अपनी बात आप तक पहुँचाने का लुत्फ़ कुछ और होगा। सलमा नाम की औरत जिसका दर्जी शौहर एकाएक सख़्त बीमार पड़ गया और लम्बी बीमारी के बाद चल बसा। चार भाइयों की बहन, जेठ-देवर वाली सलमा की मदद को सब हाज़िर रहते हैं अपनी-अपनी हैसियत के मुताबिक़। घर उसका अपना था। ठिकाना होने के कारण वह किसी तरह गाड़ी खींच रही थी। अब सवाल बेटी की शादी का था। वह भी हो गई। जब सलमा मुझसे मिलने आई तो मुझे उसके चेहरे पर एक ख़ास तरह की नमकीन कशिश महसूस हुई। कहने लगी कि लोग निकाह के लिए ज़ोर डाल रहे हैं लेकिन मुझे निकाह नहीं करना है। लड़का बचा है उसके सहारे जी लूँगी। कुछ काम-धाम कर लूँगी। मैं उसके चेहरे पर फैले सन्तोष को देखकर समझी थी कि सलमा लम्बे तनाव से निकलकर राहत की साँस ले रही है। तभी यह कशिश चेहरे पर उभरी है मगर यह निकाह?

'सलमा, क्यों किया इनकार? तुम जवान हो, अकेली औरत कई तरह की परेशानियों से गुज़रती है। फिर धर्म भी आड़े नहीं आ रहा है आख़िर बात क्या है? क्या ससुराल वाले नहीं चाहते या फिर...?'

'नहीं, भाई राज़ी है मगर...आप जानती हैं कि मेरे जेठ सऊदी में हैं। मदद करते रहते हैं वही निकाह की बात कर रहे हैं। उनकी बीवी भी राज़ी है क्योंकि उनकी कोई औलाद नहीं है।'

सलमा का हल्का सा उत्तेजित स्वर सुनने से पहले ही मेरा जोश ठंडा पड़ने लगा था। अन्त तक उसकी बातें सुनकर मैं चुप रह गई। बात तो बेहद पेचीदा थी।

'अभी जो प्यार-मोहब्बत हमारे बीच है वह निकाह के बाद लड़ाई-झगड़े में बदल जाएगा, जो मैं नहीं चाहती हूँ, मुझे निकाह नहीं करना है, बेटे को मैं पढ़ा-लिखा लूँगी।'

मेरे मुँह से जाने कैसे निकल गया, 'हाँ, यह तो गुनाह होगा' इतना कहकर मैंने सलमा के काले चमकते चेहरे को देखा जिस पर इत्मीनान की गहरी चमक उसे बड़ा ख़ूबसूरत बना रही थी। उसके जाने के बाद मैं गहरी सोच में डूब गई।

सलमा का यह त्याग क्या उसके पति के प्रति गहरी लगावट है। या फिर वह अपने बच्चे को सौतले बाप का अनुभव देने से झिझक रही है, जबकि वह उसका सगा चाचा भी है। या फिर वास्तव में उसके दिल में अपनी जेठानी के लिए हमदर्दी का गहरा जज़्बा है कि एक औरत अपना शौहर बड़ी मजबूरी से बाँटने को तैयार होती है और उसे यह ज़ुल्म करना पसन्द न हो।

एकाएक मुझे प्रेमचन्द की कहानी 'बड़े घर की बेटी' याद आ गई। उस कहानी के चरित्र और सलमा में कोई समानता नहीं। दोनों औरतों का माहौल अलग फिर कैसे याद आ गई वह कहानी? शायद इसलिए कि दोनों घर को, रिश्तों को जोड़कर रखने वाली औरतें हैं।

सलमा जैसी औरतें उस तबक़े में कितनी तादाद में मौजूद होंगी जो दूसरी औरत के अधिकार का ख़याल रखती हों? मुझे लगता है कि आज औरत समाज जहाँ हर तरह से जागरूक हो रहा है वहीं पर रिश्तों को लेकर उतना संवेदनशील नहीं रह गया है। सलमा के तबक़े की औरतों में जिस तरह भ्रष्टाचार आधुनिकता के नाम पर फैल रहा है उससे हम आँखें नहीं चुरा सकते हैं। उन कारणों की विवेचना में जाना मैं नहीं चाहती मगर यह महसूस ज़रूर करती हूँ कि काफ़ी हद तक प्रत्येक वर्ग की औरत रिश्तों, ख़ासकर पारिवारिक रिश्तों के प्रति ख़ासी लापरवाह होती जा रही हैं, शायद उसका कारण संयुक्त परिवार की जगह एकल परिवार का आना है, मगर जहाँ आज भी संयुक्त परिवार अपने ज़मीन-खेत से जुड़ा शहर-गाँव के बीच आवाजाही कर रहा है वहाँ भी ऐसी चेतना कम होती जा रही है कि परिवार

की शान्ति अहम है। वहाँ भी अन्दर-अन्दर कई तरह की उलझनें और बग़ावतें उलझती, उबलती रहती हैं और वहाँ पर रिश्तों का उलझाव भी ख़ूब नज़र आता है ख़ासकर औरतों के आपसी सम्बन्धों में। सलमा कोई अनोखी औरत भारतीय समाज की नहीं है बल्कि यही औरतें हैं जो बड़ी तादाद में बिखरी हुई, हालात की नज़ाकतों को समझकर क़दम उठाती हैं, क्योंकि वह घर-परिवार, समाज में शान्ति और सुरक्षा की पक्षधर हैं। आज ऐसी ही औरतें हमारे समाज को साधे हैं वरना आधुनिकता के नाम पर जिस तरह की तेज़ हवाएँ घरों में दाख़िल हो चुकी हैं उसने अकसर औरतों को संकीर्ण ख़ुदग़र्ज़ और लापरवाह बनाने की कोशिश जारी रखी है, जो किसी भी तरह उचित नहीं है, न ख़ुद उनके लिए न दूसरी औरत के लिए, न परिवार और समाज के लिए।

मानती हूँ अवसर सबको नहीं मिलते, न ही वह हर एक का दरवाज़ा खटखटाते हैं मगर हर अवसर आपका उद्धार नहीं करता बल्कि पतन की तरह भी हाँक देता है। इसलिए अपने परिवेश के प्रति सजग हो हम औरतें फ़ैसले लें तो काफ़ी हद तक हम अपनी कठिनाइयों को हल कर सकते हैं और दूसरों के लिए कष्ट का बायस बनने से बच जाते हैं।

अन्त में—

सलमा को अगर कल खोई तन्हा, ज़िन्दगी से उखड़ा हुआ मर्द, चाहत भरा मिलता है तो उसे शादी ज़रूर करनी चाहिए, क्योंकि अभी वह जवान है!

['बिंदिया' : अगस्त, 2013]

ग़म का कुआँ न बनें

औरत के दिल को बहुत से रचनाकारों ने कुआँ कहा है। (यह अलग बात है कि इसमें बहुत से मर्द भी शामिल हो चुके हैं।) यह सच है कि औरत के अन्दर अंधा कुआँ वजूद रखता है जिसमें पानी की जगह आँसू, आहें, चोटें, ज़ख़्म, ग़म और पछतावा मुर्दा लाशों की तरह पड़े रहते हैं। किसी उदास शाम, ख़ामोश दोपहर और अँधेरी रात में मौक़ा देख दिल तपकन से भर उठता है और आँखों के सामने अतीत की परछाइयाँ तैरने लगती हैं जो ठंडी आह बन आपकी साँस में घुल-मिल जाती है। पुरानी टीसें साल-दो साल में कभी आपकी आँखें भर दे तो कोई बात नहीं है। आख़िर यादें ही तो इनसान की दौलत होती हैं जो न किसी को नज़र आती हैं और न ही उस तिजोरी को कोई तोड़ आपके सारे गुज़रे लम्हे चुरा सकता है। अतीत और वर्तमान में झूलना और भविष्य की तरफ़ पेंगे लेना अच्छा लगता है। लेकिन परेशानी तब शुरू हो जाती है जब अतीत का अँधेरा आपके दिल व दिमाग़ से उतर आपके चेहरे पर ग्रहण बन जाए और आपको देखकर लोगों को शमीम करहानी का यह शेर याद आने लगे—

माज़ी की याद, आज का ग़म, कल की उलझनें
इनको मिलाइए, मेरी तस्वीर बन गई।

कुछ लोग ग़म पर अपना 'कॉपीराइट' समझते हैं यह स्थायी भाव दूसरों की हमदर्दी पाने के लिए होता या फिर दूसरे भावों पर ग़म का पक्का रंग चढ़ गया, जैसी मजबूरी होता है। लेकिन सुख के लम्हे भूल आप दुख से चिपकी रहें यह कहाँ का इंसाफ़ है? किसी के धोखे को याद रखें और किसी और की माफ़ी को भूल जाएँ। कुढ़ना, रोना, बदला न ले सकने की तिलमिलाहट, मुनासिब जवाब न दे सकने की खिसियाहट, किसी पर बेज़ा शक, ग़लतफ़हमी होने का पछतावा, मदद न कर सकने का मलाल, अवसर निकल जाने का पछतावा, किसी को ग़लत समझने की

शर्मिन्दगी, हर कोताही पर अपने को क़ुसूरवार ठहराना, हालात पर लानत भेजना, दूसरों को कोसना और बड़ी दरियादिली से हातिमताई की पोती बन अपने वजूद के अंधे कुएँ में फ़िज़ूल के ग़म, बेहूदा कराहें और ग़ैरज़रूरी बातों को डालते जाना।

मैं यह नहीं कह रही हूँ कि आप दूसरे के ग़म को महसूस न करें या फिर एक जागरूक नागरिक की सारी संवेदनशीलता ताक़ पर रख अपने परिवेश से लापरवाह और पड़ोसी की कठिनाइयों से आँखें चुराएँ। इस सारे हादसों को ज़िन्दगी का लाज़िमी हिस्सा समझ उसे उस हद तक सुलझाएँ जिस हद तक आप मदद कर सकती हैं। ख़ुदग़र्ज़ी जितनी बुरी आदत है उतनी ही ख़राब, खसलत है दूसरों के मामले में ज़रूरत से ज़्यादा दिलचस्पी लेकर अपने कर्तव्यों को भूल जाना। ज़िन्दगी एक लम्बी सड़क है जिस पर दुर्घटनाएँ होना ज़रूरी हैं। भावना में बहने से अच्छा है उस पर रोक लगाना।

कुएँ का वह पानी जो आँसू नहीं मीठी, पारदर्शी जलधारा कभी हुआ करती थी जिसमें नाज़ुक अहसास नन्ही रंग-बिरंगी मछलियों की तरह हमेशा मचलते थे जिनकी आभा चेहरे पर उज्ज्वल मुस्कान की रेखा खींचती थी वह तो किशोर अवस्था से धीरे-धीरे आँसुओं के कुंड में बदलने लगी। और जवानी के गुज़रने के साथ वह आँसू कुंड भी सूखकर मलबे के ढेर में बदलने लगा। चेहरे पर मुस्कान कम नागवारी के आसार ज़्यादा नज़र आने लगे थे। अपनी नाकामी, अपनी ग़लती, दूसरों की चालाकी, यह अहसास कि समय हमें छल गया। यह सब सोचकर हम उस कुएँ में डूबते-उतराते रहते हैं।

आख़िर क्यों और किसलिए?

क्यों हम किसी हादसे में इस तरह अटकते हैं कि आने वाली ख़ुशियों को भी हम लौटा देते हैं। हर चीज़ की एक सीमा होती है उसी तरह ग़म की हदें तय करें उसे किसी नदी का रूप न लेने दें जो निरन्तर आपको ग़मों के पाटों में पीसती हुई नासूर बन ताज़िन्दगी बहती रहें। इसलिए औरतों के लिए बहुत ज़रूरी है कि वह अपने को उन सारी बेतुकी और ग़ैरज़रूरी बातों से दूर रखें जो उनकी ऊर्जा को चूसती हैं और उनका ध्यान ज़्यादा ज़रूरी मसायलों से हटाती है।

आज हम जिस दौर से गुज़र रहे हैं उसमें औरतें घर-बाहर दोनों सँभाल रही हैं। उन्हें अपनी क़ाबिलियत सिर्फ़ घर चलाने में नहीं बल्कि अपने कार्य क्षेत्र में भी दिखानी पड़ती है फिर भी राजनीति और स्पर्धा की इस दौड़ में उसे हार और जीत, फेल और पास का अनुभव हर रोज़ थकाता है। अगर रोज़ होती छोटी-छोटी

घटनाओं को आप अहमियत देंगी तो आपका दिल कुएँ की जगह कबाड़ख़ाना बन जाएगा। आपके व्यक्तित्व को अनजाने ही आपके अन्दर की दुनिया का दबाव तनाव में लाएगा और आपको महसूस होगा कि आप हर जगह नाकाम होती जा रही हैं जबकि हक़ीक़त कुछ और होती है।

यह भी देखने में आया है कि हम औरतें बहुत जल्द किसी नतीजे पर पहुँच जाती हैं और हमारी सोच सकारात्मक कम नकारात्मक ज़्यादा होती है। बच्चों की रेज़ल्ट हो या शौहर की तरक़्क़ी, हर बात को लेकर हमारा दिल धड़कता रहता है। हाथ-पैर फूले रहते हैं। बच्चे या शौहर अपनी नाकामी पर उतने दुखी हों या नहीं लेकिन पत्नी और माँ दुख के भँवर में डूबने लगती है। अक्सर इस कमज़ोरी के चलते मर्द अपनी बातें, अपने जीवनसाथी से कहते ही नहीं हैं और बच्चे माँ से छुपाते हैं या फिर झूठ बोलते हैं। बात खुलने पर फिर दिल पर घाव लेकर औरत आँसू बहाने लगती है। ज़िन्दगी बहुत सरल तरीक़े से भी जी जा सकती है। लगातार दौड़ने से आप कुछ ज़्यादा हासिल नहीं कर पाते हैं क्योंकि हर व्यक्ति को उसका हिस्सा देर-सबेर मिलता ही है। इसलिए औरतें हरदम घबराई, परेशान, चिन्तित सी परिवार के सुख के लिए बौखलाई रहती हैं उससे यह हरगिज़ साबित नहीं होता कि आप परिवार से ज़्यादा जुड़ी या बड़ी मुहब्बत करने वाली हैं क्योंकि मुहब्बत के इज़हार के एक सौ एक तरीक़े और भी हैं।

['बिदिंया' : सितम्बर, 2013]

जब तक औरत औरत की इज़्ज़त नहीं करेगी

हम औरतों ने असुरक्षा की भावना के चलते साहित्य, कला, दफ़्तरों और लगभग हर कार्यक्षेत्रों में घेरलू पालिटिक्स को लाकर सिर्फ़ अपनी क़ब्र नहीं खोदी है बल्कि पूरी महिला इमेज को भारी क्षति पहुँचाई है। यह दुख और चिन्ता का विषय उन महिलाओं के लिए है जिन्होंने न घर में, न बाहर इस तरह का व्यवहार कर अपने को सुरक्षित रखने की कोशिश की हो। उन्होंने न कभी बैकडोर दाख़िला लिया न ही अपनी कमज़ोर कृतियाँ या अपने काम में दक्ष न होने के बावजूद कोई सहल रास्ता चुना। उन्होंने अपने काम के ज़रिए अपने पैरों के नीचे ठोस ज़मीन को तलाश कर अपने तेवर के साथ जीवन गुज़ारा, चाहे उसके लिए उन्हें जाने कितनी क़ुर्बानियाँ देनी पड़ी हों।

पहले कुछ औरतों के व्यवहार के चलते यह मुहावरा वजूद में आया कि औरत ही औरत की सबसे बड़ी दुश्मन होती है। उसको सैकड़ों-हज़ारों औरतों ने मिटाने की कोशिश की ताकि कहने वाले यह जान सकें कि यह इकहरा सच है क्योंकि हर धान सत्ताईस सेर नहीं हो सकता है। किसी एक तरह की ख़ूबी और बुराई वाली औरत को लेकर हम सारे महिला समाज को नहीं देख सकते हैं। इनसान है औरत और मर्दों की तरह उनकी भी क़िस्में होती हैं और हर एक का अपना व्यक्तित्व होता है। इसलिए यह मुहावरा पूरा सच नहीं है कि औरत, औरत की सबसे बड़ी दुश्मन होती है या फिर उसे सोच की जो यह कहती है कि औरत की औरत दुश्मन तभी बनती है जब मर्द उसे लड़वाता है। मैं इन सारी पुरानी सोच पर मिट्टी डालती हूँ और उस सच पर बात करती हूँ जो वर्तमान समय में नारी की पीड़ा का कारण बने हुए हैं!

यह सबसे बड़ा सच है कि संसार वर्गों की असमानता से भरा पड़ा है। पिछली सदी में वर्गों की लड़ाई पर ख़ासा ज़ोर भी था। इस सदी में जो सच उभरकर आया है, वह है अपने ही वर्ग के लोगों का अपने वर्ग के विपरीत जाना और शत्रुता निभाना। इसको अवसरवाद, तेज़ रफ़्तार, असुरक्षा कहा जा सकता है, जो अपने

लाभ के लिए अपने वर्ग से बेवफ़ाई कर दूसरे वर्ग से हाथ मिला वह सब हासिल कर लेना जिसकी चाहत तो है मगर उसके लिए मेहनत का पसीना नहीं बहाना है।

एक दौर था जब औरत कभी सास बनकर तो कभी बहू बनकर एक-दूसरे के प्रति द्वेष-भाव रखती थीं जिसमें ननद और देवर की भी भागीदारी होती थी। उस स्थिति में बदलाव आया जब एकल परिवार का चलन हुआ। एक ही घर में दो चूल्हे हो गए। कुछ उसी ढब पर मामला कार्यक्षेत्रों में चला और स्त्रियों के बीच बेचैनी बढ़ गई। काम करने वाली मेहनती औरतें कुढ़तीं कि उसके सही काम करने का कोई नोटिस नहीं लेता और जिन्हें काम नहीं करना आता वह तरक़्क़ी के पायदान पर हैं। मर्दों के कान भर अपना उल्लू कुछ समय तक सिर्फ़ इसलिए सीधा किया जा सकता है कि बॉस नहीं चाहता कि अच्छा काम करने वाली औरत उसके शाना-ब-शाना चले। इसके और भी कई तरीक़े और कारण हैं। संक्षेप में एक औरत को जो मुफ़्त में प्रशंसा और तरक़्क़ी मिली है उसने दूसरी औरत की इज़्ज़त ज़रूर छींटें उड़ाकर बदरंग कर दी मगर अपनी भी धूमिल की और ख़ुद के लिए इज़्ज़त कमाई भी नहीं। इन सारी बातों का लब्बोलुआब यह निकला कि औरत के काम,उसकी तरक़्क़ी पर प्रश्नचिन्ह लगने लगे। सन्देह होता कि यह काम वास्तव में इसने किया है या फिर किसी और ने? इससे हुआ यह कि जो गम्भीर महिलाएँ थीं, जिनका काम उनकी मेहनत था, उनको सम्मान और पहचान नहीं मिली जिस पर उनका हक़ बनता था।

व्यक्तिगत स्तर पर यह क्षति उतनी नहीं अखरती है जितनी सम्पूर्णता में। हर औरत के पीछे कोई क़िस्सा, कोई कहानी, कोई अफ़वाह उसकी सारी उपलब्धियों पर पानी फेर देती है। यह साज़िश इतनी गहरा गई है कि अब ख़ुद उन महिलाओं को अपनी नादानी पर पछतावा होता है जो उसमें शरीक थीं। क्योंकि यही इमेज ख़ुद उन्हें जब किसी मेहनत से किये गए काम पर सुनने को मिलती तो उन्हें अच्छा नहीं लगा और वह इस इमेज़ को बदलने की कोशिश में लग गई। मगर जो क्षति हो चुकी थी। उसकी भरपाई पलक झपकते कैसे मुमकिन हो सकती है?

इस तल्ख़ तजुर्बे से निकलने के बाद यह बात साफ़ हो जाती है कि देर-सबेर सबको सबका हिस्सा मिलता है और औरतों को यदि अपना अधिकार लेना है तो उन्हें दूसरी औरत की हिफ़ाज़त उसी तरह करनी है जैसे अपनी करती हैं। दूसरों के गुणों को नकारना नासमझी ही नहीं बल्कि नैतिक अपराध भी है। आप जब दूसरों को इज़्ज़त देंगी तो आपको भी इज़्ज़त मिलेगी। दूसरा आपकी प्रशंसा और

आदर न चाहने के बावजूद एक समय के बाद करने लगेगा कि आपके पास नज़र है, बड़ा दिल है और आप दूसरों की ख़ूबियों को न अनदेखा करती हैं और न ही सराहना करना भूलती हैं।

औरत ने अपने संघर्ष की लम्बी यात्रा तय की है और अपनी उपलब्धियों के चलते उसने मर्दों की दुनिया में अपना स्थान भी बनाया है। लेकिन जो आदर दिलों में होना चाहिए वह अभी उसे हासिल नहीं हो पाया जिसका उसे गहरा रंज है और यह रंज तभी दूर होगी जब औरत दूसरी औरत की इज़्ज़त करना सीख लेगी और कोई ग़लत बात और अपशब्द वह अपनों के लिए कहना, सुनना नहीं पसन्द करेगी।

['बिंदिया' : अक्टूबर, 2013]

स्वर्ग को नर्क में न बदलें

आज औरत की स्थिति कई मायनों में बदली है बतौर मिसाल शारीरिक सजावट के साथ हाथ में पकड़ा मोबाइल। शादी के बाद अक्सर लड़कियाँ माँ-बाप से बात करने के लिए तरस जाती थीं। मगर अब वह जब चाहें अपने मायके और सहेलियों से बात कर सकती हैं। उसकी ख़ैरियत ले सकती हैं और ज़रूरत पड़ने पर किसी समस्या को सुलझाने में मददगार और घरेलू मसलों पर राय दे सकती हैं। जबकि कई माह की ब्याहता लड़की ससुराल जाकर न अपनी माँ, बहन से दुख-सुख बाँट सकती थी और न मन की उलझन सुलझा सकती थी।

चन्द दहाई पहले कुछ इसी तरह की आज़ादी घरेलू औरतों को गैस आने से मिली थी। लकड़ी, कोयले, बुरादे की अँगीठी और चूल्हे से उनको छुट्टी मिली थी। जिससे उनकी आँखें तो बचीं रसोई की दीवारों को भी धुएँ के कालेपन से राहत मिली। राख की जगह बाज़ार से आए नए साबुनों से माँजकर बर्तन चमक उठे।

इसमें कोई शक़ नहीं है कि ज़रूरत से ही आविष्कार होते हैं। मगर आविष्कार इनसान के पूरी तरह लाभ में जाए, यह ज़रूरी नहीं है या फिर इनसान उनका प्रयोग उतना ही करे जिस हद तक वह फ़ायदेमन्द है। मोबाइल एक हद के बाद सेहत के लिए हानिकारक साबित हो रहा है। रोज़ किसी-न-किसी पत्रिका या समाचार-पत्र में हमको मालूमाती लेख इस बारे में पढ़ने को मिल जाता है।

मैं यहाँ घर की बात करना चाहती हूँ, जहाँ मोबाइल सहूलियत की नहीं मुश्किलात की वजह बनता जा रहा है। इमरजेंसी में जो उपकरण इस्तेमाल होना चाहिए वह गपशप का माध्यम बनता जा रहा है। पहले एक-दूसरे के घर जाकर दिल की भड़ास निकाल लेते थे मगर अब आना-जाना कम होता जा रहा है। जिसके कई कारण हैं जैसे दूरी, बाहर की महँगाई, ट्रैफ़िक जाम, सही वक़्त पर फ़ुर्सत न मिलना आदि-आदि। इन मजबूरियों से होता यह है कि हमें मोबाइल पर बात करने का चस्का लग जाता है और ज़रा-ज़रा सी बात पर फ़ोन कान से लगा बात करना

शुरू कर देते हैं। कभी कोर्स को लेकर बात होती है तो कभी किसी भावमात्मक झटके की और माँ-बाप को इस बात का इत्मीनान होता है कि स्कूल-कॉलेज में या रास्ते में उनकी लड़की किसी परेशानी से दो-चार होती है तो वह मोबाइल के रहने से उन्हें तत्काल सूचना दे सकती है। या घर वालों को कोई ज़रूरी इत्तला देनी है तो वह आसानी से दे सकते हैं।

यही नहीं मोबाइल अकसर अकस्मात् हुई दुर्घटना में आरोपियों और अपराधियों को पकड़ने में सहायक होता है। तस्वीरें ली जा सकती हैं। आवाज़ें टेप हो जाती हैं। डायरी की तरह फ़ोन नम्बर लिखे जा सकते हैं। सूचनाएँ किसी के बारे में मालूम करनी हैं तो इंटरनेट से कनेक्ट कर हर मालूमात आपके मोबाइल पर दस्तयाब हो जाती है। गिनाने पर आएँ तो हज़ार फ़ायदे हैं बशर्ते उन सभी सहूलियतों से आप फ़ायदा उठा सकें तो बात बनती है।

फिर भी मोबाइल आज की औरत की सजावट का एक अहम हिस्सा बन चुका है। हार की तरह गर्दन से डोरी में झूलता हुआ कमर में बेल्ट की तरह कसा हुआ या फिर हाथ में पकड़ा हुआ। इनसान को ज़माने के साथ चलना चाहिए। क्या यह कम ख़ुशी की बात है कि आपका फ़ोन आपके साथ-साथ है और आप हर पल की ख़बर रख रही हैं।

परेशानी तब होती है जब आपको न अपनी ख़बर होती है और न ही अपने घर की। घर में रहकर भी आपको अपनी ज़िम्मेदारियों का क़तई कोई अहसास नहीं होता है। लड़कियाँ अगर ऐसा करती हैं तो माँ ख़ून का घूँट पीकर चुप रह जाती हैं। मगर सास को सहन नहीं होता है कि हरदम बहू का मोबाइल बजे और वह कामधाम छोड़कर हँस-हँस कर बातें करे या फिर फ़ोन के साथ ख़ुद भी दूसरे कमरे में जाकर रूपोश हो जाए और सास को पता न चले कि वह किससे बात कर रही है। दूध उबल गया। चाय खौल गई। तवे पर परांठा जल गया। सास के पैर की मालिश बीच में छूट गई या शौहर शर्ट के इन्तज़ार में है कि पत्नी इस्त्री करे तो वह ऑफ़िस पहुँचे। मोबाइल शान्त घर को कैसे अशान्त कर देता है या फिर रिश्तों में खटास पैदा कर देता है या फिर सन्देह का नाम दिमाग़ में सरसराने लगता है इसका अन्दाज़ा उन लोगों को क़तई नहीं हो सकता जिन्हें मोबाइल की सख़्त ज़रूरत उनके ऑफ़िस, ख़बर, और व्यापार में होती है और मोबाइल उनका सहायक बन उनके साथ हुई दुर्घटनाओं से बचा लेता है मगर औसत मर्द और औरत के लिए यह सिर्फ़ जंजाल बनता जा रहा है।

इस बात को उठाना इसलिए ज़रूरी महसूस हुआ कि निम्न मध्यवर्ग और मध्यवर्ग की नई ब्याहता जो क़स्बे और छोटे शहरों में रहतीं हैं उनके घर में आपसी मतभेद का कारण मोबाइल का बेजा इस्तेमाल सरदर्द बनता जा रहा है। बहू हर बात की सूचना माँ को देना ज़रूरी समझती है और माँ की राय से वह अपना व्यवहार, सास, ननद, देवर, ससुर के साथ तय करती है और अपने ही मीठे बने रहे सम्बन्धों को कड़वाहट में बदल डालती है। सास दबंग हुई तो अंजाम बुरा और अगर बहू दबंग हुई तो इस रोका-टोकी से अब वह मामूली लड़ाई को दहेज़ उत्पीड़न का नाम दे ससुराल वालों को नाकों चने चबवा देती है। जिस घर की आप रानी और लक्ष्मी बनकर गई हैं उसी घर को उजाड़ने में लग जाती हैं।

औरत की समझदारी इसी में है कि वह आधुनिक जीवनशैली को अपनाए ज़रूर मगर उस हद तक जहाँ उसके इनसानी रिश्ते बिगड़ने न पाए और उसका घर स्वर्ग से नर्क में न बदल जाए!

['बिंदिया' : नवम्बर, 2013]

अपने मुक़दमे का फ़ैसला ख़ुद लिखें

औरत के अन्दर निहित गुण की तरफ़ जो मैं बार-बार इशारा करती हूँ उसकी ख़ास वजह है उसका गुम होते जाना। मेरा य़कीन है कि अगर औरत अपनी दोनों ख़ूबियों को साथ लेकर चले यानी औरतपन और इनसानियत तो य़कीन जानें हमसे ज़्यादा ख़ुश और मुतमईन प्राणी संसार में कोई दूसरा नहीं होगा।

जिस गुण को मैं बार-बार दोहराती हूँ वह औरतपन दरअसल है क्या? जवान, बदन, तिरछी चितवन, जोश भरी दीवानगी, ऊपर से नीचे तक सजावट-ही-सजावट या फिर बच्चों को जन्म देना और ख़ानदान की देखरेख?

आप पूछ सकती हैं कि फिर औरताना, बातें औरताना लेखन, गुद्दी में अक्ल रखने वाली, मर्दों को बहकाने वाली, औरत एक पहेली है यह सब किस खाते में जाएगा, हमारे गुण या अवगुण? यह कटाक्ष, यह तिरस्कार आख़िर किसलिए?

याद रखें यह सारे अलक़ाब उन मर्दों द्वारा दिए गए हैं जो औरत को सही प्रेम में पहचानने, समझने की न चाहत रखते हैं और न ही उनके पास इन बारीक बातों के लिए वक़्त है कि वह अपनी तरह के दूसरे इनसान को समझने के लिए वक़्त ख़राब करें। वह मादा और दुनियावी व्यवस्था में दोयम दर्ज़े की नागरिक है। उसका रुतबा न अफ़सर बनने, न चाँद पर जाने, न माँ, बहन, पत्नी बनने से ऊपर उठता है। वह सिर्फ़ कूड़ा बटोरने से दुख बाँटने भर के लिए बनाई गई है। हाँ, कभी-कभी मददगार भी साबित होती है, जो उसका कर्तव्य है। नहीं करेगी तो जाएगी कहाँ? रहना तो उसे इसी समाज में है जिसके सारे क़ानून हम मर्दों ने बनाए हैं।

यह सारी छींटाकशी एक ख़ास स्थिति में निकली अभिव्यक्तियाँ हैं जो न औरत की पहचान हैं और न मजबूरी। यह सिर्फ़ नज़रिए की बात है कि कौन शख़्स किस नज़र से दूसरे मनुष्य को देखता है।

औरत कायनात की बेहद ख़ूबसूरत तोहफ़ा है। उसका मिज़ाज प्रकृति की तरह ही है। उसकी ज़िन्दगी में भी चार ऋतुएँ आती हैं। बचपन, जवानी, अधेड़पन और

बुढ़ापा। औरत की पहचान सिर्फ़ जवानी नहीं, बल्कि उसके अन्दर का मौसम है जो सदाबहार है। औरतपन स्त्री के ज़नानेपन की कसौटी है। उसकी मिट्टी की महक है। जिस मिट्टी में मानवीय ख़मीर पड़ा है। उसकी नरमी, सख़्ती, मौक़ा देखकर निकलती है। वह इनसानी रिश्तों को अपनी अन्तिम साँस तक सींचने का हौसला रखती है। आप ख़ुद औरत हैं, औरतों के सारे गुणों का जानती हैं। जिसमें इनसान होने के सकारात्मक गुणों के साथ नकारात्मक गुणों को भी अच्छी मात्रा मौजूद होती है। इसलिए औरत संयम, धैर्य, सूक्ष्म दृष्टि से काम न ले और सन्तुलित अपने को न रखे तो अपने ही पैरों में कुल्हाड़ी मार बैठती है। अपना घर जलाकर राख कर देती है। इश्क़ का जुनून सवार हुआ तो एक व्यक्ति के चलते पूरे परिवार और समाज को ठोकर मार बैठती है। पटरी नहीं बैठी तो उस व्यक्ति को भी छोड़ तन व तन्हा रहना शुरू कर देती है और ज़माने को ठेंगा दिखा देती है।

आज हम जिस दौर से गुज़र रहे हैं। वह विकास और प्रगति का है। उपलब्धियों और सुविधाओं से भरपूर है। यह उन्नति इनसान ने ख़ुद अपनी मेहनत से हासिल की है जिसकी शुरुआत खेती से होती है जिसका आविष्कार औरत ने किया जब मर्द शिकार खेलने निकल जाते थे तब वह प्रकृति का भेद जान पाई। आज भी वही औरत अपने कन्धों पर घर उठाए अन्दर-बाहर की दुनिया को सँभाले हुए है। यह सब जानते हैं कि अगर मर्द घर छोड़कर जाता है तो वह घर उसी तरह अपने सगे-सम्बन्धियों के साथ बना रहता है लेकिन जब औरत घर छोड़ती है तो सब कुछ बिखर जाता है। यह पक्षपात नहीं आज की ज़िन्दगी की सच्चाई है। इसलिए आज की औरत जिसने अपने व्यक्तित्व में चार चाँद लगाए हैं, उसके साथ समाज और परिवार का रुख़ और व्यवहार बदलना चाहिए। यह अपेक्षा ख़ुद औरत की भी अपने पिता, भाई, पति, पुत्र से होती है और जब यह पूरी नहीं होती तो औरत का मिज़ाज बिगड़ने लगता है क्योंकि वह अपने अन्दर की क्षमता जान चुकी है कि वह कल तक जिन कारणों से मर्दों पर निर्भर रहती थी वैसी कोई मजबूरी अब उसे नहीं है। वह ख़ुद कमाती है, ख़ुद घर ख़रीदती है और ज़रूरतमन्दों की मदद भी करती है। फिर किसलिए उसे मर्द की ज़रूरत है? एक प्रेमी, एक पति की, सिर्फ़ उस सहज आकर्षण के चलते जो उसकी इनसानी माँगें हैं और अब वह न मिले और उसकी जगह मिले जूता, लात, प्रताड़ना तो फिर वह उस घर में क्यों टिकेगी।

आज औरत को अपनी सलाहियतों और पहचान को क़ायम रखना है अगर किसी को बदलना है तो वह है परिवार, पति और समाज को। आधुनिक समय में

नए गुणों से लैस औरत से पुराने तौर-तरीक़े और व्यवहार नहीं चल सकते हैं इसलिए बदलाव की सख़्त ज़रूरत है जो सिर्फ़ क़ानून बनाने से नहीं आएगा, बल्कि औरत के बारे में नज़रिया बदलने से आएगा।

औरतों के सन्दर्भ में सिर्फ़ बुरी बातें ही नहीं बल्कि ढेरों अच्छी बातें कही और लिखी गई हैं। उन्हें यहाँ लिखना मैं इसलिए उचित नहीं समझती हूँ क्योंकि औरत कायनात का हिस्सा भी है और ख़ुद में पूरा संसार भी है। इसलिए उसके विस्तार और महिमा को चन्द शब्दों और अलक़ाबों में बाँटना उसके वजूद को तंग दायरे में क़ैद करना जैसा है।

['बिंदिया' : दिसम्बर, 2013]

औरत को चाहिए क्या, मुहब्बत या...

पूरी दुनिया में अगर कोई सबसे ज़्यादा पेरशान जीव है तो वह औरत है। जहाँ जंग जारी है। वह वहाँ बेघरबार है। जहाँ राजनीति और विचारधारा की टकराहट है वहाँ दरबदर है। जहाँ समाज की जकड़न है वहाँ वह जीते-जी मुर्दा है। जहाँ उसकी ख़ुद अपने से लड़ाई है वहाँ वह लहूलुहान है और जहाँ ऐसा कुछ नहीं है। वहाँ पर वह दूसरों के लिए सोच-सोचकर बीमार है। आज ख़बरों में, घटनाओं में, कहानी-क़िस्सों में, फ़िल्म और नाटकों में, पेंटिंग्स और इश्तेहारों में अगर छाई है तो वह औरत है। औरत का चरित्र, औरत की ज़रूरत, औरत का शोषण, औरत की उपलब्धि सभी कुछ औरत के चारों तरफ़ घूम रहा है।

अपनी इस महत्त्वपूर्ण भूमिका और चर्चा से औरत ख़ुश है, मुतमईन है, गर्व महसूस करती है? जवाब 99 प्रतिशत इनकार होगा। कई अन्तरराष्ट्रीय महिला सम्मेलनों में शामिल होकर मैं इस तथ्य को समझ चुकी हूँ कि विश्व के हर समाज में औरत मर्द के क़दम मिलाकर चलने के बावजूद अन्दर से आहत और निराश है।

जवान औरत की चाहत मर्द होता है। यह ख़्वाहिश ख़ुदा ने उसकी बनावट में गूँथ दी है। अपने प्रेमी को पति के रूप में पाने की लालसा में वह माँ-बाप का घर छोड़ अपने धर्म और समाज से बग़ावत कर वह अपना अधिकार पाना चाहती है मगर होता यह है कि रिश्तों के बन्धन में बँधते ही जाने कैसे यह दुर्घटना घट जाती है कि मर्द प्रेमी से पति, और औरत पत्नी के साथ माँ, नन्द, बहू में बँट जाती हैं जिन्हें प्रेम, आदर और सेवा चाहिए। औरत के हिस्से का प्रेम उससे धीरे-धीरे दूर चला जाता है और वह ज़िन्दगी भर मांग में सिन्दूर और कलाई में काँच की चूड़ियाँ पहन इस ख़ुशगवार दिन की याद में खोई अरसे तक अपने को बाँटती और सँजोती रही है। मगर उसका प्रेमी कहीं खो जाता है जिसकी कमी उसे टीसती रहती है। वह उसकी तलाश में मानसिक सन्ताप और दुखे दिल के रास्तों से गुज़रती रहती है और कभी-कभी यह सन्ताप तलाक़ तक पहुँच जाता है और तब औरत अपने लिए

एक दूसरा जहन्नुम पसन्द कर लेती है, जहाँ तन्हाई और संघर्ष की आग उसे बाक़ी ज़िन्दगी जलाए रखती है। समाज से लड़ाई, घर-परिवार की तिरछी नज़र, काम की जगह पर अनेक तरह के शोषण और अपमान सहती हुई वह बार-बार सोचती है कि उसने जीवन में किसी बात की इच्छा की थी मुहब्बत की या सेक्स की?

शादी से पहले भी उसे अनेक खट्टे-मीठे अनुभव हुए थे। उसे तब भी मुहब्बत की तलाश थी मगर उसके हमउम्र लड़कों को या तो मुहब्बत करना नहीं आता था या फिर वह इसका अर्थ ही नहीं जानते थे कि जीवन के लिए सेक्स नहीं मुहब्बत ज़रूरी होती है। मुहब्बत का जज़्बा दिल में उगता है और जिस्म से गुज़रता हुआ सारे जहाँ पर छा जाता है। क्या इतना नन्हा सा यथार्थ जो पूरे जीवन का दर्शन है उन्हें समझ में नहीं आता है। आख़िर क्यों? औरतें अक्सर अपनी पूरी उम्र इसी सवाल से जूझती हुई गुज़ार देती हैं मगर उसे जवाब तो नहीं मिलता, उसकी जगह आश्चर्य और सदमा ज़रूर उसे हैरत में डाल देता है कि यह क्यों हुआ? जब उनके पति बलात्कार या बलात्कार की कोशिश की वजह से पकड़े जाते हैं कहीं पर यह ज़ोर-ज़बरदस्ती बेबस और अनजान औरतों के साथ होती है जो कभी-कभी उनकी हत्या पर समाप्त होती है और कभी यह बातें सहकर्मियों के साथ चुहलबाज़ी का रूप लेती हैं और मातहतों के साथ संकेतों तो कभी खुलमखुल्ला उसका इज़हार हो जाता है जिसमें एक तरह का हुकम छुपा होता है कि अगर ऐसा समझौता न हुआ तो खैर नहीं तुम्हारी नौकरी भी गई और ग़लत आरोप लगने से तुम्हारी इज़्ज़त भी गई।

पाप का घड़ा कभी न कभी भरता है, काग़ज़ की नाव ज़्यादा दूर तक चलती नहीं और ज़ुल्म की टहनी कभी फलती भी नहीं। वह दिन आ जाता है। जब भाग्य के सितारे उलटी दिशा में चलने लगते हैं और कलंक का टीका लगवा न वह मर्द घर का रहता है और न घाट का। उस वक़्त भी जब उसके बदन से सम्मान का लबादा और सत्ता की पगड़ी उतर जाती है तो भी उसके पल्ले नहीं पड़ता है कि मुहब्बत क्या है? वह मुहब्बत का मतलब पूरी ज़िन्दगी नहीं समझता है जिसमें हज़ारों मोड़, सैकड़ों रुकावटों के साथ आपको प्रेम की अलग-अलग अनुभूतियाँ होती हैं। वह सिर्फ़ एक वाक्य में अटका होता है और वह है 'आई लव यू' जिसे औरतें ज़िन्दगी का सच समझ अपना जीवन दाँव पर लगा देती हैं और मर्द का रास्ता सुगम बनाती रहती हैं।

औरतों ने पिछले पचास वर्षों में ख़ुद को बदला है। मर्दों को भी अपने को बदलना पड़ेगा। अपनी ग़लत तानाशाही और मर्दानगी के संकुचित दायरे से निकल

वह विस्तार पा सकें और उनकी इस कमज़ोरी को एक औरत भुनाकर दूसरी औरत एवं उसके परिवार के ख़िलाफ़ खड़ी न हो सके। मर्द जब तक मुहब्बत का अर्थ सही अर्थों में नहीं समझेंगे तब तक समय उन्हें अपमानित होने से बचा नहीं पाएगा चाहे वह जितनी बड़ी कुर्सी पर बैठे हों या फिर बहुत बड़े धनी और असरदार व्यक्ति हों। उन्हें अपना ख़याल ख़ुद रखना होगा क्योंकि वह माँ की गोद से निकल भरपूर आदमी बन चुके हैं।

नए साल में आधी आबादी पूरी न सही तो भी चन्द मर्द इस बात पर अपने को बदलें कि वह आधुनिक लिबास में पशु नहीं इनसान हैं जो औरत को वह दुख न दे जिससे वह जीवन भर मानसिक पीड़ा से निकल न पाए।

नए साल की शुभकामनाएँ!

नए इरादों व संकल्पों के साथ!

['बिंदिया' : जनवरी, 2014]

पता ही नहीं चलता कि कब ख़ुश हैं और कब ख़फ़ा?

साल के अन्त में हुई आत्महत्या की घटना ने तारीख़ को उलटकर रख दिया है और सुनने वालों को हिलाकर रख दिया कि आख़िर वह इस सिलसिले से किसका पक्ष लें और किसे मुज़रिम क़रार दें? सफ़ाई से पहले ही शोर इतना बढ़ा कि चाहने न चाहने के बावजूद मौत ने उसे ख़ामोश तो कर दिया, मगर लोगों के दिलों में वह शोर कई तरह के प्रश्नों की झंकार के साथ बज उठता है। आख़िर सवाल अहम भी है।

मर्द-औरत के बीच का रिश्ता हमेशा से बड़ा नाज़ुक और साथ ही साथ बहुत रहस्यमयी रहा है। अकसर केसों में बहुत गहरी छानबीन के बावजूद सही बात का पता नहीं चल पाता केवल घटनाओं और गवाहों को सबूत मानकर फ़ैसले कर दिए जाते हैं और बाद में पता चलता है कुसूरवार तो वह है जो आज़ाद टहल रहा है, इसीलिए कई देशों में मौत की सज़ा पर पाबन्दी लग गई है ताकि न्याय के लिए ज़्यादा समय और सबूत हाथ लग सकें।

मैं किसी एक घटना को नज़र में रखकर अपने प्रश्नों का जवाब नहीं ढूँढ़ रही हूँ बल्कि हज़ारों, लाखों दर्दनाक घटनाओं को याद करते हुए यह पूछना चाहती हूँ कि मर्द-औरत के रिश्ते में सन्तुलन भरी गरिमा कब आएगी या इस रिश्ते में इश्क़ की दीवानगी और दुश्मनी के बीच सहनशीलता का उदारपन कब पनपेगा ताकि हद से निकली घटनाओं पर रोक लग सके। यह संयम हमें ख़ुद तलाश करना होगा कोई क़ानून हमें नहीं दे सकता है।

मर्द और औरत के बीच दो तरह की हिंसा नज़र आती है। एक वह जो साफ़ नज़र आती है मय सबूत के और दूसरी हिंसा ख़ामोशी से बिना सबूत के वजूद में आती है जो पहले को बर्बर बना देती है। दूसरी हिंसा सिर्फ़ मुँह बनाने, जवाब न देने, मना करने के बाद वही हरकत दोहराने या फिर कटाक्ष भरी मुस्कान, तिरस्कार भरी दृष्टि, बेज़ा तौर पर ख़ामोशी ही दूसरे पक्ष को केवल उकसाती भर नहीं बल्कि अकसर केसों में हिंसक भी बना देती है। धैर्य चुक जाना इनसानी कमज़ोरी है और

हदों को लाँघ जाना ज़िहालत की अलामत भी है। ऐसी मुठभेड़ों में तीसरा शख़्स भी शामिल हो जाता है, चाहे वह परिवार का सदस्य हो, हमदर्द पड़ोसी हो या फिर आग लगाने वाले और बात फैलाने वाले कुछ अन्य माध्यम।

सवाल यह है कि इनसे बचा कैसे जाए?

आपस में खुला संवाद रखकर या लालन-पालन के नए तौर-तरीक़े अपनाकर या फिर सख़्त से सख़्त क़ानून बनाकर यह फिर दो शहर, दो मोहल्ले बसाकर जिसमें अलग-अलग आबादी रहे और मर्द-औरत का पति-पत्नी बनकर रहने का झगड़ा ही ख़त्म हो जाए। न साथ रहोगे न बच्चे पैदा होंगे न दुनिया की आबादी बढ़ेगी न भविष्य की चिन्ता सताएगी।

शिक्षा के बढ़े, स्वावलम्बी होने, सुख-सुविधा को पाने, मानव अधिकार को समझने, ख़तरनाक रोगों के उपचार आदि के बावजूद कोई ख़ुश नहीं है। ऊपर से वक्ती तौर पर लोग उपलब्धियों से भरे, कमाई से सन्तुष्ट, भागदौड़ से मुतमईन नज़र आते हैं मगर यह सारी ख़ुशी उनकी आत्मा का स्पर्श नहीं कर पाती है, बतौर मिसाल आज मर्द-औरत अपनी पसन्द और चाहत की शादी के बावजूद कुछ समय बाद शिकायतों से उबर नहीं पाते हैं। समझदार हुए तो शरबत के घूँट की तरह पी गए और नसमझ हुए तो अपने ही को तोड़ बैठते हैं और फिर समझौते और संघर्ष की नई दिशा की तरफ़ मुड़ जाते हैं, क्योंकि प्यार कहीं खो जाता है और वायदा भुला दिया जाता है।

आवाज़ एक ही सुनाई पड़ती है कि पता तो चले कि कब ख़ुश हैं और कब ख़फ़ा? यह मासूमाना सवाल उन्हें परेशान करता है जो कार्यक्षेत्र में कठिन से कठिन स्थिति को सुलझाकर आगे बढ़ने पर विश्वास रखते हैं मगर सम्बन्धों की कठिनाइयाँ उन्हें उलझी गुत्थी लगती हैं। जो विवाहित नहीं वे इस आधुनिक दौर में साथ पढ़ने, काम करने और दिन के बारह घंटे साथ-साथ रहने के बाद समझ नहीं पाते कि आपसी व्यवहार और दोस्ती की सीमा कहाँ ख़त्म होती है और कहाँ तक नहीं जानी चाहिए।

औरत-मर्द के लिए जहाँ जीवन के विभिन्न कार्यक्षेत्रों में आगे बढ़ने की सम्भावना बढ़ी है वहीं पर आपसी सम्बन्ध कठिन डगर पर भी बढ़ते जा रहे हैं। पहले जिन बातों पर औरतें चुप रह जाती थीं अब उनसे पहले छलाँग मारकर मीडिया अपनी उपस्थिति दर्ज कराता है और शोषित को न्याय दिलवाने की कोशिश में ज़मीन-आसमान एक कर देता है। जहाँ क़ानूनी मामला है, छानबीन का सिलसिला है वहाँ

भी वह जल्दबाज़ी से मामला हल करने का श्रेय लेना चाहता है। यह अच्छी बात है मगर जो बेक़सूर है उसका जीना हराम हो जाता है, बतौर मिसाल 'गुड़िया' मामले में संवेदनशील अपमानित लड़की वह बहस और ज़िन्दगी की रस्साकशी नहीं झेल पाई और जान से गई। दोनों शौहरों ने फिर से घर बसा लिये और ज़िन्दगी की नई शुरुआत कर ली और अब किसी को 'गुड़िया' का न मुद्दा याद है और न ही वे सारी दुर्घटनाएँ, जिनके विरोध में लोग आज भी खड़े हैं मगर न समाज का नज़रिया बदला न न्याय की सुस्तरफ़्तारी। क़ानून बना देने से बहते आँसू रुकते नहीं मगर ज़िम्मेदारी वक्ती तौर पर कंधों का बोझ कम कर देते हैं।

['बिंदिया' : फरवरी, 2014]

यह आज़ादी तन्हाई है या बन्दिश!

आज की औरत विशेषकर एक ख़ासवर्ग की औरत बेशक आज़ाद है। अकेली रहे या शादी करके परिवार के साथ रहे यह उसकी मर्ज़ी है। उसने पुराने बन्धनों को तोड़ दिया है, वह पढ़ी-लिखी है, ख़ुद कमाती है और मर्दों से कई अर्थों में आगे बढ़ गई है। उसके सामने मर्द अब जादूगर की हैसियत नहीं रखता है क्योंकि क्लासमेट और ऑफ़िस में कुलीग मर्दों के साथ पढ़ने और काम करने के दौरान वह अच्छी तरह समझ चुकी है कि मर्द भी उसी की तरह नर्मदिल, कई मामलों में शरीफ, मूर्ख या फिर बेहद स्वार्थी स्वभाव के होते हैं। आपस में स्पर्धा के चलते अकसर बाज़ी मार लेने पर उसे यह भी गुमान हो गया कि वह मर्द के बिना जी सकती है और जिस माँ ने बेटे पर भी वैसा हुक्म नहीं चलाया, उसकी बेटी अपने मातहतों को डाँट-फटकार सकती है हुक्म चला सकती है और ज़रूरत पड़ी तो नए क़ानून भी पारित कर सकती है।

ऐसी स्थिति में वह अपने कुलीग, अपने पति, अपने ससुराल और समाज से कुछ अलग तरह से बर्ताव की अपेक्षा रखती है जिसमें स्नेह और सम्मान दोनों हों। जब उसे दोनों चीज़ें नहीं मिलतीं तो उसके अन्दर कई तरह के सवाल उभरते हैं, जो उसकी बग़ावत की ज़मीन तैयार करने लगते हैं और उसकी शुरुआत छोटे-मोटे मनमुटाव, शिकायतों का रूप लेने लगते हैं। लँगड़ाते रिश्तों को कोई क्यों ढोएगा? आज किसे फ़ुर्सत है बेकार की बातों को मीठे घूँट की तरह पीकर भुला देने की? बाहर जाने की हड़बड़ाहट, काम का तनाव, तरक़्क़ी की फ़िक्र, अच्छा लगने का दबाव, बचत। एक नहीं कितनी तरह की मानसिक उलझनें उसको अवसाद के मुहाने की तरफ़ ख़ींचने लगती हैं और जब वह अपना चेहरा आईने में देखती है तो आँखों के चारों तरफ़ बढ़ते काले घेरे को देखकर झुँझलाहट का दौरा उसे पड़ जाता है और एकाएक वह फ़ैसला कर बैठती है कि यदि मेरी निष्ठा, मेरे संघर्ष की किसी को चिन्ता नहीं तो मैं क्यों इस तरह जी रही हूँ, जहाँ हर पल मुझे दूसरों

के मुताबिक़ जीना पड़ता है और उसकी माँगों को पूरा करते-करते मैं जवानी में थकी-थकी दिखने लगी हूँ और इसके बावजूद कोई सन्तुष्ट नहीं।

बुनियादी नहीं अकसर सतही कारणों से वह अकेले जीने का फ़ैसला कर लेती है क्योंकि यह सतही कारण लाख कोई बुनियादी परेशानी के खाते में न आते हों मगर आपको चिढ़ाते-परेशान करते आपको सुख से जीने नहीं देते हैं। इसमें कोई शक नहीं कि आज की औरत विवाहित जीवन की परम्परागत ससुराली जीवन में कहीं फिट नहीं हो पाती क्योंकि उसकी दिनचर्या ही बदल चुकी है और घरवालों का मानसिक विकास इस दिशा में उस रफ़्तार से नहीं हो पा रहा है और न समाज पूर्ण रूप से इस नई औरत को स्वीकार कर पा रहा है। बड़ी संख्या में चाहे वह औरत हो या मर्द अपने अतीत से निकलना नहीं चाहता है, उसे अपना बचपन दादी-नानी, माँ-बाप और वह समय बड़ा लुभाता है और उसी लुभावने चश्मे से वह वर्तमान समय को देखना चाहता है। बदलते समय की मिली वर्तमान सुविधाएँ उसे सुख और सुविधा दे रही हैं उसे वह मन से स्वीकार कर अपने को आधुनिक कहलाना पसन्द करता है मगर औरत या लड़की की आधुनिक छवि उसे स्वीकार नहीं और यही वह चौराहा है जहाँ वैचारिक, आर्थिक, पीढ़ियों का आपसी अन्तर और व्यक्तिगत आज़ादी को लेकर टकराहटें आधुनिक नारी और पुरानी सोच वालों के साथ शुरू हो जाती है, जिसका अन्त कभी तलाक़ में तो कभी 'बेहतर समझ' में समाप्त होती है।

जिसे खुले आसमान पर उड़ान भरने की आदत पड़ चुकी है वह बन्दिशें क्यों पसन्द करेगा? उसे खुले आकाश का कोना नहीं सम्पूर्ण आकाश की खुली फिज़ा चाहिए। जो बन्दिशों में रहे हैं उनको खुले वातावरण से कई तरह के डर लगते हैं जब उन्हें घुटन पसन्द नही, मगर दूसरों की उड़ान भी उन्हें पसन्द नहीं। शायद इसके पीछे असुरक्षा की भावना, कुंठा, अपने को सक्षम न पाने का आक्रोश वग़ैरह हो सकता है और यह भी बहुत बड़ी सच्चाई है कि जब उन्हें अवसर मिलता है तो वह उसे अपनाने में झिझकते नहीं हैं।

अब सवाल उस महिला का है जिसके एक तरफ़ खाई और दूसरे तरफ़ कुआँ है। उसके विकास में उसकी कोई ग़लती नहीं है, कमी तो दूसरों में है मगर उस कमी और नासमझी की क़ीमत उसे चुकानी पड़ती है और घर के स्वर्ग से उसे कर्मक्षेत्र में निकलना पड़ता है और चहकता, महकता घर तन्हाई में बदल जाता है जहाँ वह सिर्फ़ अकेली रहती है। या फिर अपने नाबालिग बच्चों के संग। बन्दिश में रहती तो

सबके साथ रहकर भी वह पूरी तरह से किसी से न जुड़ पाती है न ख़ुश रह पाती है। पढ़े-लिखे पति और बच्चों की अलग दुनिया जहाँ रहकर उन्हें माँ और पत्नी की याद तब आती है जब उन्हें कोई चीज़ चाहिए होती है। ऐसी दर्दनाक स्थिति की भागीदारी परिवार की भी होती है अकेली औरत ही नहीं सहती है।

आज़ादी और अपनी शर्तों पर जीने का सुख तो आधुनिक औरत पा लेती है मगर किस क़ीमत पर। तन्हाई और नई तरह की बन्दिशों के साथ। यह बन्दिशें अतिरिक्त ज़िम्मेदारियों की हो जाती हैं और वह अपने विकास के तख़्ते पर लगातार हर दिन रन्दा होती रहती है उस खुरदरी लकड़ी की तरह जिसे परिस्थितियों ने बढ़ई बन लगातार रन्दा चलाती रहती हैं।

ज़रूरत यह नहीं है कि पुरानी पीढ़ी इस तरह बदले बल्कि ज़रूरत है आज की आधुनिक नारी के लिए कि वह बच्चों को इस तरह पाले कि उसके और नई पीढ़ी के बीच कोई खाई न हो और न ही तन्हाई और बन्दिश के बीच रस्साकशी।

['बिंदिया' : मार्च, 2014]

मुहब्बत का पतझड़ उपलब्धियों की बहार

ज़माना था जब मुहब्बत के लिए बादशाह तख़्त व ताज ठुकरा दिया करते थे। शायद आज भी बिना तख़्त व ताज के ऐसे दिल के राजा हों जो अपनी दिल की मलिका के लिए सुख-सुविधा के छोटे-बड़े अवसर ठुकरा देते हों मगर अफ़सोस वह ख़बर में नहीं आ पाते। इसकी वजह एक ही है कि ज़माने ने करवट बदल ली है।

आज ज़माना प्रगति का है। विकास का है। बन्धनों को तोड़ आगे बढ़ने का है ताकि सुख-सुविधा को प्राप्त कर सकें और फुटपाथ पर मरने से बच सकें और उन तमाम रोगों से भी जिसकी पहचान डॉक्टर नब्ज़ पकड़ते ही कर बैठता है कि घबराने की कोई बात नहीं है भुखमरी से आपका यह हाल है। पौष्टिक खाना खाएँ, फल और तरकारी, वह भी ताज़ा हरी का प्रयोग ज़्यादा से ज़्यादा करें और हाँ ऑफ़िस जाते हुए एक मुट्ठी बादाम ज़रूर फाँक लिया कीजिए।

अब कौन इन बातों की तरफ़ ध्यान नहीं देगा। इन चीज़ों के लिए आपको कमाना पड़ेगा, आख़िर आप फ़्लैट में रहते हैं वहाँ कहाँ सब्ज़ी उगाएँगे? वह ज़माना गया जब फूलों की सब्ज़ी बनाकर सब खाते और खिला-खिला चेहरा लेकर घूमते थे अपने बत्तीसों दाँतों के साथ। लेकिन ज़माना अँगड़ाई ले चुका है, अब पैकेटों का ज़माना है बच्चा माँ के हाथों का व्यंजन मुँह बनाकर खाता है और डिब्बा बन्द चीज़ों का वह दीवाना है। तभी तो शॉपिंग करके लौटती माँ के हाथों में जो सामानों से भरे थैले होते हैं उतने ही बड़े थैले घर में सफ़ाई करने वाला कूड़े से भरकर ले जाता है। इतना तो न्याय के तराजू के पल्ले बराबर नहीं होते जितने अन्दर आते और बाहर जाते थैलों का फूलापन हमशकल होता है। आख़िर सामान से ज़्यादा अहमियत पैकिग की है और आपको शुद्ध चीज़ें चाहिए तो आपको खुली चीज़ों की ख़रीद से परहेज़ करना होगा। इन सबके साथ तालमेल बिठाने के लिए ख़ासी रक़म जेब में होनी चाहिए। मुहब्बत अगर पेट भर सकती तो मजनूँ को लैला के लिए यह गाना क्यों गाना पड़ता?

'लख़्ते जिगर खाने को और ख़ूने जिगर पीने को यह गिज़ा मिलती है लैला तेरे दीवाने को' यानी कि पेट से बढ़कर मुहब्बत नहीं होती है। यह बात देर में ही सही सबको समझ में आ गई है। इसलिए आयामों में, वक़्त गुज़ारी, समझौते, लक्ष्य को प्राप्त करने या सुख-सुविधा के लिए मुहब्बत का ढोंग कर लेता है और जब ढोंग करने से लक्ष्य मिल जाता है बिना किसी बन्धन के तो फिर देवदास बनकर कोई क्यों अपनी जान दे?

घर के आँगन में लगी फूलों की क्यारियों और मेहँदी की झाड़ी को जिन बच्चों ने दादी, नानी, फूफी, भाभी, माँ, बहन के बहते आँसुओं से सिंचते देखी वह कैसे उसी ज़िन्दगी में निचुड़ना चाहेगा? उसे शोषण के विरुद्ध, अत्याचार के विरोध में दमन और घुटन के ख़िलाफ़ उठ खड़ा होना ही है क्योंकि कब तक कोई सहेगा, मरेगा, तड़पेगा। पानी सर से ऊँचा गया और ज़माना चेतना से भरपूर उठ खड़ा हुआ कि अब नहीं, बहुत सहा, बहुत बलिदान दिया और बक़ौल अस्मतआपा के जो इश्क़ आपकी जान ले ले, उस इश्क़ की गर्दन मरोड़ना ही ठीक होगा। आदमी बदल गया।

मर्द-औरत ने अपने गुणों को पहचाना और अपने को सँवारने-सजाने में लग गए। डिग्रियाँ, पुरस्कार, मोटा वेतन, बँगला, गाड़ी, मशहूर कम्पनियों के लिबास, जूते, सेंट, क्रीम सब कुछ पाने में लग गए। इस दौड़ में उन्हें इस बात की आहट भी महसूस नहीं हुई कि कोई अहम चीज़ उनसे मुँह मोड़कर आहिस्ता-आहिस्ता सरक रही है।

देखते और महसूस कैसे करते? समय कहाँ था? पूरा समय वह अपने को क्रिसमस ट्री की तरह सजाने-सँवारने में लगे रहे। बड़ी-बड़ी उपलब्धियों, बड़े-बड़े कारनामे, बड़े-बड़े नतीजे यह सब कुछ उन्हें सोहनी-मेहवाल बनने से तो मिलने वाला नहीं था। कच्चे घड़े और इनसानी गोश्त खाने की बातें सिर्फ़ कहानी-क़िस्सों में अच्छी लगती हैं वरना हक़ीक़त तो यह है कि जो मज़ा हवाई यात्रा कर हर देश-विदेश की सैर के साथ असंख्य प्रेमी-प्रेमिका रखने में है वह 'ससी-पन्नू' बनने में नहीं है! ज़माना बदला है।

बदलते ज़माने का यही दर्शन यही माँग और यही ज़रूरत है।

इस ज़माने को बदला किसने है, हम और आपने मिलकर ही तो? तो फिर हमारे लिए यह नाजुक समय है कि हम उन पुरानी तर्ज़ पर रोमियो-जूलियट न भी बनें तो भी मुहब्बत को एक नया रंग, नया रूप तो दे सकते हैं जिसमें मिलावट न

हो, डंडी मारना न हो उसे अर्के नाना की तरह ख़ालिस रहने देने में क्या बुराई है? चालाकी, धोखा, दूसरे मामलों में करके दिल की भड़ास निकाल ले मगर किसी एक इनसानी जज़्बे को तो अमृत बना रहने दें?

ज़माने को नई करवट बदलने दें। वरना यह थका देने वाली दौड़ हमें बिलकुल तन्हा छोड़ देगी। पहले हमने माँ-बाप से दूरी तय कर ली फिर भाई-बहन से मुँह मोड़ लिया और अब हमारा अपने जीवनसाथी, औलादों से भी कोई मधुर सम्बन्ध न रह गया है। बात अगर दिखावे की है तो कामयाब है और पर्दा हटाकर हक़ीक़त से साक्षात्कार करने की है तो फिर आप अपना चेहरा ख़ुद पढ़ने की क्षमता रखते हैं।

['बिंदिया' : अप्रैल, 2014]

मन की धरती पर शब्द-पुष्पों का खिलना

बहुत सी कहानियाँ और किरदार पीछा करते रहते हैं, न वह पुराने पड़ते हैं और न आपकी दिलचस्पी और प्यार उनके प्रति कम होता है। क़िस्सा एक है। क़िस्से में कोई शहज़ादा हो या राजा, फ़कीर, हो या दानी, चुड़ैल हो या भूत, रानी हो या दुखियारी माँ, हम उसके चरित्र की अमर बेल से मुक्त नहीं हो पाते हैं जाने-अनजाने वह हमारी सोच का हिस्सा बन जाते हैं और हमारी संवेदनाएँ उनके साथ घटित अच्छे-बुरे हादसों का असर लेती हैं संक्षेप में बचपन की कहानियाँ किसी भी इनसान के चरित्र गठन का हिस्सा होती हैं।

फ़िलहाल यह भूमिका मैंने उन कहानियों को लेकर बाँधी है, जो इस आधुनिक दौर में हमें सीरियल के रूप में दिखाई जाती हैं। चूँकि उसमें पात्र भी नज़र आते हैं इसलिए हमें महसूस होता कि यह सब कुछ हमारे पड़ोस में घट रहा है और इसीलिए जब हम आपस में मिलते हैं तो चरित्रों के संवाद और विचार को लेकर बातें भी करते हैं। बहुत पहले, मेरे शहर इलाहाबाद से एक उपन्यासिका निकलती थी पॉकेट साइज में, जिसका नाम 'जासूसी दुनिया' था। उसके लेखक इब्ने सफ़ी थे। उनके तीन अहम चरित्र उसमें होते कर्नल फरीदी, कैप्टन हामिद और क़ासिम। लोग इस चाव से पढ़ते थे कि एक अभी आई और दूसरी की बेचैनी शुरू हो गई। उसी किसी उपन्याासिका का अन्त कुछ इस तरह का था जैसे केस हल करते-करते कर्नल फरीदी की हत्या हो जाती है। एक पाठिका जो कर्नल फरीदी के कैरेक्टर से इतनी जुड़ गई थी कि उसके लिए यह शंका बीमारी का कारण बन गई। उसमें तनाव और चिन्ता ने इस तरह का रंग दिखाया कि डॉक्टर भी उसकी बीमारी पकड़ नहीं पाए थे। जब नई 'जासूसी दुनिया' आई तो कर्नल फरीदी को जीवित पाकर उस पाठिका के जान में जान आई।

कुछ ऐसी ही धारावाहिक देखने वालों से मेरी मुलाक़ात हुई, जिसमें एक तीस-पैंतीस साल की महिला थी, जो लगातार मोबाइल पर नज़रें गाड़े हुए चित्रों को देख

रही थी और फिर एक लम्बी आह उदास मुस्कान के संग खींच मोबाइल पर्स में रखा। मेरे पूछने पर बोली, 'मुझे पता नहीं क्या हो गया है जो मैं फ़ुर्सत पाते ही मुग़ल बाहशाहों और रानियों की तस्वीरें देखती रहती हूँ। उन्हें देख-देख कर मेरे दिल में गहरी टीस उभरती है कि काश! मैं उस काल में पैदा होती तो कितना मज़ा लेती।'

'क्या पता तुम शायद उस दौर को जी चुकी हो तभी तुम्हारा अतीत तुम्हें अपनी तरफ़ खींचता हो?'

उन्होंने मझे भरपूर आँखों से देखा। उसमें चमक उभरी साथ ही साथ खिलखिलाहट भी। चेहरे पर ऐसी तरोताज़ग़ी नाच उठी कि मैं उनका बदला रूप देखती ही रह गई। इसी तरह एक और महिला अपनी बच्ची के साथ मिली जो ज़िन्दगी के मर्म को जोधा के संवादों में ढूँढ़ रही थी और बेटी का ख़याल था अब अकबर का कैरेक्टर मुझे कोर्स की किताबों से ज़्यादा समझ में आ रहा है। आज किताबें खोलने का वक़्त कामकाजी महिलाओं के पास बचा नहीं है। इसलिए काम करते हुए रेडियो और टीवी देखना आसान हो गया है। सारी दुनिया की सूचना चित्रों के साथ आपको देखने को मिल जाती है। फिर अकबर और बीरबल के चुटकुले तो जाने कब से चले आ रहे हैं जो न ख़त्म होने का नाम लेते हैं, न किसी का उनसे दिल ही भरता है, क्योंकि वह संवाद सिर्फ़ हँसी नहीं होते हैं। उनमें हाज़िरजवाबी के साथ कई और ज्ञान की बातें होती हैं, जिसमें संकेत में छुपी आलोचना और उपदेश भी होते हैं, जिससे दिमाग़ को भी कुछ मिलता है, सिर्फ़ हँसना-हँसना नहीं होता।

यह धारावाहिक ऐतिहासिक घटनाओं के साथ कितना न्याय करते हैं या फिर छोटी-सी घटना को नाटक के विस्तार में कितना फैला देते हैं। लेकिन 'जोधा अकबर' धारावाहिक हर एपिसोड में सकारात्मक सन्देश देने में काफ़ी हद तक कामयाब रहता है और संवाद इतने अर्थपूर्ण और पर्तदार होते हैं कि किरदार ख़ुद-ब-ख़ुद तराश कर अपने को उभार लेता है।

कुछ दिन पहले एक युवती से मुलाक़ात हुई, वह बहुत सुस्त सी लगी, तो पूछना पड़ा कि आख़िर वह इस तरह दुखी क्यों नज़र आ रही है? उस वक़्त तो टाल गई फिर धीरे से बोली, 'मैं जब भी 'जोधा अकबर' देखती हूँ तो सोचती हूँ कि मैं क्यों नहीं तब पैदा हुई?'

मैंने चौंककर उसे देखा और सोचने लगी कि क्या यह बीमारी हर एक को लग रही है। आख़िर क्यों? फ़ैशन, कपड़े, जेवर, महल, आराम या फिर क्या है जो इन्हें अपने वर्तमान से खींचकर अतीत की तरफ़ ले जाता है वह भी सदियों पुराना?

पूछ बैठी, इस तरह क्यों उदास हो? कुछ और कारण?

'हाँ, सबसे बड़ा कारण तो अकबर हैं, जो सारा दमखम रखते हुए भी जोधा को हाथ तक नहीं लगाते हैं सिर्फ़ इसलिए कि उन्होंने वचन दिया था। जोधा की बाग़ियाना हरकतों, बेवक़्त की चुप्पी को वह सहन करते हैं, मगर एक बार न ज़ोर-ज़बरदस्ती करते हैं और न हाथ उठाते हैं, बल्कि अपने ही हाथ को घायल कर लेते हैं। ऐसे मर्द हमारे दौर में कहाँ हैं? और अगर हैं तो...मेरा दिल करता है कि मैं 'जोधा अकबर' की क़ब्र वाले मक़बरे में जाकर रहने लगूँ।'

आप सोच सकते हैं उस युवती के पूरे वजूद ने और इस तरह की बातों ने मुझ पर कैसा असर डाला?

असर यह हुआ कि यह बातें आपके साथ बाँटने का मन बना कि जब हम सकारात्मक सोच को अपने लेखन में लाते हैं तो वह कितने दिलों की तपकन बन जाती हैं जब यही दृष्टि नकारात्मक पक्ष को उभारती है तो वह न तो इतिहास से ईमानदारी बरतती है और न ही वर्तमान को कुछ दे पाती है सिवाय उस नासूर के जो इनसानों के बीच फैलकर उनका जीना हराम कर देती हैं। जोधा और अकबर हमारा इतिहास हैं, उस इतिहास को अच्छे अर्थों में जीना ही हमारा इतिहास बनाएगा।

['बिंदिया' : मई, 2014]

औरत अपने ही कारणों से दोज़ख़ में जलती है क्या?

दूर पिछड़े इलाक़े में मर्द-औरत कितना सह रहे हैं उसका पता हमें ख़बरों से मिलता है और महसूस होता है कि हम आगे जा रहे हैं या पीछे? धर्म अब ग्रन्थों या आसमानी किताबों में लिखा अपना सच खोता जा रहा है और आम लोगों तक मुल्ला-मौलवियों, पंडित-पुरोहितों के द्वारा पहुँच रहा है, वह कितना ज्ञान धर्म का रखते हैं और उसकी कही बातों को समझ पाते हैं। इस बात का पता तब चलता है जब इस तरह की घटनाएँ घटती हैं जो धर्म के नाम़ पर धर्म के विरोध में जाती हैं बतौर मिसाल एक पिछड़े इलाक़े में निकाह सिर्फ़ इस बात पर मौलवी ने तुड़वा दिया और शादी के फ़ौरन बाद तलाक़ हो गई क्योंकि शादी का खाना बिरादरी को नहीं खिलाया गया था। इस तरह के अत्याचार करने की जो सत्ता धर्म गुरु अपने हाथ में रखते हैं उसका सिर्फ़ एक ही कारण है वह है आम आदमी का अशिक्षित होना और अपने धर्म के बारे में कुछ भी न जानना।

दूसरी घटना इस बात का उदाहरण है कि आम आदमी के दिल व दिमाग़ पर किस हद तक मौलवियों का प्रभाव छाया हुआ है कि वह अपने पैरों पर कुल्हाड़ी मारने पर तैयार हो जाते हैं। महाराष्ट्र के किसी गाँव में पक्षपात पैदा करने वाले एक धर्म गुरु ने माइक पर चिल्ला-चिल्ला कर मैदान में भरे औरतों-मर्दों को सम्बोधित किया कि वह अपने घरों में उन लोगों को (अर्थात् मुसलमानों के दूसरे मत वालों को) घुसने न दें किसी भी रूप में न रिश्तेदारी में न दोस्ती में, उनके इस भाषण का असर यह हुआ कि घर आकर सास ने अपनी ख़िदमत करने वाली बहू को घर से निकालने का प्रण लिया। छह माह की शादी में पति-पत्नी के बीच प्रेम था। घर में सुख-शान्ति थी। छोटा सा कारोबार बेटे का पनप रहा था मगर सास पर जुनूनी कैफ़ियत तारी हो चुकी थी न किसी के समझाने का असर हो रहा था न बहू के रोने का और न ही बेटे के पूछे प्रश्नों का कोई तर्कपूर्ण जवाब दिया जा रहा था। तलाक़ हो गई।

अब दो वर्ष से वह बेटे की दूसरी शादी के लिए लड़की ढूँढ़ रही हैं मगर उन्हें कामयाबी नहीं मिल रही है। धर्मगुरु तो आग लगाने किसी और शहर-गाँव के समारोहों की शोभा बढ़ाने चले गए मगर जिन घरों को उन्होंने तोड़ा था, उसे फिर से बसाने नहीं आए। औरतें जो रिश्तों के महत्त्व को समझने वाली होती हैं उनसे इस तरह की नादानी होना, वह भी धर्म और इनसानियत दोनों के ख़िलाफ़ जाने वाली हो उन्हें कैसे चैन से रहने देगी?

यह उस धर्म की बात हो रही है जो अपने उसूलों और क़ानूनों में औरत को लेकर काफ़ी आधुनिक विचारों का समझा जाता है क्योंकि उसमें इस तरह की उलझनों को हल करने के लिए बहस की भी गुंजाइश रखी गई मगर जो माहौल अनपढ़ धर्मगुरुओं ने पिछले वर्षों से बनाना शुरू किया है उसने न केवल धर्म को कठघरे में लाकर खड़ा कर दिया है बल्कि एक पूरे भारतीय समाज को पिछड़ा अभिशप्त क़रार दे दिया है। यह सारी बातें भी देश की ज़हनी विकास यात्रा में बहुत बाधा बनकर सामने आती हैं। इसलिए महिलाओं को शिक्षा के साथ धर्म और देश क़ानून भी जानने बेहद ज़रूरी हो जाते हैं। हमारी सबसे बड़ी कमी है कि हम औरतें ख़ुद अपने बारे में बहुत कम जानते हैं और तीन-चार तरह के मार्चों से टकरा न सकने के कारण हम हथियार डालने पर मजबूर हो जाते हैं और एक दूसरे के ख़िलाफ़ उठ खड़े होते हैं जैसे मौलवी जो धर्म को लेकर हमें ज्ञान देते हैं वह ज्ञान मर्द-औरत साथ-साथ ग्रहण करते हैं वह भी ज़बानी फिर उसे लेकर शौहर, सास, बेटा उसे औरत समाज पर थोपते हैं। इस चहार बन्दी से औरत के निकलने की केवल एक आशा है कि वह अपने लिए बनाए गए क़ानूनों को जानें। यह मत समझें कि मैंने उदाहरण पिछड़े इलाक़ों का दिया है तो ऐसी दुर्घटनाएँ केवल ग़रीबों और कम पढ़े-लिखे परिवारों में घटती हैं बल्कि इस तरह का अँधेरा ख़ुशहाल और पढ़े-लिखे लोगों के बीच भी छाया हुआ है जिनको ख़ुदा और क़ुरान का भय नहीं बल्कि उन पर उन धर्मगुरुओं का आंतक छाया रहता।

एक पढ़े-लिखे मुसलमान व्यक्ति ने अपनी व्यथा बताते हुए कहा कि मेरी नज़रें उस शाम शर्म से झुक गईं जब मेरे पिता ने धर्म के नाम पर चन्दे में वह रक़म यह कहकर अदा की थी कि यह मेहर की रक़म है जो मैं आज अदा कर रहा हूँ। जबकि यह छोटी सी मामूली रक़म उन्हें शादी के फ़ौरन बाद पत्नी को अदा करनी चाहिए थी जो उन्होंने शादी के पचास वर्ष बाद अदा की और उनकी इस दरियादिली की चन्दा बटोरने वालों ने खुले मन से प्रशंसा की मगर कोई भी मर्द-औरत यह सवाल

उठकर नहीं कर पाया कि जनाब! जिस रक़म पर धर्म के अनुसार आपकी पत्नी का हक़ बनता है उसे आपने किस हक़ और क़ानून के तहत अपनी ओर से चन्दा देते हुए अदा कर दिया है?

जो धर्म औरत के प्रति बहुत उदार है उसके अनुयायी कितने निष्ठुर हो सकते हैं? जिस औरत के माँ बनने के बाद उसके पैरों के नीचे स्वर्ग की बात कही जाती है उसके प्रति इस तरह का व्यवहार आख़िर क्यों? धर्म मर्द-औरत दोनों के लिए बना है फिर उस पर मर्दों ने अपना अधिकार क्यों जमा लिया और अपना अधिकार यूँ गँवा देने की लापरवाही तो ख़ुद औरत से हुई है जिसकी सज़ा में वह क़दम-क़दम नरक भोगती नज़र आती है।

औरत अगर अपने साथ दूसरों का भला भी चाहती है तो वह अपने धर्म के साथ दूसरे धर्मों का ज्ञान भी रखे ताकि वह औरत के अधिकारों की लड़ाई बेहतर तरीक़े से लड़ सकती है अपने शौहर के साथ हुई ज़्यादतियों से उसे आगाह कर सकती है। बेटों को ख़न्दक में गिरने से बचा सकती है और भाई को होश में ला सकती है क्योंकि वही तो इस दुनिया की आबादी की अहम ज़िम्मेदारी निभाती है। यह सब कुछ उसे करना है ताकि वह सास और बहू के सम्बन्ध को सहज रूप से जीने के साथ आनेवाली पीढ़ियों के लिए एक सेहतमन्द समाज, खुला दिमाग़, दर्दमन्द दिल और बेकार के बन्धनों से उसे मुक्त करा सकती है।

['बिंदिया' : जून, 2014]

क्या औरत औरत को तबाह कर रही है?

पिछले दिनों जयपुर में समारोह में बोलने का मौक़ा मिला। सुनने वालों में ज़्यादातर अधेड़ उम्र के औरत-मर्द थे, जो अध्यापन से जुड़े हुए थे। जब मैं उनके सवालों का जवाब देकर पूरे सन्तोष के साथ बाहर निकली तो मुझसे एक युवती ने धीरे से कहा, 'मैम आप कभी उन औरतों के बारे में भी तो बोलें, जो एक-दूसरे को खा रही हैं?' मैंने उसे गहरी नज़रों से देखा, मेरे ज़हन में वह पुराना जुमला कौंध गया कि औरत ही औरत की सबसे बड़ी दुश्मन होती है। 'कैसे? आज वह पुरानी सोच काफ़ी हद तक झूठी साबित हो रही है। औरतें औरतों का बहुत साथ दे रही हैं, इस बारे में तुम्हारा क्या ख़याल है।' 'वह भी सच है मैम, मगर यह भी एक सच है कि औरतें औरतों के घर-बार तबाह कर रही हैं। बात प्यार की नहीं रह गई है, आज समस्या प्यार नहीं 'पैसा' हो गया है। कोई किसी को फलता-फूलता नहीं देख सकता है। आप ज़रूर उस हक़ीक़त को भी सामने लाएँ।'

वह युवती यह बात कहकर चली गई मगर मुझे एक ज़िम्मेदारी थमा गई। इसमें कोई शक नहीं कि हम जितनी बेड़ियाँ तोड़ते हैं उतनी ही बेड़ियाँ समय के साथ नई-नई कठिनाइयों का रूप लेकर हमें परेशान रखती हैं और हर कालखंड में हम अपने समय की समस्याओं से जूझते हैं। यह दौर जिसमें हम साँस ले रहे हैं, वह दौर औरतों के लिए सबसे ज़्यादा चुनौतियों से भरपूर है। नए-पुराने की टकराहट, अन्दर-बाहर की दुनिया को सँभालने का संघर्ष, बाज़ार के रोज़ बदलते मूड के साथ अपने को सहज रखना, शुष्क पड़ते इनसानी रिश्तों के साथ उपलब्धियों को पाने की गर्दन काट दौड़, इत्यादि-इत्यादि। इस माहौल में तो मर्द-औरत दोनों एक-दूसरे से स्पर्धा बनाए हुए हैं। फिर औरत अकेले औरत को कैसे खा रही है? इस सवाल में छुपा पुराना समय धड़क रहा है न कि आज का। मगर सवाल तो आज का है और वह भी पढ़ी-लिखी जवान औरत द्वारा किया गया है।

जो सच कान सुन रहे थे और देख रहे थे। वह भी कोई नई बात न थी मगर

जब तलाश शुरू हुई तो परतें खुलने लगीं कि हमारी आँखों के सामने बिलकुल नया बाज़ार अपनी संकीर्णता और दकियानूसी विचारों के दम पर पनप गया है, जहाँ मौत और तबाही ख़रीदी और बेची जाती है। यह बाज़ार उस धार्मिक प्रार्थना और उपासना से कोसों दूर है, जिसमें अपने सुख और ख़ुशहाली के साथ दूसरों की भलाई का जज़्बा मौजूद हो। यह नया दौर है जिसमें मानवाधिकार की आवाज़ बहुत तेज़ स्वर में है, मगर वह मानव समाज के लिए नहीं बल्कि ख़ुद व्यक्ति के अपने लिए और उसी का प्रतिनिधित्व करता यह नया बाज़ार है जिसमें धर्म के नाम पर दुआ, तावीज़ का कारोबार चल पड़ा है। भले ही पढ़े-लिखे लोग इन बातों पर विश्वास न करें, मगर सुशिक्षित वर्ग जो न केवल भुक्तभोगी है, बल्कि इस तरह की गतिविधियों में लिप्त है, उसके कहे पर विश्वास किया जाए या नहीं? यह नया बाज़ार किसी एक धर्म की या देश की बपौती नहीं है बल्कि विश्व स्तर पर विकसित देशों में भी इस तरह के रुझान बढ़ रहे हैं। यानी कि जिस अंधविश्वास से हम निकले थे। अपनी मजबूरियों को ख़त्म करने के लिए, आज हम उसी अंधे कुएँ की तरफ़ लौट रहे हैं। अपने ऊपर से विश्वास खोकर, इन वर्षों में विकास के जिस रास्ते पर लम्बी जद्दोजहद के बाद पहुँचे हैं उसी को हर तरह से तबाह करने पर तुले हुए हैं। इसमें औरतों की भागीदारी ज़्यादा है। नेतावर्ग एक दौर में अपने भविष्य के चलते इन पर निष्ठा रखते थे जो आज भी कम नहीं हुई है मगर औरतें एक-दूसरे के प्रति क्रोध, जलन और द्वेष निकालने के लिए इन सारे जंजालों में फँस रही हैं। जिस तरह बाज़ार ने उन्हें अपने सौन्दर्य पर विश्वास कम करने और बनावटी सामग्रियों पर य़कीन करने पर मजबूर कर दिया है, कुछ इसी तरह का काम नए बाज़ार ने किया है जो आपको मेहनत और गुणों से कुछ पाने की जगह आपको ग़लत रास्तों पर चल शॉर्टकट से वह सब हासिल करने को उकसाता है, जिसका कोई भरोसेमन्द अन्त नहीं होता। काग़ज़ की वह नाव कुछ दूर चलकर जब डूबती है तो होश आता है।

मैं जवान लड़की से तो दोबारा नहीं मिल पाई, मगर उस तरह की कई औरतें एक के बाद एक टकराने लगीं, जो यह गहरे दुख से कह रही थीं कि औरत ही औरत को खा रही है। दूसरों के पतियों पर जादू-टोना कर उनका व्यापार ठप करवाना या पेट बँधवाना ताकि औलाद न हो, अपने घर में धन की वर्षा हो इसलिए दूसरों के घर कुछ भी बुरा कर देने में कोई झिझक नहीं रह गई है। क्योंकि यह समय प्रगति और विकास का है जिसे हर क़ीमत पर हासिल करना आज के इनसान का लक्ष्य है

बन चुका है। अपने पति और बेटे की तरक़्क़ी कौन नहीं देखना चाहता है, इसलिए पंडितों और मौलवियों के घरों (जो अब शानदाद बँगले और कोठी में बदल चुके हैं) में सबसे ज़्यादा भीड़ औरतों की होती है जिसमें वह औरतें भी शामिल होती हैं जो अपने ही परिवारवालों में से किसी को नष्ट करने की इच्छा रखती हैं। अब ऐसी स्थिति में वे औरतें क्या करें जो पूरी लगन के साथ दुखियारी, पिछड़ी, शोषित औरतों के अधिकारों और उत्थान के लिए कमर कसे हुए हैं?

बड़े शहरों में जिस तरह कूड़ा और मलबा मोहल्लों की सजावट का एक हिस्सा बनते जा रहे हैं, कुछ उसी तर्ज़ पर इनसानों के अन्दर दूसरे इनसानों के प्रति बुराई के खाई-खन्दक़ खुदते जा रहे हैं। इसी में अलग से औरत जात को अभिशप्त करना उचित नहीं है, क्योंकि ताली कभी एक हाथ से नहीं बजती है। इस गुनाह में दोनों बराबर के शरीक हैं जो बता रहे हैं कि इनसान इनसान को खा रहे हैं। इसमें कोई शक नहीं है कि आज का माहौल कुछ ऐसा हो गया है जिसमें जो रुकेगा वह कुचला जाएगा, जो दूसरों को कोहनी मारकर आगे नहीं बढ़ता वह पिछड़ जाएगा, जो अपनी औक़ात जानने के बाद अपना ढिंढोरा नहीं पीटेगा वह शोहरत के पहले पायदान पर कैसे पहुँचेगा? लेकिन यह सारा माहौल हमने रचा है इसलिए हम इस घुटन को कम करने का जोखिम भी उठा सकते हैं और ग़ैरज़रूरी इच्छाओं का दमन कर हम इनसान को उसकी पूरी गरिमा से जीने के लिए अवसर भी दे सकते हैं।

['बिंदिया' : जुलाई, 2014]

कौन रुकता है आज़ादी पाने के बाद उड़ान भरने से

पिंजड़ा खोलकर देखें, अरसे से बन्द पक्षी पहले झिझकेंगे, चोंच झुकाकर माहौल का जायज़ा लेंगे फिर यह जा वह जा...पिंजड़े का दरवाज़ा खुला रहे उनकी बला से, वह लौटकर आने वाले नहीं, वह तो पंख खोल सूरज की गर्मी अपने बदन में भरेंगे, हवा में उड़ते हुए वह ज़मीन से आसमान को नहीं ताकेंगे बल्कि आकाश की ऊँचाई से नीचे ज़मीन को देखेंगे। कुछ ऐसा ही हाल उन औरतों का है जो अरसे बाद घर की चहारदीवारी की घुटन को छोड़, बाहर की खुली दुनिया को महसूस कर उसके विस्तार और विभिन्नता की पैमाइश करने की तमन्ना पाल चुकी हैं अब उनका पहली हालत में लौटना मुश्किल नहीं बल्कि नामुमकिन-सा है। आज की औरत के बदले व्यक्तित्व के साथ बाक़ी चीज़ों को बदलना पड़ेगा। जिस आज़ादी के झरोखे से ताज़ा हवा दाख़िल हो सकती है उसे दरवाज़े में बदलना होगा जिसमें सभी की साझेदारी ज़रूरी है। यह कोशिश ऊपरी बदलाव के द्वारा नहीं आएगी जैसे मकान, दुकान, लिबास, सजावट से जो नज़र आ रहा है। सही परिवर्तन ज़हनी होना चाहिए ताकि नई औरत को समझा जा सके और उसको देखने के दृष्टिकोण में जड़ता की जगह लचीलापन होना चाहिए। औरत में जो बदलाव समझ के साथ सकारात्मक रूप से आया है यह उसकी अपनी जादूगरी नहीं है बल्कि वे सारे कारण हैं जिन्होंने औरत को बतौर इनसान समझ उसके अन्दर छुपी ख़ूबियों को उगने और खिलने का अवसर प्रदान किया है। साथ ही साथ समाज की सोच को भी बदलने का आग्रह किया मगर जिस रफ़्तार से औरत ने अपनी तराश और विकास की तरफ़ ध्यान दिया उस रफ़्तार से समाज की जड़ता नहीं टूटी और न ही पुराने मुहावरे की जगह नए मुहावरे वजूद में आए। जिन्होंने पुरानी ज़मीन को तोड़ने की कोशिश की तो उनका कटाक्ष से स्वागत किया गया बतौर मिसाल 'औरत के लिए औरत' एक नया मुहावरा पुराने मुहावरे औरत, औरत की दुश्मन होती के बदले में आया तो कुछ परेशान दिमाग़ वालों ने उसे लेस्बियन से जोड़ बिना कुछ सोचे-

समझे एक फिकरा फ़िज़ा में छोड़ दिया मगर ताज्जुब यह कि उनकी परेशानी उस हक़ीक़त को नहीं मिटा सकी जो उस पुस्तक में लिखी गई थी। ऐसे लोग अपनी पुख़्ता मगर संकीर्ण सोच को एक बड़ी उम्र में जाकर बदल नहीं सकते हैं मगर वे जो इतने जड़ नहीं हैं उन्हें औरत की नई भूमिका के प्रति सम्मान व्यक्त करते हुए उसके महत्त्वपूर्ण योगदान को स्वीकार करना चाहिए। तभी समाज और सम्बन्धों में सन्तुलन और गहराई आ पाएगी।

आधुनिक युग में पन्द्रह प्रतिशत औरतें यदि पूर्ण रूप से सुखी हैं और उन्हें घर-बाहर का सुख प्राप्त है। संवेदना और विचारों के चलते उनका कोई शोषण नहीं कर पा रहा है तो यह ख़शी की बात है मगर यह सम्पूर्ण समाज का सच नहीं है क्योंकि इतने बड़े देश में औरत की न एक क़िस्म है और न एक सी स्थिति है और न ही एक वर्ग है इसलिए उनकी भौगोलिक परिस्थितियों और आर्थिक स्थितियों के अनुसार उन कठिनाइयाँ और उलझनें असंख्य हैं जिसका निदान किसी एक फ़ार्मूले से नहीं किया जा सकता है बल्कि उनकी परेशानियों को समझते हुए उसका विकल्प ढूँढ़ना पड़ता है। हमारी सामाजिक जकड़न इतनी पुरानी हैं कि उनसे मुक्ति पाना और समस्याओं को चुटकियों में हल करना आसान नहीं है। शायद इसीलिए एक छोर विकास से भरा और दूसरा छोर निराशा और अन्धकार से डूबा हुआ है।

बहुत अजीब है यह समय, जो स्त्रियाँ स्वतंत्रता की तरफ़ बढ़ चुकी हैं उनके पंखों की फड़फड़ाहट की आहटें दूर पड़ी स्त्रियों को भी सुनाई पड़ने लगी हैं उनके मन-मस्तिष्क में एक हलचल सी मची रहती है ठीक उस पंक्षी की तरह जो पिंजड़े में क़ैद, आकाश पर उड़ते टहनियों पर झूला झूलते-चहचहाते परिन्दों को देखकर व्याकुल हो उठता है और आक्रोश में भर अपने पंजों और चोंच से लोहे के पिजड़े को तोड़ने की कोशिश करता है या फिर हताश हो ज़ोर-ज़ोर चीख़ता है। पंक्षी भले ही पिंजड़े से न निकल पाए मगर इनसान तो इतना बेबस नहीं होता है। इसलिए यह समझना कि यह बदलाव सिर्फ़ एक वर्ग तक सीमित होकर रह जाएगा यह मुमकिन नहीं बल्कि मन्दगति से यह पूरे भारत में फैलेगा, और औरतें अपने प्रति सजग होंगी। उन्हें उनके अधिकार भी मिलेंगे। ऐसी हालत में उन मर्दों और औरतों को अपनी सोच बदलनी पड़ेगी जो कार्य क्षेत्र और रिश्तों में महिलाओं को समानता देने से घबराते और कतराते हैं। वह भूल जाते हैं कि बहते पानी को रोक पाना मुश्किल काम है।

स्वतंत्रता का सही अर्थ व्यावहारिक रूप से न समझ पाने के कारण अकसर औरतें वह रास्ता पकड़ लेती हैं जो स्वयं उनके लिए हानिकारक साबित होता है जिस तरह हर चीज़ की एक सीमा निर्धारित की जाती है। उसी तरह स्वतंत्रता की भी एक सीमा होती है और यह सीमा हर इनसान के लिए अलग होती है बतौर मिसाल अगर मुम्बई शहर में लड़कियों को देर रात निकलना सुरक्षित माना जाता है वही सुरक्षा आपको दिल्ली में नहीं मिल सकती क्योंकि दोनों शहरों का मिज़ाज अलग-अलग है ठीक उसी तरह कि जो कपड़े आप सहजतापूर्वक दिल्ली में पहन कर बस, आटो से यात्रा कर सकती हैं। उस तरह की पोशाक में किसी और शहर में निकलने पर आपको बहुत पसन्दीदा नज़रों से नहीं देखा जाएगा। इसलिए आज़ादी की तरफ़ क़दम बढ़ाने वाली लड़कियों को उन बारीक़ी को समझना ज़रूरी हो जाता है। इसे समझौता नहीं अक्लमन्दी कहते हैं जैसे तुर्की में औरतों के सामने दो शर्तें रखी गई थीं कि यदि आपको पढ़ना है तो नक़ाब या हिजाब का ध्यान रखना होगा अब आपकी अपनी पसन्द है कि आप शिक्षित होना पसन्द करेंगी या फिर बिना हिजाब घूमना चाहेंगी। लड़कियों ने शिक्षित होने में अपनी बेहतरी समझी और आज वही दूरअन्देशी ईरानी महिलाएँ दिखा रही हैं जो फुटबाल, तैराकी और कई काम हिजाब में रहकर कर रही हैं।

समाज के नज़रिए, धर्म की कट्टरता से टकराना चाहिए मगर जब यह मुमकिन न हो तो समय के बदलने का इन्तज़ार करना चाहिए और यह इन्तज़ार हाथ पर हाथ रखकर बैठने से नहीं बल्कि सकारात्मक गतिविधियों से सार्थक होगा जो बदलाव को लाने में मददगार साबित होगा। इसलिए राह वह पकड़नी चाहिए जो रौशनी की तरफ़ जाती है खुले बदन और बन्द दिमाग़ का मतलब है कि इनसान उन जानवरों की श्रेणी में जाकर खड़ा हो गया जो एक हद तक समझता है मगर इनसान की ज़रूरतों की कोई सीमा तय नहीं है वह समय के साथ बढ़ती और घटती रहती है मगर आज़ादी की साँस तो सबको चाहिए।

['बिंदिया' : अगस्त, 2014]